# 문과생의 주식 투자 vs. 이과생의 주식 투자

**일러두기**

1. 이 책은 국립국어원의 표기법에 따라 표기했습니다.

2. 이 책은 저작권법에 의해 보호받는 저작물이므로 무단전재와 복제를 금합니다.
   이 책 내용의 전부 또는 일부를 이용하려면 저작권자와 도서출판쉼의 서면동의를 얻어야 합니다.

3. 이 책에 실린 뉴스레터와 차트는 이 글을 쓰는 시점을 경계로 하여 상반기 주식 시장을 분석했습니다.
   또 이 책에서 인용한 뉴스는 출처를 모두 해당 글 아래 명시했습니다.

4. 이 책은 이슈에 따라 주식 시장을 읽는 방법과, 코딩 프로그램을 통한 매매를 하는 방법을 제시한
   책입니다. 본인의 성격에 맞는 투자 방법을 골라 먼저 읽으면 좋습니다.

당 신 의  성 격 에  맞 는  투 자 법 !

# 문과생의 주식 투자
## ——— VS. ———
# 이과생의 주식 투자

효라클·박코드 저

쉼'

# 서문

1980~1990년 경제 부흥기에는 열심히 일해서 돈을 모으면 집을 장만하기 위한 자금을 어느 정도 마련할 수 있었고, 부족한 부분은 은행에서 대출을 받아 차차 갚으면 됐다. 그렇게 해서 구매한 주택의 가격이 오르면 팔아서 더 큰 집으로 이사하기도 수월했다. 은행의 연 금리가 10%를 웃돌던 시절이라 돈을 벌기 위한 투자를 따로 하지 않고 돈을 모으는 것만으로 현재 주식으로 엄청난 수익을 내는 것과 비슷한 자산 증식의 효과를 누릴 수 있었다. 그 시절의 주식 투자는 여윳돈을 늘리는 여러 가지 보조 수단 중 하나에 불과했다. 즉, 주식 투자를 잘해서 수익을 내면 좋지만, 수익을 내지 않아도 먹고 사는 데 큰 지장이 없던 때였다.

하지만 지금은 어떨까? 집을 장만하기 위한 대출 규제가 까다로워져서 예전처럼 저축으로는 주택 구매가 거의 불가능하다. 뿐만 아니라 상상 이상의 급격한 집값 상승은 내 집 마련의 꿈을 더욱 어렵게 만들고 있다. 집값 상승은 비단 우리의 문제가 아닌 전 세계의 공통된 현상으로, 코로나19 사태가 시작되면서 각국에 풀린 어마

어마한 유동성 자금 때문이다. 지금 세계는 집값 문제뿐만 아니라 원자재의 가격 또한 급등하고 있다. 이것은 결국 최종 제품의 가격 인상으로 이어져 인플레이션의 원인이 되고 있다.

현재 은행 금리는 0%에 가까워서 물가 상승률과는 거리가 멀다. 급여 상승폭 또한 이런 가파른 물가 상승률에 훨씬 못 미친다. 결국 우리는 급여 이외에 추가적인 소득을 만들지 못하면 가만히 앉아서 삶의 질이 후퇴하는 시대에 살게 되었다. 예를 들어 월급이 100만 원인 사람이 하루 식비로 1만 원씩 쓰면 70만 원이 남았는데, 국제 곡물 가격인상으로 하루 식비가 13,000원이 되면서 남는 돈은 61만 원이 되는 것이다. 또 예측 불가능한 집값 상승으로 인해 월세나 전세 또한 동반 상승하면, 같은 집에 살더라도 쓸 수 있는 돈은 점점 줄어드는 것이다. 따라서 이제는 급여만으로 먹고 산다는 것은 충분한 불안 요인이다. 열심히 일해서 손에 쥘 수 있는 보상의 크기보다 의식주에 필요한 비용의 상승폭이 훨씬 크기 때문이다. 그래서 요즘 MZ세대 사이에서는 주식, 비트코인(Bitcoin)과 같은 재테크나 N잡으로 급여 외의 추가 소득을 올리는 것이 유행이다.

수많은 회사들은 겸업 금지 조항을 두고 직원들이 업무 외의 N 잡, 예를 들어 유튜브 채널을 운영하거나, 책을 출판하고, 강의를 하는 등의 수익 활동을 할 수 없도록 하고 있다. 이런 시대적 흐름 속에서 직원들에게 회사 업무에만 집중하라고 하는 것은 회사의 이익을 위해 개인의 생존권을 위협하는 것으로 간주할 수 있다. 워라밸을 포기하고 직원에게 희생을 강요하는 이런 회사의 요구에 묵묵히 자기 할 일을 열심히 한 직원은 결국 상대적인 빈곤과 마주할 뿐이다. 우리는 이제 여윳돈을 늘리기 위한 보조 수단이 아니라 생존을 위한 주식 투자를 해야 한다. 이 땅의 모든 근로자에게 주식 투자는 겸업 금지 조항을 어기지 않으면서 삶의 질을 높일 수 있는 유일하게 남은 수단이다. 지금까지는 주식 투자의 손실 가능성 때문에 투자 자체를 위험 요소로 보고 회피했지만, 이제는 주식 투자를 하지 않았을 때 예상되는 삶의 질의 저하가 훨씬 큰 위험이 되었다. 주식 투자를 해서 손실을 볼 가능성은 물론 있지만 그 확률은 100%가 아니다. 오히려 제대로 공부해서 알고 투자한다면 손실 가능성은 50% 이하로 떨어진다. 만약 회사의 급여 상승폭이 치솟는 부동산 임대료와 생활비를 모두 지불하고도 남는다면 주식 투자에 대한 고민은 필요 없다. 겸업을 허용하는 직장에 다니고 있다면 반드시 주식 투자가 아니어도 다른 수단을 통해 추가 소득을 얻을 수 있다. 그러나 예상대로 겸업을 허용하는 회사는 드물고, 그래서 우리는 주식 투자에 대한 인식 변화와 함께 이것을 공부하고 투자를 시작해야 한다. 지금은 직장인이지만 앞일은 알 수 없는 것이다.

이렇게 주식 투자의 필요성을 절감한다 해도 많은 사람들은 의

지를 갖고 공부하다 중도에 포기한다. 여기에는 여러 가지 이유가 있겠지만 가장 결정적인 것은 자신을 모르고 시작했기 때문이다. 사람마다 다양한 성격을 갖고 있는데, 한결같은 투자법만 알려 주면 금세 흥미를 잃고 나가떨어지는 것은 당연하다. 공부법도 마찬가지다. 우리는 자신에게 맞는 학습법을 택해야 오래 공부할 수 있다는 것을 경험을 통해 이미 알고 있다. 나는 도저히 하루에 8시간 이하로 잠을 줄일 수가 없는데 5시간만 자고 공부하는 방법을 선택한다면 절대 장기간 할 수 없다. 그래서 이 책에서는 자신의 성격과 스타일에 따라 그에 맞는 투자법을 안내한다. 흔히 말하는 문과생과 이과생의 차이에서 기반한 투자법이다. 평소에 자신의 성격을 잘 파악하고 있다면 흥미롭게 읽으면서 공부할 수 있고, 마침내 주식 투자를 시작할 수 있다.

이 책은 뉴스레터로 발행 중인 「돈키레터」에 실린 내용을 바탕으로 집필했다. 이 책이 나오기까지 「돈키레터」의 발행을 책임지고 있는 김정민 님께 감사를 전한다.

효라클 / 박코드

**목차** —————————————————————————————————————

**PART 4**

# 이과생의 주식 투자 161

## 이성적 투자자 162

# PART 1

# 자신의 성격에 맞는 투자법

# 자신의 성격에 맞는 투자법

세상에는 참으로 다양한 인간 유형이 인구 수만큼 존재한다. 이것은 개인마다 특성이 모두 다르다는 것이다. 그런데 인간은 이들을 크게 묶어서 여러 형태로 유형화시키려는 본능이 있다. 비슷한 성향을 가진 사람들끼리 공통점을 찾아서 묶고 그 특성을 파악하려는 시도는 오래 전부터 있어 왔는데, 그것은 생활의 편리를 위해서이다. 우선 사람을 어떤 기준의 범주로 묶어서 파악하면 기업 활동을 하기 편해진다. 각 유형별로 뭘 좋아하는지 파악해서 그에 맞는 제품을 개발하거나 마케팅을 하면 되기 때문이다. 또 심리분석을 하거나 학습법을 개발하기에도 유용하다. 하지만 잘 분류하면 여러 가지 장점이 있지만, 잘못 분류할 경우에는 안 하느니만 못한 결과를 초래하기도 한다. 대표적인 사례가 한국에서 한때 유행했던 혈액형별 성격 분류다. 과학적 근거가 전혀 없는 이 해괴한 분류법은 사실 여부와 상관없이 많은 사람들에게 파고들어 상식으로 자리잡았다. 아무리 생각해 봐도 태어날 때부터 부모에 의해서 결정된 혈액형이 평생의 성격을 좌우한다는 것은 너무나 비상식적이지만, 그만큼 사람들의 끼리끼리 분류 욕구가 거세다는 방증이기도 했다.

이것은 점성술에서도 즐겨 사용한다. 운명을 예측하기 위해 태어날 때부터 성해진 날짜와 시간 등의 데이터를 통해 분류하고, 같은 분류 안에 있으면 비슷한 운명을 갖게 될 것이라는 믿음을 심어 준다. 다만 아이러니하게도 혈액형별 성격 분류는 일본과 우리나라만 한다.

요즘에는 혈액형보다는 훨씬 더 과학적인 MBTI가 인기를 끌고 있다. 물론 MBTI를 제대로 검사하려면 만만치 않은 돈과 시간이 들어가지만, 16가지의 간소화된 질문이 인터넷에 널리 퍼져 있어 약식으로 누구나 충분히 검사할 수 있다. 예전에 혈액형별 성격 분류 전성시대에 유행했던 A형의 특성, B형의 특성 같은 것들은 이제 ENTP의 특성, ISFJ의 특성 등으로 바뀌어서 인스타그램 여기저기에 해시태그 되어 있다. 이렇게 자신의 성격 유형을 알면 연애할 때나 대인 관계를 맺을 때 조금 더 수월할 수 있다. 상대방의 성격 유형도 같이 안다면 더욱 빠른 시간에 친밀해질 수도 있다. 왜냐하면 나 자신에 대한 이해와 상대방에 대한 이해가 깊어지기 때문이다.

주식 투자에 있어서도 이러한 성격 유형은 중요하다. 자신의 성격에 따라 맞는 투자를 해야 더 좋다는 것은 너무 당연한 말이다. 주식 투자의 경우에는 투자 전문가를 따라하려는 경향이 강한데, 아무리 전문가라 할지라도 나와 성격이 맞지 않으면 그것을 유지하는 게 고역일 수밖에 없다. 예를 들어 공부를 잘하기 위해서 무작정 성적만 보고 잘하는 사람을 따라했는데, 나에게 주어진 환경과 전혀 맞지 않는다면 성적은 성적대로 안 나오고 고생만 할 것이다. 주식 투자로 돈을 버는 방법은 생각보다 매우 많다. 문제는 나와 맞는 게 무엇인지를 먼저 찾아야 한다는 것인데 보통은 그것을 간과한다. 시중에는 너의 성격이 어떻든 이 방법이 가장 좋으니 나를 따르라는 식의 책과 유튜브가 넘쳐난다. 아무래도 수많은 투자법 가운데서 자신의 투자법이 우월하다는 것을 강조하기 위해 그렇게 할 수밖에 없을지도 모른다. 하지만 이렇게 막무가내로 투자법을 들이민다면 주식을 처음 하는 입장에서는 당혹스럽다. '이게 좋은가?' 싶다가 이내 다른 게 나오면 '저게 더 낫나?' 하면서 헤매기 일쑤다. 그래서 주식 투자를 처음 하는 사람들은 가장 먼저 자신을 파악하는 게 순서다. 물론 자신을 파악한다고 해서 무조건 투자에 성공하는 것은 아니지만, 자신에게 맞는 효과적인 투자법을 찾는 시간만큼은 확실하게 줄여 준다. 남들보다 더 빨리 원하는 곳에 갈 수 있는 발판이 만들어지는 것이다.

자, 이제 자신에게 맞는 투자법을 찾았다면 열심히 노력하면 된다. 투자를 계속 반복하고 끊임없이 실패를 분석해서 다음에는 같은 잘못을 되풀이하지 않도록 훈련하고 단단해져야 한다. 의외로 많은 사람들은 이렇게 열심히 노력하다가 포기하는 것이 아니라,

뭘 어떻게 열심히 해야 하는지도 모르는 상태에서 거듭되는 실패로 인해 주식 투자를 포기하고 만다. 주변에서 좋다고 하는 것에 휘둘려서 부화뇌동하다가 돈만 잃고 '나는 주식이랑 안 맞아'라면서 포기해 버리는 경우가 많다는 것이다. 무엇이든 해 보기라도 했으면 억울하지나 않을 텐데, 그래서 지켜보는 입장에서 안타까운 경우가 많다. 그렇다면 주식 투자를 위한 성격 분류는 어떻게 하면 되는지, 또 각 유형에 맞는 투자법은 무엇인지를 살펴보자.

● PART 2 ●

# 주BTI

# 주BTI

현명한 주식 투자를 위해 자신의 성향을 파악하고자 20가지의 질문을 준비해 보았다. A세트 10문제는 세상을 인지하는 태도에 관한 것이고, B세트 10문제는 평소의 생활 습관에 관한 것이다. 각 질문에 매우 그렇다일 경우 5점, 그런 편이다일 경우 4점, 보통이다일 경우 3점, 아닌 편이다일 경우 2점, 완전 아니다일 경우 1점을 매겨 보자.

| A: 세상을 인지하는 태도 | 그렇다 | | | 아니다 | |
|---|---|---|---|---|---|
| | 5 | 4 | 3 | 2 | 1 |
| 1  모든 사회현상의 원인은 설명 가능하다. | | | | | |
| 2  역사는 반복된다. | | | | | |
| 3  인간의 행동은 결국 거기서 거기다. | | | | | |
| 4  이 세상을 움직이는 원리가 있다. | | | | | |
| 5  세상은 복잡해 보이지만 그 이면의 논리는 단순하다. | | | | | |
| 6  모든 학문 중에서 가장 아름다운 것은 수학이다. | | | | | |
| 7  과거를 통해 미래를 예측할 수 있다. | | | | | |
| 8  모든 능력은 훈련을 통해 발전할 수 있다. | | | | | |
| 9  대부분의 일은 예측 가능한 범위에 있다. | | | | | |
| 10  완벽을 가능하게 하는 것은 끊임없는 반복이다. | | | | | |

| B: 평소의 생활 습관 | 그렇다 | | | 아니다 | |
|---|---|---|---|---|---|
| | 5 | 4 | 3 | 2 | 1 |
| 1 언어, 사회보다 수학, 과학이 좋다. | | | | | |
| 2 명쾌하게 떨어지는 해답이 좋다. | | | | | |
| 3 늘 패턴을 찾으려고 노력한다. | | | | | |
| 4 안 되면 같은 방법을 다시 시도하는 편이다. | | | | | |
| 5 선물을 주거나 받을 때 이유가 명확해야 한다. | | | | | |
| 6 업무 할 때 전화보다는 이메일이 좋다. | | | | | |
| 7 표가 없는 보고서나 자료는 읽기 싫다. | | | | | |
| 8 일확천금보다 꾸준히 버는 돈이 좋다. | | | | | |
| 9 2,000원을 주웠다면 로또를 사기보다 과자를 산다. | | | | | |
| 10 늘 아는 길로만 다닌다. | | | | | |

이제 A와 B에서 나온 점수를 각각 더하자. A는 최소 10점에서 최고 50점까지, B도 마찬가지로 점수가 나올 것이다. 그리고 그 두 개의 숫자를 곱하자. 점수에 따라서 크게 다음과 같이 나눠질 수 있다.

## 1. 900점 이하: 직관적 투자자

이 유형의 투자자는 세상을 직관에 의해 파악한다. 이들이 세상에 대해 생각하는 것은 대개 다음과 같다.

   1) 사회 현상은 그때그때 다르고 일정한 패턴이 없다.

   2) 인간의 행동은 예측 불가하다.

   3) 과거를 공부해 봤자 미래는 다르기 때문에 소용이 없다.

4) 인간이 제아무리 노력해도 미래를 예측할 수는 없다.

5) 이 세상에는 인간의 능력으로 설명할 수 없는 일이 너무 많다.

이들의 평소 생활 습관은 다음과 같다.

1) 시간과 돈을 버리더라도 새로운 것에 도전한다.

2) 아무 이유 없이 내키는 대로 약속을 잡는다.

3) 타인이 하는 행동의 이유에 대해 크게 관심을 두지 않는다.

4) 어떤 일에 실패하면 방법을 바꿔서 해 본다.

5) 일확천금을 노린다.

## 2. 901점 이상: 이성적 투자자

이 유형의 투자자는 세상을 이성에 의해 파악한다. 이들이 생각하는 세상의 모습은 대개 이런 식이다.

1) 인간이 하는 행동에는 명확한 동기가 있다.

2) 데이터를 분석하면 거의 모든 현상을 설명할 수 있다.

3) 반복된 패턴을 분석하면 미래를 예측할 수 있다.

4) 끊임없는 수정을 통해 정교함을 높여 나가면 완벽에 가까워 질 수 있다.

5) 모든 사회 현상의 이면을 관통하는 원리가 있다.

이들의 평소 생활 습관은 다음과 같다.

1) 새로운 도전보다는 익숙한 길, 익숙한 메뉴 등을 선호한다.

2) 용건이 명확할 때 연락하기나 만난다.

3) 도식화된 보고서나 발표 자료를 만든다.

4) 일한 시간만큼 확실한 보상이 주어지는 것을 선호한다.

5) 현상의 원리에 관심이 많다.

　

당신은 어떤 투자자인가? 물론 더 세분화해서 나눌 수도 있겠지만 일단은 이렇게 두 가지로 크게 나누는 것부터 시작하자. 이 두 유형은 실제 생활에서도 판이하게 다른 만큼 투자에 있어서도 전혀 다른 것을 선호한다. 이왕 돈을 벌 거라면 자신에게 맞는 방법으로 벌어야 더 편하고 오래 가는 것이 아닐까?

　

직관적 투자자에게 차트 이론을 운운하는 것은 그리 효과적이지 못하다. 이들은 어떤 인사이트에 의해서 어느 순간 한번에 확 치고 올라가는 것을 선호한다. '음, 내가 2년 전에 메타버스의 시대가 올 거라고 예언했는데……거봐, 정말 그런 세상이 왔지?' 하는 식으로 말이다. 하지만 각종 차트에 기반한 이론들은 과거에 급등했던 종목들의 패턴을 분석하여 유사한 것들끼리 묶어서 만든 이론이다. 즉 과거의 패턴이 미래에도 그대로 나타난다는 것을 전제로 한 것이다. 직관적 투자자가 이런 것을 공부한다는 것은 맞지 않는 옷을 입는 것과 다름없다. 물론 억지로 공부해서 그게 잘 맞는다면 돈은 벌 수 있다. 하지만 오랫동안 행복하게 투자를 할 수는 없을 것이다. 반대로 이성적 투자자에게 투자의 현인 같은 사람이 와서 '앞으로의 세상은 말이야……'라고 중얼거리는 것을 듣는 건 뜬구름 잡는 말에 불과하다. 진짜로 그런 일이 생길지 어떻게 알 수 있다는 말인가? 3D 영화 〈아바타〉가 나와서 초대박을 쳤을 때, 사람들은 이제 곧 모든 영화가 3D나 4D로 제작될 줄 알았다. 하지만 어땠을까? 여전히 대세는 2D 영화다. 이렇게 맞으면 대박, 아니면 말고 식의 미래 예측은 이성적 투자자들에게는 한심하기 짝이 없는 것이다. 이들은 차트 분석을 통해 정형화된 패턴을 찾고 싶어 한다. 이 패턴이 몇 퍼센트 확률로 얼마 뒤에 급등했는지를 보면서 희열을 느낀다.

문제는 자신이 어떤 유형의 투자자인지도 모른 채 그저 남들이 좋다고 하는 것을 맹목적으로 따르고 있는 것이다. 누군가 차트 분석으로 대박을 냈다고 해서 꼭 나도 그렇게 해야 하는 것은 아니다. 물론 자신이 그에 잘 맞는 투자자라면 좋겠지만, 그렇지 않을 경우에는 먼 길을 돌아가게 되는 꼴이고, 결국 올바른 길로 들어서지도 못한 채 포기하게 될지도 모른다. 그렇다면 직관적 투자자와 이성적 투자자는 각각 어떤 방법으로 투자를 시작하면 좋을지 알아보자.

# 문과생의 주식 투자

# 직관적 투자자

직관적 투자자는 앞서 말했듯이 반복된 패턴을 잘 믿지 않는다. '지금은 맞고 그때는 틀리다' 식의 사고 방식을 갖고 있기 때문에 그에 맞게 훈련해야 한다. 직관적 투자자가 가장 집중해야 하는 것은 바로 인사이트다. 무엇 때문인지 설명은 자세히 하지 못해도 반드시 그렇게 될 것 같은 그런 것 말이다. 예를 들어 대통령이 누가 될 것 같다, 월드컵 우승을 어느 나라가 할 것 같다는 등의 종류들이다. 이런 것들은 자칫 보기에는 근거 없이 찍어 맞추는 것처럼 보인다. 사실 그런 면이 어느 정도 있기는 하다. 하지만 이것도 훈련을 거듭하면 나름의 근거에 의해서 맞출 확률이 올라가게 된다. 단, 확률이 올라가는 것뿐이지 아무리 연습한다고 해도 100%에 절대로 다다를 수 없다. 이 투자법 자체가 어느 정도는 찍어서 맞추는 것을 내포하고 있다는 것을 알아야 한다. 일반 사람들이 반반 확률로 찍는데 반해, 인사이트가 뛰어난 사람은 훨씬 더 많은 결과를 맞힌다. 그리고 그게 맞을 경우에 한번에 큰 돈을 버는 것이다. 그들이라고 해서 틀리지 않는 것이 절대 아니다. 단지 다른 사람들보다 확률이 높은 것이다. 중요한 것은 이것을 잘 이해하고 자신 있는 곳에 크게 걸고, 자신 없는 곳에는 싸움을 피해야 한다. 바로 이러한 유연성이 직관적 투자자로 성공하는 가장 중요한 열쇠이다. 탐욕에 눈이 멀지 않고 페이스를 조절해야 한다. 직전에 아무리 큰 판에서 돈을 벌었다 하더라도 다음 판에서 냉정을 유지하는 것, 이것이 핵심이다. 이것은 유명한 도박사나 포커 플레이어가 베팅을 할 때도 적용된다. 무조건 모든 경기를 이기는 것이 아니라 확신이 드는 경기에 크게 베팅해서 크게 버는 사람이 승자가 된다. 결국 게임에서 이기는 방법은 지지 않는 것이 아니라 질 때 지더라도 조금만 잃고, 자신 있는 곳에서 과감하게 싸우는 것이다.

직관적 투자자로 성공한다는 것은 결국 매번 맞추기만 해야 하는 것이 아니라 자신이 크게 걸어야 할 곳과 몸을 움츠려야 하는 곳을 명확하게 파악하는 것에서 비롯되지만, 많은 사람들은 이것을 오해하고 있다. 소위 현자와도 같은 뛰어난 통찰력을 가졌다는 사람들이 말하면 무조건 맞다고 믿는다. 특히 그 사람이 예전에 큰 거 하나를 제대로 적중했다고 해서 다음 것도 적중할 거라고 생각한다. '닥터 둠'이라고 불리는 루비니(Nouriel Roubini) 교수가 대표적이다. 매일 폭락이 올 거라고 외치던 루비니 교수는 2008년 서브프라임 모기지 사태를 기가 막히게 예언했지만, 그 뒤 이어진 주가 폭락 예언은 여지없이 빗나가고 말았다. 이것을 정확히 이해하지 못한다면 언제나 남들 뒤꽁무니나 쫓아다니는 줏대 없는 투자를 할 수밖에 없다. 그렇게 해서 돈을 벌면 다행인데, 그것이 틀릴 경우, 손실은 혼자 감내해야 한다. 따라서 우리는 직관적 투자자가 되겠다고 한다면 스스로 인사이트를 키워야 한다. 그런데 도대체 어떻게 하면 인사이트, 즉 통찰력이 뛰어날 수 있을까? 수학처럼 문제를 많이 풀면 되는 것도 아니고, 어떤 책을 읽어야 도움이 되는 것인지 막막하기만 하다. 인사이트를 키우는 가장 좋은 방법은, 블로그를 통해서 자신이 생각하는 미래를 담담하게 쓰는 것이다. 주기적으로 최대한 많이 쓸수록 좋다. 그리고 주변 사람들에게 그 블로그가 자신의 것임을 알린다. 틀릴까 봐 부끄러워서 익명으로 감추지 말고, 당당하게 사람들 앞에 나의 생각을 펼쳐 놓는 것이 중요하다. 주제는 뭐든 좋다. 일단 꾸준히 쓸 자신이 있는 것으로 선택해서 미래의 동향을 예측하는 글을 쓰자. 예를 들어 내가 자동차 산업에 종사한다면, 미래 전기차와 수소차의 전망 같은 것부터 시작해 봐도 좋을 것이다. 매주 새로운 전기차나 수소차 소식 들을 수집해서 이런 일이 있었다고 정리한 뒤 향후를 예측하는 글을 쓰는 것이다. 여기서 중요한 것은 단순히 있었던 사실만 나열해서는 절대 안 된다. 반드시 자신의 예측을 써야 한다. 이유는 있으면 좋지만 딱히 없어도 된다. 일단 글을 쓰는 것 자체가 너무 힘들면 꾸준히 쓸 수가 없기 때문에 최대한 자신이 편하게 쓸 수 있는 수준으로 쓰는 것이 좋다. 글을 너무 완벽하게 쓰려고 하다 보면 얼마 되지 않아 포기하게 된다. 예를 들어 내가 주류 회사에 다닌다면 주류 업계 소식이나 새로 나온 술을 사 먹어 보고 맛이 어떤지. 그래서 앞으로 어떤 술이 인기가 많아질 것 같은지를 쓰는 것이다. 이것 또한 맛 평가에서만 그치면 안 되고, 반드시 예측을 써야 한다. 대부분의 블로그는 이 미래 예측 부분이 빠져 있다. 물론 투자 실력을 높일 목적으로 블로그를 하지 않는 사람들은 굳이 자신의 예측을 쓸 필요는 없지만, 이 책을 읽는 여러분은 반드시 쓰기 바란다.

이렇게 블로그를 꾸준히 하다 보면 자연스럽게 모든 현상에 대해 '미래는 어떻게 될까?'라는 생각을 하게 된다. 블로그에 마지막 단 한 줄을 쓰기 위해서라도 억지로 생각하다 보면, 어느새 습관이 되어 있을 것이다. 그리고 이제 중요한 순간이 오게 된다. 바로 내가 쓴 예측이 적중하는 날이다. 뭐가 될지 모르지만, 예전에 블로그에 썼던 예측 중에서 몇 개는 반드시 맞게 되어 있다. 애초에 꾸준히 쓸 만한 주제를 골랐기 때문에 어느 정도 사전 지식이나 애착이 있을 것이다. 전혀 모르는 분야가 아니라면, 계속되는 예측을 통해 언젠가는 맞는다. 그러면 '거봐, 내 말이 맞지~' 하는 생각이 들게 되는데, 바로 이 생각이 모든 것의 시작이다. 주변 사람들에게 내 블로그라고 당당하게 밝히라는 것도 결국 이 느낌을 극대화하기 위해서이다. 자신의 예측이 적중한 기사를 포스팅하면 반드시 주변 사람들로부터 반응이 오기 시작한다. 이것이 반복되면 이웃들이 먼저 댓글로 맞췄다고 알려주기도 한다. 이렇게 블로그는 내 예측이 맞았음을 자랑하는 공간으로 바뀌어 간다. 틀린 것은 신경 쓰지 않아도 된다. 지금까지 예측한 일이 일어나지 않았다고 해서 영원히 틀린 건 아니다. 언젠가 맞을 수도 있다. 더군다나 블로그 주인이 예전에도 몇 번 맞춘 경험이 있다면 사람들은 나머지 아직 실현되지 않은 예측도 '언젠가 실현될지도 모르겠다'라고 생각할 것이다. 이렇게 사람들의 주목을 받게 되면 더욱 많이 맞추기 위해서 노력하게 된다. 사람들이 '와, 너 그걸 어떻게 알았어? 대단하다~'라고 해 주는 것에 기분이 좋기 때문이다. 이 과정을 반복하다 보면 어느새 예측을 할 때 근거가 늘어나게 된다. 하나라도 이유를 더 찾게 된다는 것이다. 이것이 바로 예측의 정확도를 높이는 첫걸음이다. 결국 별것 아니었던 블로그가 꾸준한 글쓰기로 인해서 인기도 얻고 덩달아 인사이트도 키우게 되는 소중한 자원이 되는 것이다. 블로그가 어느 정도 자리를 잡으면 뉴스레터 서비스를 시작해 보는 것이 좋다. 블로그는 네이버 검색에 걸리고 아무나 드나들 수 있지만 뉴스레터는 회원제 개념이다. 블로그를 통해서 생성된 나의 팬들에게만 이메일을 통해 나의 견해를 전달할 수 있다는 점이 매력이다. 유튜브 채널을 개설하는 것도 좋은 방법이다. 내가 블로그에 글로 쓰던 것을 보다 시각화해 전달할 수 있다면 유튜브를 통해서 동영상을 업로드해 보자. 안 되면 채널을 삭제하면 그만이다.

TV에서나 보던 투자 전문가가 반드시 옳은 것은 아니다. 평범한 사람도 이렇게 한 방향으로 꾸준히 수련을 해 나간다면 점점 더 좋은 인사이트를 가질 수 있다. 블로그나 뉴스레터, 유튜브 등은 내것을 세상에 드러내 주고, 촉진시켜 주는 수단이다. 때로는 나만의 분야에서 전문가보다 더 나은 예측을 할 수도 있다. 이게 바로 투자의 매력이다. 수학이나 과학의 경우에는 천재가 아닌 이상 절대로 그 분야에서 오랫동안 연구를 수행하는 전문가를 이길 수 없다. 그러나 투자에서는 아무리 오랫동안 높은 수익을 낸 사람이라 할지라도 비트코인과 같은 새로운 것 앞에서는 틀리는 경우가 속출한다. 이에 따라 새로운 영웅이 탄생하기도 하고, 잘 나가던 사람이 하루아침에 망하기도 한다.

이상의 과정은 효라클이 직관적 투자자로서 성장한 과정을 압축한 것이다. 효라클은 대표적인 직관적 투자자다. 효라클의 주BTI 점수는 200점도 채 되지 않는다. 그만큼 과거의 일이 미래에 반복되지 않는다고 믿는 효라클이 한 일은 그저 블로그에 매일같이 그날의 이슈와 관련된 종목을 올리는 것이었다. 하루도 빼놓지 않고 꾸준히 올리자 주변에서 반응이 오기 시작했다. 물론 예측이 틀린 날도 있었지만 맞는 날이 더 많았기 때문에 점점 더 많은 사람이 몰려들었다. 그리고 나서 만든 것은 네이버 카페였다. 블로그 상태로는 몰려든 사람들을 회원 개념으로 관리할 수가 없었기 때문이다. 그리고 회사 후배의 소개로 「어피티」라는 뉴스레터를 알게 되었고,

거기에 매일 글을 연재하게 되면서 주목을 받기 시작했다. 결국 매일 썼던 블로그가 시발점이 됐던 것이다.

지금은 「어피티」에 매일 글을 싣는 것 외에 자체적인 뉴스레터도 발행하고 있다. 2020년 동학개미 열풍을 타고 새롭게 주식시장에 뛰어든 투자자들을 위해서 돈의 열쇠를 담은 「돈키레터」를 발행하고 있는데, 여기에 〈효라칼럼〉이라는 코너에 매주 나의 인사이트를 싣고 있다. 그렇다면 이제부터 〈효라칼럼〉에 실렸던 글을 보면서 도대체 왜 그런 예측을 했는지 하나씩 함께 살펴보자. 이것을 살펴보는 이유는 우리가 보통 대부분 사고의 결과물만 받아 보기 때문에 그 사람이 왜 그런 생각을 했는지 알 수 없기 때문이다. 그래서 이번 장에서는 그 사고 과정을 낱낱이 파헤쳐 보는 기회를 가져보자.

# 현금의 몰락

## 2021년 1월 4일

●

최근 시장을 한 마디로 요약하자면 '현금의 몰락'이라고 하겠습니다. 현금의 가치는 떨어지고 이에 따라 부동산, 주식, 비트코인 등 모든 자산의 가격은 폭등하는 상황입니다. 부동산은 많은 아파트들이 신고가를 돌파했고, 코스피와 비트코인은 사상 최고치를 달리고 있습니다.

이러한 자산 가격 폭등의 흐름으로 본다면, 다음은 미술품 시장이 투자의 대상이 될 확률이 높습니다.

한국 미술품 시장은 2004~2007년에 전례 없는 미술품 가격 폭등 현상을 기록했습니다. 2007년은 사상 처음으로 코스피가 2,000선을 돌파했던 때이기도 합니다. 그때 부동산 가격도 폭등해서 종합부동산세라는 것이 부랴부랴 만들어지기도 했습니다. 그러다가 이 모든 것들은 2008년 리먼 브라더스 사태와 함께 종말을 맞게 되고, 그 뒤로 10년 넘게 미술품 시장은 불황을 겪었습니다.

이제 자산 가치 상승이 다시 불붙은 이 시점에서 미술품 시장도 기지개를 켜고 있습니다. 그 신호가 될 만한 사건은 다음과 같습니다.

### 1. 미술품 양도 차익 기타소득 분류

이전까지는 미술품 양도 차익이 사업소득으로 분류되어 최고 42%까지 세금을 부과했지만, 이것을 기타소득으로 분류하여 20%의 세금만 부과하는 소득세법 개정안이 국회 기획재정위원회를 통과했습니다.

### 2. 상속세 대물 납부 가능성

최근 더불어민주당 이광재 의원은 상속세를 미술품으로 낼 수 있게 하는 '상속세 및 증여세법 일부 법률 개정안'을 발의했습니다. 이 법안이 통과된다면, 미술품 시장은 걷잡을 수 없이 커질 것입니다.

### 3. 코로나19로 인한 인테리어 수요 증가

코로나19로 인해 집에 머무는 시간이 많아지면서, 인테리어 수요가 폭증하고 있습니다. 그러다 보니 좋은 미술품 하나 사서 집에 걸고 싶은 욕구가 샘솟게 마련입니다.

이러한 이유로 팽창이 예상되는 미술품 시장에 참여하려면 어떻게 해야 할까요?

가장 간단한 방법은 #서울옥션을 사는 것입니다. 미술품 가격이 올라가고 거래가 활성화되면 거래소인 서울옥션의 실적도 당연히 좋아질 테니까요. 혹시 미술품을 직접 사고 싶다면, 단색화를 추천합니다. 김환기, 이우환, 박서보, 윤형근 작가 정도라면 미술품 가격 상승에서 뒤쳐질 리는 없으니까요.

---

코로나19 이후 각국 중앙은행은 앞다투어 지원금을 뿌리기 시작했다. 미국은 2020년 4조 달러에 달하는 재정 지출을 했고, 2021년 바이든 행정부에서 2조 달러 지원금을 또 지급했다. 1인당 수천 달러를 받게 된 미국인들은 앞다투어 주식을 매수했고, 이는 곧 주가 상승으로 이어졌다. 미국 젊은층들이 경기 부양법에 따라 지원될 현금의 상당 부분을 주식 투자에 사용할 계획인 것으로 조사됐다고 8일(현지시간) 미 경제 매체 「CNBC」가 보도했다.

도이체방크가 최근 미국 개인 투자자 430명을 대상으로 조사한 결과, 25~34세 연령층은 응답자의 절반이 지급받을 현금의 50%를 주식에 투자할 계획이라고 밝혔다. 18~24세와 35~54세의 응답자도 각각 지원받을 현금의 40%와 37%를 주식을 사는 데 사용할 계획이라고 답했다.

「연합뉴스」 2021.3.9. <미 젊은층, 부양책 지원 현금 절반 주식 투자하겠다>

이와 같은 현상은 미국뿐만 아니라 전 세계적으로 일어났다.

● 주요국 코로나 재정지출 규모

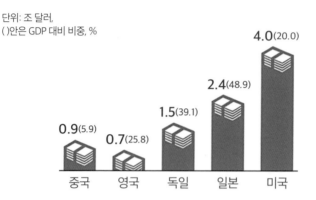

단위: 조 달러,
( )안은 GDP 대비 비중, %

4.0(20.0)

2.4(48.9)

1.5(39.1)

0.9(5.9)    0.7(25.8)

중국    영국    독일    일본    미국

자료: 나혼게이자이신문

그 결과 현금의 가치는 계속해서 떨어졌다. 2021년 미국, 한국 등 주요국 증시는 앞다투어 사상 최고치를 기록했고, 주식에서 얻은 소득으로 다른 자산에도 투자하기 시작하면서 주식뿐만 아니라 다른 자산의 가격도 폭등했다.

대표적인 것이 미술품이다. 2021년 1월 4일 「돈키레터」 창간호에 실린 〈효라칼럼〉《현금의 몰락》에서는 이와 같은 논리를 담고 있다. 미술품 가격이 올라가면 미술품 거래소인 경매소의 수수료 수입이 올라갈 거라는 예상과 함께 말이다. 미술품 경매소는 거래되는 미술품 가격의 일정 비율을 수수료로 받고 있기 때문에 미술품 가격이 상승한다면 최대 수혜를 받을 수 있다. 그렇다면 #서울옥선의 주가는 어떻게 되었을까? 1월 4일 당시 7,110원이었던 서울옥선의 주가는 정확히 3개월 뒤인 4월 1일에 18,200원까지 상승했다. 이것은 156%라는 수익률이다.

이로 인해 「돈키레터」 구독자들은 1분기에 높은 수익을 올릴 수 있었다. 그렇다면 다른 자산들도 많았을 텐데 왜 「돈키레터」 창간호에 하필 미술품을 소개하면서 서울옥선에 관해 기고했던 것일까? 그 이유는 미술품 경매소 중에 유일하게 상장된 종목이 서울옥션이기 때문이다. 철광석 가격이 오르면 철강주들이 오르겠지만, 상장된 종목의 개수가 너무 많다. 따라서 어떤 한 종목이 계속해서 오르기보다는 여러 종목이 돌아가면서 번갈아 시세를 줄(편집자 주: 일정 수준 이상의 상승이 나옴) 확률이 높다. 이럴 경우에는 철강주를 여러 개 사는 수밖에 없는데, 투자 규모가 크지 않은 투자자 입장에서는 같은 섹터에 여러 종목을 사는 것이 부담스러울 수 있다. 하지만 미술품의 경우는 미술품 가격이 오른다는 이슈가 있을 때 모든 수급이 서울옥션 하나에만 몰리게 된다. 따라서 서울옥션 같은 경우는 미술품 가격이 오르기만 한다면 굉장히 편안하게 투자할 수 있는 종목이다. 이처럼 동종 업계에 유일하게 상장된 종목일 때는 더욱 유심히 봐야 한다. 왜냐하면 그 업계에 좋은 일이 생길 경우 집중적인 스포트라이트를 받을 수 있기 때문이다.

# 2

# 언제나 이기는 투자

## 2021년 1월 11일

●

세상을 살다 보면 늘 승자와 패자가 갈리는 일이 있습니다. 코로나 19 백신을 보면 화이자, 모더나, 아스트라제네카 등을 생산하는 제약사들이 치열한 경쟁을 펼치고 있습니다. 이런 경우, 특정 제약사와 관련된 주식을 샀다가 그 백신에 부작용이라도 생기게 되면 손실을 피할 수가 없습니다. 그렇다면 이렇게 승자와 패자가 갈리는 상황에서 어떻게 투자해야 할까요? 정답은 결과와 상관없이 수혜를 보는 곳에 투자하는 것입니다. 예를 든 코로나19 백신의 경우에는 주사기를 만드는 곳에 투자하는 것입니다. 누가 백신을 만들든 주사기 수요는 늘게 되어 있으니까요.

이 법칙은 선거에서도 적용됩니다. 올해 4월에 치러지는 서울시장 재보궐선거에 벌써부터 많은 후보들이 하마평에 오르내리고 있습니다. 이때 특정 후보와 관련된 종목을 샀다가 변고라도 생겨 손실을 보는 위험을 감수하기보다는, 공통된 공약에 집중해야 합니다. 이번 서울시장 재보궐선거의 최대 이슈는 단연 부동산 정책입니다. 여야 가리지 않고 모든 후보는 주택 공급 확대를 외칠 것입니다. 그렇다면 우리는 주택을 짓는데 들어가는 자재에 집중하면 됩니다. 주방후드는 #하츠, 변기는 #대림B&Co, 페인트는 #삼화페인트, 시멘트는 #고려시멘트……이런 식으로 말이죠.

부산시장 재보궐선거의 핵심은 역시 가덕도 신공항입니다. 이것도 모든 후보가 내걸 공약인데, 특정 후보 관련주보다는 가덕도 신공항에 집중하는 것이 더 안정적이겠죠?

이처럼 승자와 패자가 갈리는 경우, 누가 이기든 수혜를 보는 것을 생각하는 습관이 결국 이기는 투자의 지름길입니다.


1월 11일 「돈키레터」 2호에서는 주식 투자에 있어서 아주 중요한 투자의 기본 자세를 소개했다. 바로 치열한 경쟁이 벌어지는 판에서는 그 경쟁에 참가한 곳 말고 누가 이기든 수혜를 볼 곳에 투자해야 한다는 원칙이다. 물론 경쟁에 참여한 곳 중에서 한 곳에 투자를 했는데 그 곳이 이긴다면 대박을 치겠지만, 반대로 질 경우에는 손실을 각오해야 한다. 이런 식으로 하는 투자는 도박에 가깝다. 대표적인 경우가 선거, 입찰, 재판, 법안 처리, 임상 실험 등이다. 선거에서 지거나, 입찰에서 탈락하거나, 재판에서 지거나, 기대했던 법안이 국회 본회의를 통과하지 못하거나, 임상 실험에서 실패하는 등 모두 리스크가 있는 상황이다. 한 번 이런 식의 투자를 해서 큰 이득을 봤다 하더라도, 그 행운이 계속 이어질 확률은 적다. 오히려 한 번의 성공이 다음 번에 더 큰 돈을 투자하게 만들어서 위험하다. 투자를 할 때 크게 망하는 경우 가운데 상당히 많은 케이스가 바로 이런 상황에서 어떤 한 쪽에 크게 투자해서 실패하는 것이다. 투자를 할 때 가장 중요한 것은 한번에 많이 버는 것이 아니라, 한꺼번에 왕창 잃지 않는 것이다. 설사 내 판단이 틀렸다 하더라도 잃는 금액을 최소화해야 한다. 그 이유는 다음과 같다.

내가 1,000만 원이 있었는데, 매월 10%라는 큰 수익을 잘 내고 있었다고 가정하자. 한 달에 100만 원 꼴로 자산이 늘어나고 있던 어느 순간, 한 바이오 기업의 임상 소식을 듣게 된다. 순간 뇌리를 스치는 생각, '아, 이거 임상 성공하면 완전 대박인데······세계 최초면 주가 10배는 그냥 가겠는데?' 자기도 모르게 누르고 있는 매수 버튼. 어느새 남은 예수금은 없다. 그런데 아뿔싸! 몇 달이 지나도록 새로운 소식은 없고 네이버 종목 토론방에는 매일 주주들의 하소연 글이 늘어난다. 불길한 예감은 어째서 틀리지 않는 걸까? 기대했던 국제학회에서 유의미한 결과는 나오지 않고, 주가는 폭락하기 시작한다. 이렇게 해서 -50%의 손실을 보고 500만 원이 남았다. 여기에서 잘못된 판단으로 잃은 것은 50%지만, 다시 이것을 1,000만

원으로 만들려면 100% 수익을 내야 한다. 그런데 예전에 했던 걸 생각하면 한 달에 10%씩, 50만원씩 벌어서 이걸 채우려면 1년이 넘게 걸린다. 따라서 결국 이걸 빨리 한 방에 채우기 위해 또 다른 대박 종목을 찾아 나서게 된다. 한 달에 10%라는 수익률은 실로 어마어마한 것임에도 불구하고, 최악의 길로 들어서게 되는 것이다. 그리고 다음 번에 복구하면 다행이지만, 또 틀릴 경우 이제는 회복 불가능한 수준으로 떨어지게 된다. 그리고 조용히 주식판을 떠나는 것이다.

주식에서 큰 돈을 잃었다는 사람들을 보면 대략 이런 경우가 꽤 있다. 멀쩡하게 잘 하던 사람도 한 순간에 재기 불능 상태가 되어 버리는 이유는 바로 승자와 패자가 갈리는 상황에서 어느 한쪽에 무리하게 돈을 걸었기 때문이다. 이처럼 일확천금의 꿈을 접고 어느 쪽이 이기든 수혜를 보는 쪽을 생각해서 잘 투자한다면 빠른 시간 안에 큰 돈은 벌지 못하더라도 꾸준히 착실하게 수익을 쌓아 나갈 수 있다. 1월 11일 당시 8,880원이었던 #하츠는 2월 4일 13,350원까지 급등했다. 이는 50%의 수익률인데, 불과 한 달도 되지 않아 일어난 일이다. 실제 4월 서울시장 재보궐선거에서 재건축 활성화를 공약으로 내건 오세훈 후보가 당선되어 주택 건축 증가에 대한 기대감이 높아졌다.

# 3

# 오늘 먹은 반찬, 내일도 먹고 싶다면?

2021년 1월 18일

•

「돈키레터」 1호에서 《현금의 몰락》을 말씀드렸습니다.

미술품이 다소 생소하셨다면, 식품은 어떨까요? 세계식량가격 지수(FFPI)는 7개월 연속 상승해서 6년 만에 최고치를 기록했습니다. 곡물, 육류, 유제품 등이 화폐 가치의 하락에 따라 오르는 것이 죠. 이에 국내 식품 가공업체들도 일제히 가격인상을 하고 있습니다. #샘표식품은 깻잎 등 반찬 통조림 가격을 36% 올린 데 이어 꽁치와 고등어 통조림 제품 가격을 42% 인상하고, #풀무원은 두부 14%, 콩나물 10%를 인상합니다. 달걀은 어떨까요? 최근 조류독감의 영향으로 한 달 만에 13% 상승했습니다. 오리고기 역시 조류독감의 영향으로 한 달 만에 36% 뛰었습니다. 쌀은 15%, 삼겹살은 25% 상승했습니다.

결국 가만히 현금을 갖고 있으면 먹을 것도 제대로 사 먹지 못하는 세상이 온 겁니다. 이제는 지난달에 먹던 음식을 이번 달에 그대로 먹기 위해서라도 투자에 나서야 하는 시대입니다. 곡물 가격 인상분을 제품 가격에 반영하지 못하면 식품 가공업체는 힘들지만, 인상분을 반영하여 식품의 가격을 올리면 식품 가공업체들의 매출은 늘어날 수밖에 없습니다. 식료품은 사치재가 아닌 필수재이기 때문입니다. 따라서 우리가 다음달에도 같은 품질의 음식을 먹고 살기 위해서는 최소한 식품 가격인상분만큼은 투자로 더 벌어야 한다는 계산이 나오는 것입니다.

이러한 상황에서 월급을 쪼개서 저축을 하는 행위는 가만히 앉아서 돈을 버리는 것과 같습니다. 오늘의 10,000원은 내일의 10,000원이 아닙니다. 당장 필요하지 않다고 소비를 안 하는 것보다는 지금 유통기한이 긴 통조림을 가격인상 전에 구매하는 것이 현명한 소비입니다. 샤넬백 가격인상을 앞두고 샤넬 매장 앞에 길게 늘어선 줄을 보며 비판하는 사람은 결코 올바른 소비를 할 수가 없습니다. 회사를 다니는 것 역시 마찬가지입니다. 회사의 급여 상승 속도가 물가 상승 속도를 따라잡지 못한다면 투자를 하지 않고 회사만 다니는 행위 역시 위험한 것입니다. 내 연봉은 작년보다 10% 상승했는데, 그 연봉으로 살 수 있는 물건이 줄어든다면 이는 연봉이 깎이고 있는 것과 같습니다. '아껴야 잘 산다', '주식 투자는 위험하니까 회사만 다닌다'와 같은 인식에서 벗어나는 것이 부를 향한 첫걸음입니다.

1월 18일 「돈키레터」에서는 미술품에 이어 식품의 가격 상승을 다뤘다. 미술품 상승과 비슷한 논리로 현금의 가치가 떨어지면서 곡물가도 상승하고, 이에 따라 식품의 가격도 덩달아 상승한다는 내용이다. 하지만 식품주의 주가는 서울옥션처럼 드라마틱하게 상승하지 않았다. 그 이유는 무엇일까? 첫 번째는 앞서 말한대로 희소성이다. 서울옥션은 미술품 가격 상승이라는 이슈와 직결된 유일한 상장주이기 때문에 수급이 한 곳으로만 몰린다. 하지만 식품주는 개수가 많아서 수급이 분산되기 마련이다. 두 번째는 투기성 수요다. 미술품은 향후 가격이 상승할 거라는 기대감에 너도나도 투자에 나서며 가격이 오르는 게 확인될수록 거래가 활발해지지만, 식품은 가격이 오른다고 해서 더 구매하는 현상이 발생하지 않기 때문이다. 세 번째는 정부의 가격 억제 정책이다. 다음의 기사를 보면 알 수 있다.

농림축산식품부가 이달 초 식품업계 고위 관계자 10여 명을 불러 가격인상을 자제하라는 협조를 요청한 것으로 알려졌다. 당시 각 기업에서는 경영·기획 담당 임원 등 제품 가격 결정에 영향을 미치는 인사들이 참석했다. 이 자리에서 정부측 관계자들은 '제품 가격인상을 최대한 하지 말라'고 당부한 것으로 전해졌다.

　22일 익명을 원한 한 식품업계 관계자는 "말이 협조 요청이지 실제로는 '제품값을 올리지 말라'는 경고였다"고 말했다. 이 관계자는 "세계적인 곡물 파동으로 가격이 상승 중이고 그에 따라 제품 가격인상 압박이 커지고 있다"면서 "그런데 정부가 사실상 가격 통제를 하니 이러지도 저러지도 못하고 있다"고 말했다. 실제로 식품업계에선 최근 한 업체가 제품 가격의 인상을 검토하다 막판에 철회했다. 업계에서는 "정부 눈치를 보다 어쩔 수 없이 후퇴한 것"이라는 반응이 나온다.

---

「중앙일보」 2021.3.22. <식품업계 "곡물가 폭등하는데"……정부 "가격인상 말라">

이처럼 식품 가격은 국민들의 생계와 직접적인 관련이 있기 때문에 정부에서 급격한 가격인상을 통제하려고 하는 경우도 있다. 지금도 곡물의 가격은 계속해서 오르는데 여기에 맞춰 제품 가격에 상승분을 반영한다면 기업의 매출은 상승할 것이고, 그렇지 못한다면 오히려 원가 상승으로 인해 힘들어질 것이다. 곡물 가격의 지속적인 상승은 식품 가격에도 영향을 미치고, 동물이 먹는 사료에도 영향을 미친다. 이 칼럼에서는 길이 제한 때문에 상세하게 다루지 못했지만, 사료 제조업체 역시 식품 제조업체와 마찬가지 논리다. 정부의 식품 가격인상 통제 움직임이 부담스럽다면, 사료 기업으로 눈길을 돌려보는 것도 괜찮은 전략이다.

우성사료 등 사료 관련주가 가격인상에 대한 기대감으로 급등세를 보이고 있디. 17일 마켓포인트에 따르면 오전 10시 58분 현재 #우성사료는 전 거래일 대비 19.29% 상승한 4,175원에, #현대사료는 11.19% 오른 1만5,900원에 거래되고 있다. 이외에도 #케이씨피드(10.75%), #한일사료(5.24%), #사조동아원(3.70%), #고려산업(2.93%) 등 다른 사료주도 함께 강세를 보이고 있다. 사료 종목이 일제히 상승세를 보이는 것은 원료가 되는 곡물가가 최근 급등한 데 이어 해상 운임 비용까지 상승하면서 사료 가격인상에 대한 기대감이 반영된 것으로 풀이된다. 사료 원료 가격은 일반적으로 곡물 가격 70%, 해상 운임 30%로 구성되는 것으로 알려졌다.

「이데일리」 2021.3.17. <사료株, 가격인상 기대감에 '급등세'>

곡물가의 상승은 이렇게 화폐 가치 하락에 따라서 변하기도 하지만, 이상 기후로 인해 작황이 안 좋을 때도 언제든지 일어날 수 있다. 따라서 이 패턴을 잘 기억해 두었다가 향후에 곡물 가격 추이를 보면서 투자하면 수익을 반복해서 낼 수 있다. 다만 조금 오르는 정도는 식품업체나 사료업체에서 바로 제품 가격에 반영하지 않기 때문에 별 반응이 없고, 상당히 급격한 상승일 때 효과가 있다.

# 인간다운 삶을 위한 방법, 소비

## 2021년 1월 25일

●

인간이 동물과 다른 점이 있다면 '끊임없이 소비를 한다'는 것입니다. 인간은 단순히 생존을 위한 것이 아니라 더 나은 삶의 질을 위해, 즐거움을 위해 계속해서 소비합니다. 그리고 이것이 과학과 기술이 발전하게 되는 계기가 됩니다. 인간은 주변의 자원을 계속해서 소비합니다. 석유, 철광석, 구리처럼 자연에 있는 광물을 그대로 소비하기도 하고, 부족하면 농사를 통해 밀, 쌀, 보리 등을 재배해서 소비하고, 돼지, 소, 닭 등을 키워서 소비합니다. 그리고 더 편리하기 위해 플라스틱 같은 것을 합성해서 소비하기도 합니다. 생존과는 아무 관련 없는 부의 축적을 위해 다이아몬드도 가공해서 소비합니다. 재미를 위해 영상물도 만들어서 소비합니다. 한 마디로 인간은 소비를 하기 위해 태어났습니다. 소비가 동물과 차별되는 인간성의 상징인 것이죠.

이러한 인간의 본성인 소비가 그동안 코로나19로 인해 억압되었습니다. 마음대로 나가질 못하니 옷을 안 사고, 마스크 때문에 화장을 잘 안 하니 화장품을 안 사고, 해외에 나가질 못하니 면세점을 안 가고 산 지 벌써 1년이 넘었습니다. 그러나 이제 코로나19 백신이 전 세계에 공급되기 시작하면서 분위기는 조금씩 달라지고 있습니다. 백신 접종 여부를 증명할 백신 여권 논의가 한창인 가운데, 인간의 본성인 소비가 슬슬 깨어나고 있습니다. 이럴 때 주목해야 하는 건 역시 백화점이겠죠. 백화점에는 옷도 있고 화장품도 있고 면세점도 있으니까요. 특히 2월 국내 최대 규모의 백화점인 '더현대서울' 개장을 앞둔 #현대백화점이 주목받고 있습니다. 지금도 이미 백화점 명품관에는 긴 줄이 늘어서 있다고 하는데, 여의도 한복판에 들어설 더현대서울은 이를 더욱 부채질할 것으로 보입니다.

점점 줄어드는 코로나19 확진자 수에 따라 설 연휴 이후 사회적 거리두기 단계가 내려간다면, 따뜻한 날씨와 함께 그동안 억눌렸던 소비 본능이 폭발하여 보복 소비가 곳곳에서 나타날 확률이 높습니다. 투자자라면 이런 돈의 흐름을 놓치지 않아야 합니다. 소비하는 것을 부끄러워하거나 반성해야 할 대상으로 삼는 사람은 인간성을 스스로 부정하는 것입니다. 소비는 인간의 본능이고, 그만큼 내가 인간답다는 증거입니다. 우리가 그토록 치열하게 주식 투자를 하는 이유는 결국 투자 수익을 통해 원하는 소비를 하고 인간다운 삶을 살기 위해서입니다. 내가 인간답게 살기 위한 방법, 그것은 바로 소비입니다.

재테크에는 여러 가지 방법이 있는데, 그중 대표적인 것이 바로 소비를 억제하며 절약하는 것이다. 하지만 이러한 절약은 투자를 위한 시드머니를 크게 한다는 뚜렷한 목적이 있어야만 효과적이다. 그렇지 않고 무작정 절약하는 것에서만 끝난다면, 삶은 피폐해진다. 이럴 때 절약한 돈이 주식 투자에 들어가 있다면 주가가 올라서 팔 수 있다는 희망으로 그나마 버틸 수 있지만, 계좌에 현금만 계속 쌓이고 있다면 오래 갈 수가 없다. 물가의 상승 속도가 절약해서 모으는 돈의 속도보다 훨씬 빠르기 때문이다. 그래서 절약한 돈은 반드시 투자로 연결시켜야 오래 절약하는 생활을 유지할 수 있다. 이것은 다이어트를 할 때도 마찬가지로 적용된다. 살을 빼기 위해서 일단 굶는 방법이 있는데, 이는 심한 스트레스를 유발한다. 식욕도 인간의 중요한 본성이므로, 이것을 참는다는 것은 큰 고통이다. 그래서 위밴드 수술을 하거나 삭센다를 맞거나 식욕억제제를 먹는 등 먹는 것을 줄이는 요법은 단기간에 효과는 있을지 몰라도 요요현상 등으로 오래 가지 못한다. 또한 이런 방법을 쓰면 반드시 섭취해야 하는 영양소를 제대로 먹지 못해 두뇌 활동이 저하되거나 근육량이 함께 줄어드는 등 부작용도 상당하다. 하지만 운동을 통해 근육량을 증가시켜 기초대사량이 늘면 훨씬 더 건강하게 뺄 수 있다. 식욕 억제가 절약이라면 운동은 투자라고 할 수 있다.

코로나19로 고전을 면치 못했던 백화점의 지난달 매출이 전년 동월 대비 80% 가까이 증가했다. 코로나19로 움츠렸던 소비가 본격 회복세를 보이는 모양새다. 27일 산업통상자원부가 발표한 3월 주요 유통업체 매출에 따르면, 지난달 백화점 주요 3사(롯데·현대·신세계) 매출은 전년 동월 대비 77.6% 급증했다. 매출이 크게 증가했던 전월(39.6%) 대비로도 증가율이 두 배 가까이 됐다.

백화점 주요 판매 품목 대부분의 매출이 크게 늘었다. 명품(해외 유명 브랜드) 매출이 전년 동월 대비 89% 증가했다. 백화점 명품 매출은 코로나19 팬데믹 상황에서도 전년 동월 대비 증가세를 이어갔지만 3월 증가율은 전월(45.7%)을 훌쩍 뛰어넘는 사상 최대다.

명품과 함께 코로나19 팬데믹 상황에서 집콕 증가 여파로 매출 증가세를 이어가던 가정용품도 전년 동월 대비 60.4%의 증가율을 기록했다.

「이데일리」 2021.4.27. <보복 소비 시작됐다……명품 싹쓸이 쇼핑에 백화점 매출 78% '껑충'>

코로나19로 인해 초래된 각종 자산 가격의 급등으로 세계 각지에서는 새로운 부유층이 형성되고 있다. 부동산이든 주식이든 코인이든 짧은 기간에 떼돈을 번 사람들이 속출하면서, 이들의 소비도 불을 뿜고 있다. 특히 2~30대 젊은층에서 기존의 연봉 서열 체계를 파괴하는 부자들이 많이 나오고 있는데, 이는 젊은 세대일수록 스마트폰과 SNS를 통한 빠른 정보 습득이 용이하기 때문이다. 명품을 소비하고 골프를 치며, 미술품을 쇼핑한다. 돈에 대해서 드러내 놓고 얘기하는 것을 천박하다고 여기는 기성세대를 비웃으며 이들은 거리낌없이 소비한다. 즉 돈을 가장 중시하면서도 겉으로는 그것이 드러나는 것을 부끄러워하는 위선과 이중성에 반기를 들며 이들은 빠르게 백화점 명품관을 장악하고 있다.

이들 덕분에 백화점의 매출은 나날이 증가하고 있다. 칼럼에서 소개한 #현대백화점은 1월 25일 당시 84,000원이었던 주가가 4월 30일에 95,000원을 돌파했다. #신세계 역시 많이 올라갔다. 이처럼 당당하게 소비하는 젊은 세대는 소비의 지형을 송두리째 흔들고 있다.

소비는 인간의 본성이고, 이것을 잘 이해하고 투자의 방향을 잡는 사람은 언제나 앞서가게 마련이다.

# 5

# 하락장에서 해야 할 일

2021년 2월 1일

•

지난주 1월 27일부터 29일까지 3일은 오랜만에 맞이하는 하락장이었습니다. 특히 어느 정도 하락을 하면 여지없이 개인의 대량 매수세가 몰려와서 반등을 이끌었던 최근 경향과는 다르게 오후가 되면서 점점 낙폭을 키우는 장세가 연일 연출되었습니다. 평소 효라클 스타일에 익숙한 단타 위주 투자자라면 거의 타격이 없었겠고, 수익이 뻔히 났는데도 장기 투자를 고집하던 사람들은 수익이 다시 원점으로 회귀하는 한 주였을 겁니다.

우리가 공부를 잘 하려면 가장 좋은 방법은 공부 잘하는 사람을 따라하는 것입니다. 그러나 공부를 잘하는 사람은 흔하지 않기 때문에 차선책으로는 공부 못하는 사람을 보고 따라하지 않는 것이 중요합니다. 마찬가지로 주변에 주식을 잘하는 사람이 있다면 따라하면 좋겠지만 그렇지 않다면 주식을 하다 망한 사람을 잘 보고 따라하지 않는 것이 매우 중요합니다. 만약 주변에 주식을 하다가 망한 사람이 있다면 어쩌다 그렇게 됐는지 꼭 물어보십시오. 아마 장기 투자를 하다가 망했을 겁니다. 중간에 팔 기회가 있었지만 팔지 않았던 것이 하락장에서 돈이 묶이는 결과를 초래하고, 다른 종목에 투자할 기회까지 앗아가 버린 것이죠. 결국 주식 투자를 어렵게 만드는 만병의 근원은 '팔지 않는 것'입니다.

그동안 열심히 주식을 팔았다면 이런 하락장에서 해야 할 일은 무엇일까요? 바로 이 하락장이 끝나고 나면 어떤 종목에 투자할지를 고르는 것입니다. 빠른 반등을 보일 가능성이 높은 종목은 다음과 같은 특성을 지니고 있습니다.

- ✔ 1월 28일 양봉을 보였다.
- ✔ 1월 29일 아래꼬리가 길게 달렸다.
- ✔ 1월 29일 종가가 20일선 위에 있다.

이 기준이 절대적인 것은 아니지만 열심히 팔아서 현금은 많은데 사고 싶은 게 너무 많아서 고민인 분들에게 어느 정도 방향은 제시해 줄 것입니다.

하락장에서 이런 고민을 할 수 있다는 것은 수익이 날 때 열심히 판 자들만의 특권이라는 점, 명심하세요.

1월 말에는 하락장이 연출되었다. 하루 잠깐 내렸다가 반등하는 것이 아닌 연속되는 하락장이었는데 「돈키레터」에서는 이럴 때의 행동 강령을 소개했다. 주식 투자에서 가장 중요한 것은 수익이 날 때 매도하는 것이다. 그 이유가 바로 주식 시장은 매일같이 오르기만 하지 않기 때문이다. 심지어 코스피 지수는 매일 오르더라도, 개별 종목은 매일 오르지 않는다. 이럴 때 최고의 무기는 현금이다. 현금을 들고 있어야 하락장에서 좋은 종목을 살 수 있기 때문이다. 하지만 많은 사람은 현금 확보의 중요성을 간과한다. 하락장을 그렇게 수없이 겪고도 그에 대한 대비가 전혀 안 되어 있는 것이다. 언젠가 하락장이 올 걸 뻔히 알면서도 현금을 확보해 두지 않는다는 것은 매년 홍수로 범람하는 강에 둑을 쌓지 않고 방치하는 것이나 다름없다. 그리고 또 홍수가 나면 재해를 복구하는 데 시간과 돈을 쏟는다. 그 시간과 돈으로 치수 시설을 마련하는 자와는 완전히 다른 미래가 펼쳐질 것임은 두말할 필요가 없다.

현금을 확보하려면 수익이 났을 때 매도해야 한다. 전부 다 매도하든 일부만 하든 어쨌든 수익 실현을 조금이라도 해 놓아야 다가올 하락장에 대한 대비가 된다. '현금도 종목이다'라는 말은 여기에서 비롯된 것이다. 나는 더 극단적으로 말해 '투자의 목적은 현금 확보다'라고 할 정도로 현금 확보를 중시한다. 하지만 대부분의 투자자는 이것의 중요성을 무시한다. 그것은 왜일까? 바로 '장기 투자가 옳은 것'이라는 환상에 사로잡혀 있기 때문이다. 여기에서 분명하게 말하지만 장기 투자를 할 만한 사람은 보통 사람 이상의 뛰어난 통찰력과 식견을 갖고 있는 사람이지, 절대 평범한 사람이 아니다. 장기 투자를 할 만큼 몇 년 앞을 내다보는 혜안을 가진 뛰어난 사람은 이미 부자일 것이다. 자신의 주제를 모르고 함부로 장기 투자를 하다가는 #POSCO(2007년에 76만 원 → 14년이 지난 지금 36만 원), #HMM(2007년에 35만 원 → 14년이 지난 지금 4만원), #한국조선해양(2011년에 50만 원 -> 10년이 지난 지금 15만 원대), #한국전력(2016년에 6만 원 → 5년 지난 지금 2만 원대), #현대차(2012년에 27만 원 → 9년이 지난 지금 21만 원대) 같은 종목에 물리기 십상이다. 그동안의 물가 상승률을 생각해 보면 정말 끔찍한 수익률이 아닐 수 없다.

#POSCO? 2007년 당시 세계 철강 수요가 폭발한다고 했었고 그 유명한 워렌 버핏(Warren Buffett)이 아시아에서 꼭 사야 하는 주식이라며 지분 4.5%를 인수하는 등 그야말로 잘 나가던 기업이었다. 하지만 2008년 리먼 브라더스(Lehman Brothers Holdings, Inc), 2009년 서브프라임 모기지(Subprime Mortgage Crisis) 사태로 세계 철강 수요는 곤두박질쳤고, 결국 주가는 폭락했다. 워렌 버핏은 2015년 전량 매도하고 나갔다.

#HMM? 2007년 당시 현대상선이라는 이름으로 한진해운과 함께 바다를 호령하던 선사였다. 당시 넘쳐나던 물동량을 감당하지

못해 컨테이너선은 늘 풀부킹(full booking)이었고, 조선소의 도크는 빌 날이 없었다. 오죽하면 조선소가 몰려 있던 거제도에서는 지나가는 개도 1만원짜리를 물고 다닌다고 했을까?

#한국조선해양은 당시 현대중공업이라는 이름으로 세계 1위 조선소로 이름을 떨쳤다. 그러나 해운사와 조선사 모두 2008년 리먼 브라더스 사태로 물동량이 급감하며 주가도 급락했다. 그나마 2007년 이후로 한 번도 그 가격까지 올라오지 못했던 HMM과 달리, 한국조선해양은 2011년 당시 정몽준 회장이 대선 후보 출마를 선언하면서 정치 테마주로 간신히 한 번 더 올라갔었다. 물론 노무현 후보와의 단일화에서 패배하며 주가도 급락했다.

#한국전력? 2014년에 삼성동 한전 부지를 10조 5,500억 원에 매각하며 재무 건전성을 강화하고, 2016년 당시에는 전기차가 늘어나게 되면 전기 수요가 급증할 것이라는 예측이 쏟아지면서 상승하다가 전기료 인하 문제 등으로 인해 하락했다.

#현대차? 2011년 동일본 대지진으로 인해 도요타 등 일본 자동차 생산업체들이 자동차 생산에 차질을 빚게 되자 반사이익으로 2012년까지 급등했지만, 2014년 삼성동 한전 부지를 10조 5,500억 원이라는 당시 시가보다 훨씬 높은 가격으로 낙찰 받은 이후 하락세를 거듭했다. 이후 2021년 애플카를 생산할 것이라는 기대로 인해 가격을 잠깐 회복했으나, 이내 애플과 협의를 하지 않고 있다고 공시하며 주가는 다시 하락했다.

이처럼 그 당시에는 정말 잘 나가고 영원할 것 같았던 기업들도 오랜 시간이 지날수록 하락하는 경우는 허다하다. 오히려 지금 시가총액 상위에 올라와 있는 네이버나 카카오는 10년 전에는 저 아래 있던 기업이다. 이런 현상은 앞으로도 계속 반복될 것이다. 이렇게 심한 파도를 미리 예측할 능력이 없다고 해서 투자를 못하는 것이 아니다. 차라리 변화가 일어나기 전에 미래를 예측하는 것을 포기하고 늘 현금을 확보해 두고 있다가 변화의 조짐이 보이면 그때 현금을 투입하는 것이 훨씬 현실적이다. 하지만 이것을 뻔히 알면서도 인간은 탐욕에 의해 판단력이 흐려진다. 오를 때는 한없이 오를 것만 같기 때문에 내려오지 못하는 것이다. 영화 〈타짜〉에서 "묻고 더블로 가!"를 외치던 곽철용과 "난 딴 돈의 반만 가져가"라는 고니의 운명을 비교해 보자. 고니가 끝까지 도박판에서 살아남을 수 있었던 비결, 바로 적절한 시점에서의 수익 실현이다.

# 6

# 주식회사의 존재 이유

2021년 2월 8일

●

지난주 #SK하이닉스의 M16 공장 준공식에서는 높은 성과에도 불구하고 낮은 성과급을 받게 된 직원들의 항의 시위가 벌어졌습니다. 이를 달래기 위해 최태원 회장은 연봉을 전부 반납하기로 하는 등 직원 달래기에 들어갔습니다.

기업이 이처럼 성과에 비해 종업원의 급여를 제대로 주지 않으면, 이득을 보는 사람은 누구일까요? 바로 주주입니다. 급여는 재무제표상 매출원가 또는 판매비와 관리비에 해당하기 때문에 성과에 비해 급여를 많이 주지 않으면 영업이익이 상승합니다. 따라서 직원들의 급여에 대한 불만이 커질수록 재무제표상 영업이익은 높아지고, 이는 결국 주주들의 이익으로 돌아가고 이것이 바로 주식회사의 존재의 이유와 연결됩니다. 주식회사는 주주의 이익을 위해 존재해야 한다고 주장하는 사람들은 SK하이닉스의 성과급 책정을 쌍수를 들고 환영할 것이고, 종업원의 행복을 위해 존재해야 한다고 주장하는 사람들은 비난할 것입니다. 그렇다면 임원인 동시에 주주를 겸하고 있는 대기업 총수들의 급여는 어떨까요? 2020년 상반기를 보면 #대한항공은 조원태 회장에게 전년 동기 대비 38% 이상 인상된 급여를 지급했고, 코로나19로 비행을 하지 못해 휴직을 했던 직원들의 급여는 20% 삭감됐습니다. #현대차 정의선 회장은 12.5%가 인상되었지만 직원들은 동결되었고, #LG 구광모 회장은 81% 인상되었지만 직원들은 18% 감소했습니다. 이처럼 주주와 종업원의 위치는 다를 수밖에 없습니다. 근로자가 불합리한 급여에 대처하는 방법은 이직이 아니라 주식 투자를 통해 주주가 되는 것입니다. 이직한다고 해서 새로운 회사가 영원히 합리적이고 만족스러운 급여를 줄 거라는 보장은 없으니까요.

　대기업인데도 불구하고 급여에 대한 불만이 들불처럼 번지는 이유, 바로 자본주의 사회에서 종업원이라는 사회적 지위의 명백한 한계 때문입니다.

2021년 2월에는 SK하이닉스를 시작으로 기업 실적에 비해 성과급은 많이 받지 못한 사원들의 불만이 뉴스에서 자주 다뤄졌다. 일부 언론에서는 이를 두고 MZ세대는 자기 의사 표현이 확실해서 이렇게 낮은 성과급에 대한 불만을 대놓고 표출한다는 식으로 보도했는데 참으로 기가 찰 노릇이다. 민주노총의 1990년대 노동운동을 기억하지 못하는가? 연봉 인상과 고용 안정을 위해 총파업을 불사하고 폭력으로 얼룩진 시위를 일삼던 그들은 수줍게 불만을 표현한 것인가? 1990년대 폭력으로 얼룩진 노동운동은 신성시하면서 최근에 벌어지는 대기업 사원들의 성과급 불만은 MZ세대의 거침없는 반란이라는 식의 프레임을 씌우는 것은 온당하지 않다.

디지털 시대와 경제 위기 속에서 태어나고 자란 이른바 'MZ세대'들의 반란이 재계를 강타하고 있다. SK하이닉스에서 시작된 MZ세대들의 성과급 논란이 대기업을 중심으로 급격히 확산되고 있다. 이들은 기성세대들이 주도해 온 보상체계 산정방식에 불만을 제기하며 객관적인 기준 공개와 함께 개선을 요구하고 있다. 하지만 성과급 체계 개선은 좋지만, 보상 기준이 완전히 공개되는 것은 기업 비밀과 경영자 고유 권한 침해라는 주장도 제기되고 있다.

**■기성세대와 달라 '자기만족 우선'**
21일 재계에 따르면 국내 주요 기업들은 MZ세대 직원들의 불만을 달래기 위해 성과급 제도 손질에 나섰다. 일각에선 향후 시장상황이 악화될 경우 재정부담이라는 부메랑이 될 수 있다는 우려도 나온다.

우선 성과급 논란의 진원지는 SK하이닉스다. 삼성전자의 2020년도 성과급이 자신들의 두 배를 넘자 한 4년 차 직원이 이석희 사장에게 공개 이메일로 성과급 산정방식 공개를 요구하면서 시작됐다. 이와 같은 움직임은 직장인 익명 커뮤니티 '블라인드'를 통해 SK텔레콤, 현대차, 삼성전자, LG전자 등 다른 대기업들로 급속히 퍼져 나가고 있다. 이들의 주장은 단순히 더 달라는 것이 아니라, 내가 왜 이것밖에 못 받는지 설명하라는 데 방점이 찍혀 있다.

'MZ세대'는 1980~2000년대 사이에 출생한 'M세대'와 'Z세대'를 합쳐 부르는 말이다. 이들은 겉으로는 풍요로워 보였지만 사실은 위기 속에서 성장했다. 주용완 강릉원주대학교 교수는 "MZ세대는 금융 위기, 리먼 및 서브프라임 사태 등 반복되는 경제 위기와 저성장을 겪으며 노력이 꿈을 실현해 줄 수 없다는 것을 체험했기 때문에 자기 행복과 만족을 최우선으로 추구한다"고 설명했다. 성과급 논란도 자신의 업무가 제대로 평가받지 못한다는 불만에서 출발한 것으로 풀이된다. 국내 4대 그룹 중 한곳에 3년째 근무 중인 A 씨는 "개인의 역량보다는 연장자 우대나 친분에 의한 평가가 여전히 남아 있다"면서 "평가 지표를 객관화하고 평가의 기반이 되는 데이터를 투명하게 관리해야 한다"고 지적했다. 전자·금융업체에서 5년째 일하고 있는 B 씨도 "대부분 의사 결정권자는 조직원의 객관적 역량으로만 판단하는 게 아니라 주관적 요소에 따라 성과 평가를 한다"며 "회사의 기업문화와 비전에 대한 젊은 직원들의 불만이 상당하다"고 말했다

회사에 대한 인식 차이도 MZ세대와 베이비붐·X세대를 가르는 중요

한 차이다. MZ세대는 조직·집단에 몰입하기보단 개인주의에 기반한 정체성이 깔려 있는 게 전문가들의 진단이다. 이병훈 중앙대 사회학과 교수는 "현재 경영진 등 기성세대는 조직을 우선시하도록 길들여진 반면, 젊은 세대는 자기 생활이 중요하기 때문에 확연하게 권리를 주장하는 모습을 보인다"고 분석했다. 특히 MZ세대들의 이런 문제의식이 조직에 적응하기 위한 노력의 일환이라는 분석도 나온다. 구정우 성균관대 사회학과 교수는 "본인과 잘 안 맞는 조직에서 자리를 잡고 그 일원으로 살아가기 위해 '성과급 폭로'라는 합리적인 선택을 한 것"이라며 "공정하지 않다' '우리 말을 들어 달라' 등의 문제를 제기한다는 것 자체가 조직에 남고 싶다는 의미"라고 해석했다.

## ■기준 공개, 재무 건전성 훼손 지적도

MZ세대들의 이런 움직임에 재계는 최고경영자들이 직접 달래기에 나서는 등 신속한 대응에 나섰다. 주요 기업들은 이미 임직원 보상 체계 손질에 돌입했다.

SK하이닉스는 산정 기준을 기존 '경제적 부가가치'에서 '영업이익' 기반으로 변경하기로 하고 회사 영업이익 10%를 성과급 재원으로 활용하기로 했다. 지급 예상치도 연초와 분기별 시점에 공개키로 했다. 또 기본급 200%에 해당하는 혜택이 제공되는 우리사주 제도도 도입키로 했다. 불똥이 번진 SK텔레콤도 노사 합동 태스크포스(TF)를 통해 2022년부터 성과급 지급 기준을 개선키로 했다. LG전자는 성과급에 불만을 가진 직원들이 최근 사무직 노조를 설립한 가운데, 올해 임금 9% 인상이라는 파격적인 조건에 노사가 합의했다. LG디스플레이도 업계가 최대 호황을 누리던 2010년 이후 최대폭인 기능직 기준의 평균 6.5~7% 임금 인상에 합의했다. 현대차그룹은 정의선 회장이 최근 직원들과의 미팅에서 직원들의 노력이 정당하게 보상받도록 체계 개선을 약속했다. 또 재계 최고 수준의 성과급을 지급하는 것으로 알려진 삼성전자도 최근 노조를 중심으로 체계 개편에 대한 목소리가 나오고 있다.

하지만 이 같은 변화에 대해 우려하는 목소리도 나오고 있다. 대기업 관계자는 "성과급은 단순히 전년대비 얼마나 벌었는지를 가지고 선정하면 안 된다. 경쟁사 대비 얼마나 수익을 냈는지도 중요한 조건이기 때문"이라며 "기업마다 시장 상황과 경쟁사의 실적 등을 고려해 자사의 경영성과를 반영해 결정하는 게 성과급인데, 이를 단순화시키면 오히려 재무 건전성을 훼손시킬 우려도 있다"고 말했다.

「파이낸셜 뉴스」 2021.3.21. <'MZ세대'의 반란, 대기업 임금 체계 흔들어⋯⋯기준 공개 우려 목소리도>

이런 갈등은 자본주의 사회에서 종업원의 지위가 가지는 한계에서 비롯된다. 결국 연봉에 대한 불만을 표현할 권리마저 기성세대에게 박탈당한 젊은 세대가 이를 극복할 수 있는 길은 주식 투자를 통해 자산가로 거듭나는 것이다. 참고로 SK하이닉스는 직원들의 요구에 따라서 성과급을 올려주는 시늉을 했고, 주가는 하락했다. D램 값이 계속해서 오르는 업황임에도 불구하고 3월 2일 15만 원을 돌파한 이후 4월 30일 13만 원이 붕괴되었다.

# 팔아야 내 돈이다

2021년 2월 15일

●

지난주에는 #현대차와 #기아차가 각각 애플카 협업을 하고 있지 않다고 공시하면서 그동안 애플카 기대감에 올랐던 주가가 폭락하는 사태가 벌어졌습니다. 애플카에 대한 기대감은 현대차나 기아차가 아니라 기자들이 생산한 것이었습니다. 한국 언론과 외신들은 앞다투어 가능성을 크게 보도했고, 이는 곧 주가 상승으로 이어졌습니다. 황경재 CGS-CIMB 연구원은 이러한 사태에 대해 "애플카 기대감에 맞춰 매도하라(Sell into recent Apple car excitement)"고 명확하게 말한 바 있습니다.

그렇다면 현대차의 임원들은 어땠을까요? 김철 상무는 263,000원, 석동빈 상무는 261,500원, 최서호 상무는 252,500원, 윤일헌 상무는 257,500원, 권순태 상무는 252,000원, 지영식 상무는 250,500원에 보유 주식을 매도했습니다. 김철 상무는 현대차 생기1실장, 석동빈 상무는 언론사 출신으로 현대차로 이적하여 제품기술 PR담당을 맡고 있습니다. 모두 애플카 협업 기대감이 팽배했던 1월 15일~31일 사이에 이뤄진 거래입니다. 만약 고점에 주식을 팔았다면, 생긴 현금을 가지고 폭락 후 다시 주식을 살 수도 있습니다. 2,000만 원으로 20만 원에 100주를 샀다면 25만 원에 100주를 팔면 2,500만 원이 생기고, 다시 20만 원으로 내려왔을 때 125주를 살 수도 있습니다. 아니면 더 좋은 다른 주식을 살 수도 있습니다. 세상에는 좋은 주식이 늘 널려 있기 때문이죠. 아니면 상황을 보며 현금을 들고 있을 수도 있습니다. 이렇게 선택의 폭이 넓어지는 이유는 딱 하나, 수익이 날 때 주식을 팔았기 때문입니다.

사람들이 이런 걸 알면서도 실천하지 못하는 이유는 확증편향에 빠지기 때문입니다. 자신이 보유하고 있는 주식에 대해 좋은 뉴스는 크게 받아들이고 나쁜 뉴스는 외면하는 확증편향은 투자에 있어서 가장 피해야 할 것입니다. 현대차 임원들의 줄매도는 확증편향에 빠지지 않고 냉철하게 상황을 판단한 것으로 배울 점이 많습니다.

2021년 1월, 애플카를 현대차에서 생산하는 것을 협의 중이라는 기사가 나왔다. 이 확인되지 않은 루머로 인해 현대차의 주가는 폭등했고, 1월 11일에는 289,000원을 기록하며 2012년 5월의 고점 272,500원을 9년 만에 넘겼다. 2011년 동일본 대지진으로 일본 자동차 업체들이 생산에 차질을 빚게 되면서 현대차에 주문이 몰리게 되고, 엄청난 실적 성장세를 바탕으로 2012년 폭등했던 현대차의 주가는 2014년 삼성동 한전부지를 10조 5,500억 원에 낙찰 받으면서 본격적인 하락을 시작했다. 당시 부동산 시세보다 훨씬 높은 가격에 땅을 사면서 주주들의 이익을 훼손한 거 아니냐는 비난에 시달렸던 현대차는 애플카 생산 루머로 비로소 그때의 가격을 회복하게 되었다. 이렇게 주가가 급등하던 2021년 1월, CGS-CIMB증권사에서는 흥미로운 리포트를 내놓았다.

싱가포르 최대 증권사 CGS-CIMB증권이 현대차에 대해 "애플카 기대감에 맞춰 팔라"며 '비중 축소(매도)' 의견을 제시했다. 전날 제시한 목표가는 현 주가(오후 2시 36분 기준 24만5,000원)보다 43% 낮은 14만 원이다. CGS-CIMB증권은 지난해 말부터 현대차에 대해 비중 축소 의견을 제시해 왔다. 최근 국내 증권사가 현대차 목표가를 잇따라 상향하며 27~33만 원까지 제시한 것과 대조적이다. CGS-CIMB증권의 목표가는 국내 증권사의 절반 수준에도 못 미친다.

황경재 CGS-CIMB증권 연구원은 "낮은 EV(전기차) 마진과 자동차용 칩 가격 상승, 원/달러 환율과 미국 연비 규정으로 SUV(스포츠유틸리티차량)와 제네시스 판매 및 수익성에 영향을 줄 수 있는 리스크가 계속 나타나고 있다"며 "최근 애플카 기대감에 맞춰 매도하라(Sell into recent

Apple car excitement)"고 조언했다.

황 연구원은 "유럽에서의 판매 감소, 신용 구매, 단일 EV에 적용되는 예외적인 $CO_2$ 배출량 삭감 규정은 현대차의 인센티브 패널티 비용을 낮췄다"면서도 "그럼에도 올해 4,430억 원 규모 인센티브 및 저가 전기차와의 경쟁, 전기차 매출 비중 정체 등으로 인해 3,570억 원 규모 패널티 리스크 등 비용을 예상한다"고 지적했다.

황 연구원은 글로벌 자동차용 칩 공급 부족이 전기차 사업의 발목을 잡을 수 있다고 진단했다. 그는 "올해 2분기 글로벌 자동차용 칩 공급 부족으로 인한 리스크를 분석해 보면 40% 칩 단가 인상으로 7,070억 원 규모 EBIT(이자및세전이익)가 삭감될 것"이라고 진단했다.

이어 "더 큰 우려는 (이 같은 칩 가격 상승이) 이미 지연된 현대차의 전기차 전용 플랫폼 E-GMP 출시에 혼란을 가져올 수 있는 잠재요인이라는 점"이라며 "E-GMP는 기존 차량(대당 400달러)보다 칩 사용량(대당 1,000달러)이 더 많다"고 설명했다.

또 조 바이든(Joe Biden) 미국 대통령의 친환경 정책 기조가 제네시스와 SUV 매출에 타격을 줄 수도 있다는 점을 지적했다.

황 연구원은 "지난해 현대차 매출은 제네시스와 SUV가 견인했다"며 "그러나 바이든 대통령이 연비 기준을 오는 2026년까지 마일 당 46.7갤런으로 강화한다면 수요 절벽과 새로운 패널티 리스크를 마주할 수 있다"고 분석했다. 그는 "소형차로의 전략적 전환은 제품 믹스 저하를 의미하며 전기차 생산 현지화는 더 높은 비용을 수반할 것"이라고 덧붙였다. 아울러 "현대차의 ESG(환경·사회책임·지배구조) 순위 상승은 제한적이라고 본다"며 "투자자들에게 애플카 뉴스로 촉발된 리테일(개인) 순

당시 #현대차를 두고 한국의 증권사는 모두 목표가를 높이 잡았다. 현대차투자증권 330,000원, 유진투자증권 325,000원, 키움증권 320,000원 등 모든 한국 증권사는 일제히 목표가를 30만 원 위로 올려 잡았다. 그렇다면 이렇게 엇갈리는 전망 속에서 현대차 임원들은 어떤 선택을 했을까? 「돈키레터」에 썼듯이 많은 임원들이 25만 원 이상의 높은 가격에 주식을 매도했다. 그리고 2월 현대차에서는 애플과 협상을 진행하고 있지 않다고 공시했고, 현대차의 주가는 4월 30일 212,000원까지 수직 낙하했다. 한국 증권사들의 목표가 32만 원과는 11만 원 차이가 나고, CGS-CIMB증권사의 목표가 14만 원과는 7만 원 차이가 난다. 결국 현대차의 주가는 CGS-CIMB증권사의 목표가와 더 근접해 있는 것이다.

여기서 굉장히 재밌는 것은 위 기사의 댓글이다. "이런 식이면 테슬라는 4달러다", "그냥 싸게 사고 싶다고 말해라", "찌질해 보인다" 등 말도 안 된다는 반응이 주류를 이루고 있다. 하지만 3개월 뒤 현대차의 주가는 이들이 말도 안 된다고 했던 주가에 성큼 다가왔다. 도대체 왜 이런 현상이 일어나는 것일까? 그것은 바로 '확증편향' 때문이다. 자기가 보유하고 있는 종목에 대한 긍정적인 것만 크게 받아들이고, 부정적인 정보는 외면하려는 것 때문에 객관적인 판단력이 흐려진 탓이다. 현대차 임원들은 이러한 확증편향에 빠지지 않았고, 기사에 댓글을 단 사람들은 확증편향에 빠진 것이다. 이러한 차이가 정반대의 의사 결정으로 나타났고, 결국 확증편향에 빠지지 않고 냉철하게 상황을 판단하는 것이 중요하다는 교훈을 일깨워 준다.

# 8

# 즐거운 쇼핑 시간

## 2021년 3월 1일

●

「돈키레터」 7호 칼럼에 《팔아야 내 돈이다》라는 글을 쓰자마자 계속되는 지수 하락으로 코스피는 3,000선, 코스닥 900선도 위협받고 있습니다.

돈키효테 중에서 장기 투자를 고집하다가 충분히 거둘 수 있었던 수익을 놓쳐버린 분들은 없으리라 생각합니다. 저의 칼럼대로 수익이 날 때 팔았다면, 지금은 그 현금으로 다시 뭘 살지 고민하는 아주 즐거운 쇼핑 시간입니다. 그렇다면 어떤 종목들을 봐야 할까요?

### ◆콘택트◆

코로나19 확진자가 계속 늘었다 줄었다 하고 있지만 큰 방향은 결국 백신접종으로 인한 콘택트주입니다. 항공, 카지노, 의류 쪽에 수급이 계속 들어오고 있습니다.

## ◆물가 상승◆

화폐 가치 하락으로 인한 물가 상승이 지속되고 있습니다. 구리, 철강, 원유 등의 원자재와 식자재, 미술품까지 모든 분야에 골고루 가격 상승이 이어지고 있고, 이는 결국 해당 자재를 취급하는 회사의 매출 증대로 이어지게 됩니다.

## ◆드라마·웹툰◆

코로나19로 인해 영화 수요는 좀처럼 살아나지 않는데 반해 드라마 수요는 폭발적입니다.

넷플릭스 오리지널 〈킹덤: 아신전〉, 〈지옥〉은 물론이고 〈지리산〉, 〈무빙〉 등 대작 드라마에 제작비가 쏠리고 있습니다. 그리고 「넷플릭스」라는 플랫폼을 통해 한국을 벗어나 전 세계로 그 인기가 뻗어가고 있습니다. 웹툰 역시 〈스위트홈〉 등 세계적인 인기를 누린 여러 창작물의 원작이 되면서 그 몸값이 치솟고 있습니다.

이러한 큰 흐름을 읽고 투자한다면 남들보다 빠르게 수익을 내고, 또 실현된 수익으로 다음 움직임을 고민하며 앞으로 나아갈 것입니다.

잔파도에 휩쓸리지 않는 비결, 그것은 바로 수익실현입니다.


2021년 2월 말 하락장으로 인해 코스피 3,000선이 붕괴되는 등 험악한 분위기가 연출되었다. 「돈키레터」에서는 이럴 때를 대비해

'팔아야 내 돈이다'를 외치며 늘 현금화를 강조했기 때문에, 이와 같은 하락장일 때 살 게 너무 많다. 그렇다면 칼럼에서 언급했던 섹터의 관련주들은 이후 어떻게 됐을까?

항공주를 보면, #제주항공이 3월 2일 22,650원에서 3월 19일에 26,000원까지 급등하게 된다. 수익률은 약 15%다.

카지노주인 #파라다이스는 3월 2일 17,650원에서 3월 4일 18,800원까지 상승해서 수익률은 약 7%다.

의류주인 #F&F는 3월 2일 138,000원에서 4월 28일 180,000원을 기록하며 두 달간 약 30% 상승을 기록했다.

구리 관련주인 #이구산업은 3월 2일 3,010원에서 4월 27일 4,840원으로 두 달 만에 61%의 상승을 기록했다.

철강 관련주인 #NI스틸은 3월 2일 3,250원에서 4월 29일 6,560원까지 상승하며 두 달 만에 102%의 상승률을 보였다.

원유 관련주인 #한국석유는 3월 2일 9,700원이던 주가가 4월 19일 30,550원을 터치하며 215%의 상승률을 기록했다.

드라마 관련주 #에이스토리는 3월 2일 34,800원이었는데 3월 30일 한 달 만에 54,000원까지 상승했다. 상승률은 55%다.

웹툰 관련주 #키다리스튜디오는 3월 2일 11,550원이던 주가가 4월 14일 한 달 반 만에 20,850원까지 치솟았다. 상승률은 81%다.

결국 하락장을 기회로 이 중에 아무거나 샀더라도 정도의 차이일 뿐 수익은 충분히 낼 수 있었다. 이 같은 논리는 세상에서 나만 생각할 수 있는 특별한 것이 절대 아니다. 오히려 그렇게 나만 생각할 수 있는 것은 시장에서 통하지 않는다. 시장에서 통하는 것은 누가 들어도 수긍할 수 있는 지극히 상식적이고 쉬운 논리다. 구리 가격이 오르니까 구리 관련주가 가고, 철강 가격이 오르니까 철강 관련주 가격이 가고, 원유 가격이 오르니까 석유 관련주가 간다는 초등학생이 들어도 알 만한 논리여야 기사를 쓰기도 쉽고, 리포트를 내기도 쉽고, 많은 사람들에게 공감을 불러일으키며 매수 버튼을 누르게 한다는 것이다.

흔히들 주식을 잘하는 비결이 굉장히 특별하다고 생각하는데, 남들보다 훨씬 많이 벌기 위해서는 물론 나만의 비결이 필요하다. 하지만 먹고 살기에 충분한 정도의 수익을 내기 위해서는 특별한 비결이 필요하지 않다. 이 정도의 인사이트만 있어도 퇴사하고 노동소득을 대체하면서 살 수 있다. 직장인을 10년 동안 해 봤지만 회사 업무에 비하면 이 정도의 인사이트를 갖는 건 무척 쉽다. 매일 출근해서 8시간 이상을 일에 쏟는 노력을 고스란히 주식 투자에 들인다면, 이 정도는 일도 아니다. 주식 가격이라는 게 사려는 사람이 많으면 오르고, 팔려는 사람이 많으면 떨어지는 원리이기 때문에 사려는 사람이 많을 만한 지극히 상식적인 생각을 하는 것은 그리 어렵지 않다. 물론 아무나 다 할 수 있는 쉬운 정도는 아니지만, 고된 회사 업무에 비하면 그리 어렵지 않다는 것이다. 남들이 못하는 연구 성과를 내야 하는 대학원 공부나 남들이 못하는 생각을 해야 하는 회사 업무보다 구리 가격이 오르면 구리 관련주가 오른다는 식의 생각을 하고 사는 게 더 쉽다면, 과감하게 도전해 보자.

# 쿠팡 상장의 진짜 수혜주

### 2021년 3월 8일

●

이번 주에는 뉴욕증시에 #쿠팡이 상장합니다. 그동안 쿠팡 상장 테마주라고 하여 #동방, #KTH 등 쿠팡과 사업적 연관이 있는 기업들이 큰 폭으로 상승한 바 있습니다. 저도 「어피티」에 관련 테마주들을 소개하기도 했죠. 하지만 이 종목들로 수익을 내더라도 이들은 쿠팡이 뉴욕증시에 상장한다고 해서 특별한 수혜를 받지 않는다는 것은 알아둬야 합니다. 쿠팡 사업이 해외로 진출하게 된다면 모를까, 단순히 뉴욕증시에 상장한다고 해서 협력업체들의 매출이 증가하지는 않으니까요.

그렇다면 쿠팡이 상장하면 진짜 수혜를 받는 곳은 어디일까요? 바로 쿠팡과 유사한 사업 구조를 가진 기업들입니다. 쿠팡이 뉴욕증시에 상장하면서 평가되는 가치에 따라 이들 기업의 가치도 재평가 받을 수 있기 때문입니다. 예를 들어 어떤 동네에 과일 가게 A, B, C가 있습니다. 어느 날 A 가게가 대기업에 팔렸는데, 생각보다 높은 가격에 팔리게 된 겁니다. 그렇다면 B, C 가게의 가치도 현재와는 다르게 높게 평가되겠죠. #현대차가 2014년 삼성동 한전 부지를 10조 5,500억 원을 주고 사자 그 일대 땅값이 그에 맞게 올라간 사례가 대표적입니다.

그렇다면 쿠팡과 유사한 사업 구조를 가진 이커머스 기업은 어디가 있을까요?

바로 새벽배송 업체 오아시스입니다. 비록 매출은 쿠팡보다 적지만 새벽배송 업체들 가운데 유일하게 흑자를 기록한 곳입니다. 작년에는 코로나19로 인해 급성장한 새벽배송 시장의 수혜를 제대로 입었고, 올해는 급등하고 있는 농축수산물 가격으로 인한 매출 상승이 기대되고 있습니다. 게다가 쿠팡이 뉴욕증시에서 높은 가치를 인정받게 된다면, 새벽배송 업체의 프리미엄까지 더해질 전망입니다.

쿠팡 상장 테마주를 찾아서 수익을 냈다면, 이제는 한 단계 더 나아가서 재평가될 e커머스 기업에 투자해 보는 것도 좋은 방법일 것입니다.


2021년 3월에는 쿠팡이 뉴욕증시에 상장하는 이슈가 있었다. 이는 대단히 중요한 의미를 지니는데, 한국에만 국한된 내수 기업도 얼마든지 뉴욕증시에 직상장할 수 있다는 것을 보여줬다. 또 쿠팡의 시총은 인구가 적은 한국에서만 사업을 벌이는 적자 기업의 가치가 80조원을 훌쩍 뛰어넘는다는 것도 보여줬다. 이는 전 세계 전기차 배터리 점유율 1위인 LG화학보다도 훨씬 높은 시총이다. 이같은 쿠팡의 상장은 한국 증시가 얼마나 저평가되고 있는지 확인시켜 주는 상징적인 사건이었다. 이렇게 어떤 기업이 예상치 못하게 높은 평가를 받으면 동종업계의 다른 기업의 가치도 동반 상승하게 되는데, 이를 '리레이팅(rerating)'이라 한다. 쿠팡과 같은 업종은 e커머스인데, 한국 상장사 중에서 e커머스 매출 비중이 가장 높은 곳은 지어소프트다. 지어소프트가 지분의 80%가량을 보유하고 있는 자회사 오아시스는 새벽배송 업체 중에서 유일하게 흑자를 기록했다.

사실 언론에서는 네이버쇼핑 때문에 #네이버, 쓱닷컴 때문에 #이마트를 e커머스 관련주로 꼽았는데, 이들 업체가 규모는 크지만 전체 매출 중에 e커머스가 차지하는 비중은 미미하기 짝이 없다. 따라서 이들을 쿠팡과 같은 e커머스 주로 분류하기에는 무리가 있다. 그렇다면 #지어소프트의 주가는 어떻게 됐을까? 3월 8일에 18,850원이던 지어소프트는 한 달 만인 4월 7일 25,600원까지 상승했다. 이는 36% 정도의 상승률이다. 그렇다면 언론에서도 이 같은 논리를 보도했을까? 물론 그렇다.

지어소프트가 이틀 연속 급등세다. 쿠팡의 뉴욕증시 상장을 전후로 국내 e커머스 기업들에 대한 기업 가치가 재평가 받고 있는 것으로 풀이된다.

12일 오전 10시 16분 지어소프트는 전일 대비 4,200원(21.88%) 오른 2만3,400원에 거래되고 있다. 전날 12.94% 급등한데 이어 이틀 연속 가파른 오름세를 보이고 있다.

전날 미국 증시에 상장한 쿠팡은 공모가(35달러) 대비 14.52달러(41.49%) 급등한 49.52달러로 장을 마쳤다. 시가총액은 111조원에 달한다. 쿠팡은 장중 69달러까지 올랐다. 이날 주가 급등으로 쿠팡은 올해 미국 내 최대 IPO(기업공개)를 기록했다.

지어소프트는 자회사 오아시스를 통해 e커머스 사업을 전개 중이다. 2018년 오아시스마켓을 선보이며 본격적으로 e커머스 사업을 시작했다.

오아시스마켓의 강점은 유기농과 가격이다. 100% 산지 직매입을 통해 유기농 신선식품에 대한 가격 문턱을 낮췄다. 대형마트 온라인몰 가격의 절반 수준이다.

오아시스는 e커머스 업계에서도 손에 꼽히는 흑자기업이다. 쿠팡과 마켓컬리 등 새벽배송 업체들이 연일 적자를 기록하는 가운데 나홀로 흑자를 이어가고 있다.

---

「머니투데이」, 2021.3.12. <'새벽배송' 지어소프트, 쿠팡 상장 효과에 급등세>

「돈키레터」가 발행된 지 4일 만에 이렇게 똑같은 논리의 기사가 나왔고, 그날 #지어소프트는 장중에 20% 이상 폭등하며 역사상 신고가를 경신했다. 이처럼 기사에 보도될 만한 명분을 찾는 것이 중요하다. 뭔가를 생각했다면 '기자들도 나와 같은 생각을 할까?'라고 다시 한 번 생각해 보는 습관을 기르는 것이 좋다. 내가 기자의 입장이 되어 기사를 쓴다고 가정했을 때 논리가 억지스럽지 않은지, 헤드라인이 어떻게 나올지, 사람들이 클릭은 얼마나 할지 등을 생각해 보는 것이다. 이렇게 기자의 입장에서 사고하는 훈련을 반복하다 보면 어느새 기자와 유사한 유연한 사고를 가지게 된다. 좀 더 주의를 기울인다면 특정 기자의 패턴도 파악할 수 있다. 그 기자가 좋아할 만한 기삿거리가 무엇일지 생각해 보자. 기자도 사람이기 때문에 선호하는 것이 있고 습관이 있다. 이것을 잘 분석하는 것이 바로 성공적인 투자의 지름길이다. 나아가서는 기자에게 제보를 하는 것도 좋다. 물론 무시당할 수 있지만, 그래도 좋은 인사이트가 있다면 기자에게 메일을 보내 제보해 보도록 하자. 보도가 안 되면 말고, 혹시라도 보도가 된다면 주가에 좋은 영향을 끼칠 테니, 밑져야 본전이라고 할 수 있다. 나만 생각하는 것은 백날 해 봐야 수익을 내는데 도움이 안 된다. 중요한 것은 나와 같은 생각을 다른 사람들도 하는 것이다. 그것을 효과적으로 해 주는 수단이 뉴스다. 뉴스를 읽으면서 사람들의 생각이 한 방향으로 모이는 것이다. 따라서 뉴스에 나올 만한 이슈를 늘 생각하고, 적중률을 높이는 것은 매우 좋은 투자법이다.

# 정치 테마주 이해에 가장 좋은 영화

2021년 3월 15일

●

지난주 #웅진은 윤석금 회장이 윤석열과 같은 파평 윤씨라는 이유로 급등했습니다.

#NE능률도 최대주주인 윤호중 한국야쿠르트 회장이 파평 윤씨라는 이유로 급등했습니다. 이에 대해서 대부분의 언론과 소위 전문가들은 황당하다고 입을 모아 얘기합니다.

그러나 같은 종친이라는 것은 한국 사회에서 굉장히 강력한 힘을 가질 수 있습니다.

이것을 이해하기 가장 좋은 영화는 〈범죄와의 전쟁〉입니다. 이 영화에서 최민식이 조폭 두목인 하정우를 만나 친해지게 되는 계기는 바로 같은 종친이라는 것입니다. 하정우를 감옥에서 빼내기 위해 갖가지 로비를 할 때도 담당 검사(곽도원)의 윗선 검사(김응수)

가 같은 종친이라는 것을 이용합니다.

물론 이 영화는 허구입니다. 하지만 종친의 힘은 상황에 따라서 매우 강력해질 수 있음을 보여줍니다. 특히 선거에서 종친회의 힘은 막강해질 수 있는데, 이를 막기 위해 '공직선거법 61조에서는 선거 운동 기간 중에 종친회를 열지 못하도록 명시'하고 있습니다. 이 같은 법 조항만 봐도 종친회가 얼마나 선거와 밀접한지 알 수 있습니다.

동창회 역시 금지되어 있습니다. 선거 운동 기간에 동창회도 열지 못하도록 한 것은 동창회의 영향력을 인정한 것이나 다름없습니다. 실제로 박근혜 전 대통령의 모교인 서강대 출신들이 만든 '서강바른포럼'은 매크로 댓글로 박근혜 지지 리트윗을 하다 실형을 선고받았습니다. 따라서 회장이 같은 종친이나 같은 대학 출신이라는 것은 지금은 무관할지 몰라도 선거가 다가오면 어떤 영향을 미칠지 모른다는 것입니다.

이처럼 정치 테마주 묶기는 결코 어불성설이나 황당한 현상이 아니라 한국 사회에 뿌리 깊이 남아 있는 문화를 반영한 것이며, 선거가 다가오면 후보 입장에서 뿌리칠 수 없는 유혹이 되기도 합니다.

주가가 오로지 실적과 기업 가치에 의해서만 움직인다고 믿는 사람들은 이렇게 엄연히 존재하는 사회적 현상을 외면하는 우물 안 개구리일 뿐입니다.

2021년 3월에는 윤석열 전 검찰총장이 사퇴하면서 대선 출마를 위해 사퇴하는 게 아니냐는 관측으로 윤석열 관련주들이 급등했다. 정치 테마주들이 늘 그렇듯이 대부분 윤석열 전 총장과 대학 동문이나 같은 종친이라는 연유로 윤석열 테마주로 묶였다. 정치 테마주는 등락폭이 심하기 때문에 투자해서 수익을 내기도 하지만 자칫 잘못하면 손절의 위험성이 분명히 있다. 하지만 어느 순간 급락했더라도 말 한마디에 폭등할 수도 있는 게 또 정치 테마주다. 그만큼 힘이 강력하다는 것인데, 그것은 수급이 강하게 몰린다는 뜻이기도 하다. 다시 말하면 정치 테마주는 급락의 위험성은 있지만 어느 순간 급등해서 탈출할 가능성 또한 높다는 것이다.

이렇게 정치 테마주가 뜨거운 이유는 일확천금을 가져다줬던 사례가 많았기 때문이다. 선거는 때마다 있고 그때마다 정치 테마주가 얼마나 급등했는지 차트를 보며 '이때 사서 이때 팔았더라면……'이라는 생각을 하며 다들 환상에 빠진다. 그래서 정치 테마주가 급등하게 되면 자기가 봤던 예전의 정치 테마주 차트를 떠올리며 너도나도 불나방처럼 달려드는 것이다. 여기서 우리는 이것의 옳고 그름을 따지기 전에 이것을 하나의 현상으로 받아들이는 것이 중요하다. 주식 시장에서 옳고 그름은 내가 판단하는 것이 아니다. 시장에서 일어나는 모든 현상에 순응하고 겸손하게 받아들인다면, 정치 테마주 또한 분명히 연구할 가치가 있다. 이렇게 사람들의 관심을 한 몸에 받는 것을 버린다는 것은 너무 아깝다. 「돈키레터」칼럼에서 소개한 #웅진은 3월 15일 1,790원에서 한 달 뒤인 4월 13일 3,490원까지 올랐다. 95%에 달하는 상승률이다. #NE능률은 3월 15일 8,000원이었지만 4월 7일 25,650원까지 급등했다. 이는 무려 220%의 상승률이다. 바로 이런 급등이 정치 테마주에 대한 환상을 계속해서 키워가는 원동력이 되는 것이다. 그렇기 때문에 정치 테마주에 대한 관심을 지속적으로 가져야 하는 이유가 되는 것이지, 무조건 외면하면 안 된다. 역설적으로 정치 테마주가 힘을 잃어서 전혀 움직임이 없다면, 우리가 정치 테마주에 대해서 관심을 가질 이유가 있을까? 전혀 없다.

# 11

# 새로운 자산, NFT

2021년 3월 22일

●

그동안 전통적인 자산으로 불리던 부동산과 주식의 열기가 주춤한 사이, 투자자들의 관심은 새로운 자산으로 쏠리고 있습니다. 대표적으로 암호화폐와 같은 디지털 자산인데요, 오늘은 NFT를 소개하려고 합니다. Non-Fungible Token의 약자인 NFT는 '대체불가능한 토큰'이라는 뜻입니다. 기존의 암호화폐와는 달리 NFT는 디지털 자산에 별도의 고유한 인식값을 부여해서 다른 것들과 차별화된 가치를 부여할 수 있습니다. NFT가 적용되지 않은 코인은 그렇지 않은 코인과는 다른 가치를 지닐 수 있게 되는 것이죠. 이 기술이 디지털 아트에 적용되면 어떨까요? 기존에는 디지털 아트 파일이 무제한으로 복제가 가능했지만, NFT를 적용하면 얘기가 달라집니다. 눈으로 보기에는 똑같은 그림 파일이지만, 원본 파일은 이 세상에서 하나밖에 없는 것이죠. NFT는 블록체인 기술로 진품 여부를 보증합니다.

상황이 이렇게 되자, 세계적인 미술품 경매 회사들이 가만히 있을 리가 없죠. 크리스티 경매에서 디지털 아티스트 비플(Beeple)의 작품 ⟨Everydays-The First 5,000 Days⟩가 6,930만 달러에 낙찰되는 기염을 토했습니다. 소더비 경매도 이에 질세라 다음 달 NFT 작품 경매를 한다고 밝혔습니다.

한국은 어떨까요? 피카프로젝트에서 실시한 경매에서 아티스트 마리 킴(Mari Kim)의 ⟨Missing and Found⟩는 288이더리움(약 6억700만 원)에 낙찰됐습니다. 국내 최대 경매회사 #서울옥션 역시 3분기에 NFT 경매에 진출을 발표한 상태입니다.

이처럼 NFT는 기존 디지털 아트의 한계로 지적됐던 원본에 대한 보증 문제를 해결하면서 새로운 자산으로 급격하게 떠오르고 있습니다. 이제 전 세계 사람들은 복잡한 왕래 없이 손쉽게 어디서나 NFT가 적용된 디지털 파일을 소유할 수 있게 되면서 미술품 투자의 패러다임이 바뀌고 있습니다. NFT를 직접 소유하기가 어렵다면, 그 거래소의 주식을 사는 것도 좋은 방법이겠죠?


2021년 3월에는 NFT가 적용된 디지털 아트 작품들이 연달아 높은 가격에 낙찰되는 일이 벌어졌다. 이미 「돈키레터」 창간호에서도 소개한 바 있는 서울옥션이 다시 등장하게 되는데, 기존의 미술품 경매가가 높아지는 것과는 또 다른 이슈이기 때문이다. 이 같은 새로운 움직임에 대해서 본능적인 거부 반응을 보이는 사람들이 있다.

'NFT가 적용됐다고 해서 그림 파일이 몇백 억 원씩 한다고? 말도 안 돼.'
'실물이 있는 것도 아닌데 그렇게 비싸다고?'
'진짜 시장이 미쳐서 돌아가네. 저런 게 유명 작가 진품보다 더 비싸다고?'
'선 하나 그은 그림이 몇십 억 원인 것도 이해가 안 가는데 이건 더 이해가 안 가네.'

반면 엄청난 흥미를 갖고 연구하고 접근하는 사람들이 있다.

'와, 신기하다! 이게 요즘 대세구나!'
'코로나 시대에 오히려 이런 작품이 안전하게 거래될 수 있겠다.'
'실물 기반의 금이 결국은 가상 자산인 비트코인에게 자리를 내준 것처럼 미술 작품도 마찬가지겠구나!'

이렇게 본능적으로 새로운 것을 터부시하는 사람과 새로운 것에 두려움이 없는 사람이 있다. 과연 승자는 누구일까? #서울옥션의 주가는 이미 1월부터 많이 올라오긴 했지만 3월 22일 14,100원이었다. 불과 4일 뒤 3월 26일 서울옥션은 19,500원까지 치솟았다. 「돈키레터」 발행 이후 4일 만에 38% 상승한 것이다.

역사를 돌이켜 봤을 때도 승자는 늘 새로운 것에 거리낌이 없는 사람들이었다. 내가 이해되지 않는다고 틀린 게 아니다. 새로운 것은 새롭기 때문에 잘 이해되지 않는 게 당연하다. 그러나 그 막연한 두려움을 떨쳐 버린 사람에게는 늘 보상이 존재했다. 내 기준에서 이해되는 것이 중요한 자기중심적 사고는 천동설과 다름없다. 지금 와서 보면 너무나 우습지만, 그때는 그게 당연한 상식이었다.

# 서울시장 선거의 진짜 수혜주

2021년 3월 29일

●

서울시장 재보궐선거가 코앞으로 다가오면서, 본격적인 선거 운동이 시작되었습니다.

지난주에는 야권 단일화 후보로 오세훈 후보가 결정되면서 오세훈 테마주는 상승하고 안철수 테마주는 하락하기도 했습니다. 현재 각종 여론조사에서 오세훈 후보는 박영선 후보를 크게 앞서며 승기를 잡고 있습니다. 그렇다면 오세훈 테마주가 오르긴 했지만 아직 선거가 남았으니 지금이라도 올라타는 것이 좋을까요?

이번 서울시장 재보궐선거의 가장 큰 핵심은 부동산 정책입니다. 나날이 치솟고 있는 부동산 가격 상승을 억제하기 위해 오세훈 후보는 적극적인 민간 재개발 및 재건축을 완화하는 정책을 펴겠다고 약속했습니다. 이번 선거가 LH 직원들의 땅투기 행위에 대한 분노로 현 정권의 심판 성격을 띠고 있기 때문에 이러한 부동산 공약은 당선 후에도 가장 중요하게 챙길 것입니다.

따라서 단순 학벌로 얽힌 테마주보다는 실제 재건축 완화가 되었을 때의 수혜주를 공략하는 것이 더 현명합니다. 집을 지을 때 필요한 것들을 생각해 보면 일단 시멘트(삼표)가 있습니다. 페인트(노루)도 필요하고요. 주방 후드(하츠)도 달아야겠죠? 이 밖에도 집을 지을 때는 수많은 회사에서 만든 제품이 들어갑니다.

오세훈 후보는 예전 서울시장 재임 시절 DDP를 만들고, 세빛둥둥섬을 띄웠으며, 한강 르네상스를 구상하기도 했을 만큼 건축에 신경 썼습니다. 만약 오세훈 전 서울시장이 무상급식 문제로 사퇴하지 않았더라면 지금 용산의 모습은 전혀 달라졌을지도 모릅니다.

과연 오세훈 후보가 당선되어 자신의 못다 이룬 꿈을 이루려고 할지 결과가 궁금해집니다.


이 내용은 1월에 발송한 《언제나 이기는 투자》와 비슷한 내용이지만, 선거가 다가와서 한 번 더 썼다. 이때는 국민의힘 후보가 오세훈으로 확정되어 공약이 구체화되었다. 그런데 놀랍게도 1월에 썼던 상황이 거의 그대로 펼쳐지고 있었다.


올해 4월에 치러지는 서울시장 선거에 벌써부터 많은 후보들이 하마평에 오르내리고 있습니다. 이런 경우 특정 후보와 관련된 종목을 샀다가 변고라도 생기면 손실을 보는 위험을 감수하기 보다는, 공통된 공약에 집중해야 합니다. 이번 서울시장 재보궐선거의 최대 이슈는 단연 부동산 정책입니다. 여야 가리지 않고 모든 후보는 주택 공급 확대를 외칠 것입니다. 그렇다면 우리는 주택을 짓는데 들어가는 자재에 집중하면 됩니다. 주방후드는 #하츠, 변기는 #대림B&Co, 페인트는 #삼화페인트 시멘트는 #고려시멘트……이런 식으로 말이죠.

2021년 1월 11일 「돈키레터」 <효라칼럼> 중에서

「돈키레터」에서는 이미 선거 3개월 전에 이 상황을 본 것처럼 예측하고 있었다. 예상대로 서울시장 재보궐선거의 핵심은 부동산 공약이었고, 재건축 확대를 외친 오세훈 서울시장의 승리로 끝났다. 「돈키레터」에서 다룬 #노루페인트는 3월 29일 10,950원이었는데, 한 달도 채 지나지 않은 4월 21일 16,850원을 기록했다. 이는 54% 상승률이다. 반면 #진양화학 등의 오세훈 테마주는 오세훈 시장 당선 이후 급락했다.

이처럼 같은 테마주라 할지라도 분명히 통하는 테마주는 따로 있다. 어떤 테마주가 올라갈 확률이 높은지 볼 때는 과거의 데이터가 중요한 역할을 한다.

# 13

# 디즈니플러스 진짜 수혜주

## 2021년 4월 5일

●

지난주에는 「디즈니플러스」가 한국 상륙이 임박했다는 소식에 #알로이스가 급등을 보였습니다. 하지만 알로이스는 안드로이드 OTT BOX 제조업체로 「디즈니플러스」와 큰 관련이 없습니다.

여러분 중에 「넷플릭스」를 볼 때 알로이스 OTT BOX를 쓰시는 분이 있나요? 거의 없을 것입니다. 「디즈니플러스」 한국 진출 임박 소식에 이렇게 실제로는 큰 관련이 없는 테마주가 급등한다는 것은 아직 시장에서 진짜 관련주를 모르고 있다는 반증입니다.

그렇다면 「디즈니플러스」 한국 진출의 진짜 수혜주는 무엇일까요? 바로 「디즈니플러스」에 한국어 콘텐츠를 공급하는 회사라 하겠습니다. 「디즈니플러스」가 한국 진출을 할 경우 가장 먼저 할 일은 당연히 한국어 콘텐츠를 탑재하는 것입니다. 그렇다면 제작사는 「디즈니플러스」로부터 매출이 발생할 것입니다. 「넷플릭스」가 한국에 진출하면서 〈킹덤〉, 〈스위트홈〉 등 수많은 한국어 넷플릭스 오리지널이 제작됐던 것과 유사한 상황이라 하겠습니다.

현재 「디즈니플러스」에 탑재가 거론되고 있는 드라마는 〈너와 나의 경찰수업〉이 있습니다.

강다니엘의 첫 번째 연기 도전으로 주목받은 〈너와 나의 경찰수업〉은 NEW의 자회사 스튜디오앤뉴 제작입니다. 아직 정확하게 발표되진 않았지만 현재 통신사들과의 조율이 끝나고 구체적인 진출 일정이 정해지면 한국어 콘텐츠 라인업도 발표될 것입니다.

지금은 공식 발표가 없기 때문에 잠잠하지만, 시장의 관심은 자연스럽게 「디즈니플러스」에 탑재될 한국어 콘텐츠로 옮겨갈 전망입니다.

「디즈니플러스」가 한국에 진출하는 시점이 얼마 남지 않았다는 소식이 들릴 때마다 알로이스라는 안드로이드 OTT BOX 업체가 급등하곤 했다. 물론 「디즈니플러스」가 새로운 OTT이기 때문에 OTT 관련 사업을 하는 기업이 테마주로 엮인 건 이상할 게 없지만, 그래도 실제 수혜주를 알리고자 하는 마음에 이 칼럼을 썼다.

테마주가 급등할 때 정말 그 이슈와 깊은 관련이 있는 기업이 오르는 경우도 있지만, 단순히 사업 영역이 겹친다는 이유로 실제와는 큰 상관없는 테마주가 오르기도 한다. 우리는 이런 경우에 실제와 관련이 더 깊은 종목이 없는지 찾아보는 습관을 길러야 한다. 이런 경우는 대부분 시장에서 아직 그 사실을 잘 모르고 있기 때문에 일어나는 것이고 잘만 찾는다면 나중에 그 사실이 부각될 때 수익을 낼 수 있다. 그렇다면 「돈키레터」에서 4월 5일에 발행한 「디즈니 플러스」 콘텐츠 제작으로 인한 진짜 수혜주 NEW는 어떻게 됐을까?

미디어 그룹 NEW(회장 김우택)의 콘텐츠제작사업 계열사 스튜디오앤뉴(대표 장경익)가 디즈니와 장기 콘텐츠 파트너십을 체결, 향후 스튜디오앤뉴가 제작하는 콘텐츠를 디즈니플러스를 통해 지속적으로 선보인다고 29일 밝혔다.

스튜디오앤뉴는 디즈니와의 장기 콘텐츠 파트너십을 통해 앞으로 5년간 오리지널 시리즈 및 콘텐츠를 지속적으로 선보인다. 향후 양사는 디즈니플러스를 통해 매년 한 편 이상의 다양한 작품을 선보이기 위해 협력할 예정이다.

양사의 이번 파트너십은 개별 작품 단위의 계약이 아닌, 장기적인 관점에서 대한민국은 물론이고 전 세계 시청자들을 사로잡을 콘텐츠 개발에 중점을 두고 있다. 스튜디오앤뉴는 향후 5년간 새로운 장르적 시도와 대규모 텐트폴 콘텐츠 제작에 힘을 더할 예정이다.

이처럼 스튜디오앤뉴와 디즈니플러스의 장기 파트너십은 글로벌 엔터테인먼트 업계에서 대한민국 콘텐츠의 영향력과 위상이 더욱 높아지는 새로운 도약의 계기가 될 것으로 보인다.

스튜디오앤뉴의 장경익 대표는 "글로벌 콘텐츠 기업인 디즈니의 디

　「돈키레터」가 나가고 3주 뒤 디즈니와 NEW의 자회사 스튜디오앤뉴가 5년간의 장기 파트너십을 체결했다는 공식 발표가 나왔다. 그렇다면 #NEW의 주가는 어떻게 됐을까? 4월 5일 12,550원이었던 주가는 공식 발표가 난 다음 날인 4월 30일에 15,100원까지 치솟았다. 이는 20%의 상승률을 보인 것이다. 그렇다면 효라클에서는 어떻게 「디즈니플러스」 진출의 진짜 수혜주가 NEW라는 걸 발표 한참 전에 알았을까? 그것은 「넷플릭스」의 사례를 유심히 관찰한 결과이다. 해외의 OTT가 한국에 진출할 때는 원래 가지고 있던 킬러 콘텐츠도 중요하지만, 반드시 한국어 오리지널 콘텐츠를 제작할 수밖에 없다. 「넷플릭스」의 경우에는 <기묘한 이야기> 같은 전 세계적으로 유명한 오리지널 시리즈가 있었지만, 영어 콘텐츠이기 때문에 한국 시장에 빠르게 안착하기에는 부담이 있었다. 그래서 원래부터 미드를 즐겨 보던 사람들 말고 한국 드라마를 즐겨 보는 시청자들까지 흡수하기 위해서 「넷플릭스」에서 투자한 것이 바로 〈킹덤〉 시리즈이다. 이 〈킹덤〉 시리즈는 「넷플릭스」가 세계적인 인기를 얻으며 한국에서 안정적으로 운영할 수 있는 기반이 됐을 뿐만 아니라 한국의 콘텐츠가 세계로 향하는 교두보가 되었다. 그리고 그 과정에서 〈킹덤〉의 제작사 에이스토리는 엄청난 주가 상승을 보였다.

 드라마 제작사 에이스토리가 52주 신고가를 경신하며 승승장구하고 있다.

#에이스토리는 28일 오전 11시 15분 기준, 전 거래일 대비 12.1% (3,550원) 상승한 3만 2,850원에 거래되고 있다. 에이스토리는 장중 한때 3만 4,650원까지 상승했으며, 52주 신고가를 또 다시 경신했다. 이로써 지난 1일 종가 1만 3,050원을 기록하던 에이스토리는 약 한 달 만에 265%의 상승률을 보였다.

「비즈엔터」 2020.12.28. [에이스토리 주가, 한 달 사이 265% 상승⋯〈킹덤〉, 〈스위트홈〉, 〈지리산〉 향한 기대감]

이러한 스토리를 유심히 살펴봤다면, 「디즈니플러스」가 한국에 진출할 때에도 비슷한 패턴을 보일 것이라는 것을 쉽게 짐작할 수 있다. 「디즈니플러스」의 양대 킬러 콘텐츠는 마블과 스타워즈다. 마블 스튜디오 작품들은 국내에서 인기가 있겠지만, 한국은 스타워

즈 팬덤이 매우 약한 나라다. 따라서 「넷플릭스」와 각종 OTT에 이미 종속되어 있는 시청자들을 끌어오기에는 역부족인 상태이다. 그래서 디즈니 입장에서는 초기 투자를 통해 한국어 오리지널 콘텐츠를 제작해 유인하는 수밖에 없는 것이다. 이런 논리적인 전개에 따라 「디즈니플러스」 오리지널 드라마에 대한 정보를 수집했다면 충분히 NEW와 디즈니의 밀월 관계를 예측할 수 있다. 그리고 얼마 지나지 않아 그것은 공식 발표로 드러났다.

기회는 늘 준비하는 자에게 찾아온다. 이번에 그 기회를 잡지 못하더라도, 준비를 게을리하지 않는다면 반드시 언젠가 잡게 될 것이다. 기회의 신 카이로스의 앞머리가 무성한 이유는 사람들이 발견했을 때 쉽게 붙잡을 수 있게 하기 위함이고, 뒷머리가 대머리인 이유는 지나가고 나면 다시 붙잡을 수 없게 하기 위함이며, 날개가 달린 이유는 최대한 빨리 사라지기 위해서라는 것을 잊지 말자.

# 14

# 오는 돈이 고와야 가는 돈이 곱다

## 2021년 4월 12일

•

다음 세 종목의 공통점은 무엇일까요?

서울옥션 / 우리기술투자 / 키움증권

이 세 종목은 업종은 다르지만, 결국 같은 원리에 의해서 움직입니다. 바로 '거래소'라는 공통점이 있기 때문이죠. 일반적으로 거래소의 매출 구조는 다음과 같습니다.

(거래되는 재화의 가격) × (거래량) = (거래액)

(거래액) × (수수료율) = (거래소 수수료)

#서울옥션은 거래되는 미술 작품의 가격이 높아지거나 수량이 늘면 거래액이 늘어납니다. 거래액이 늘어나면 일정 비율을 수수

료로 받는 서울옥션의 매출도 함께 늘게 되죠.

#우리기술투자가 지분을 갖고 있는 두나무는 국내 최대 가상화폐 거래소 업비트의 운영사입니다. 거래되는 코인의 가격이 높아질수록, 수량이 늘어날수록 거래액은 올라가게 되고 두나무의 수수료 매출도 올라가게 되죠.

#키움증권 또한 고객들이 거래하는 주식의 가격이 올라갈수록, 수량이 늘수록 거래액이 늘어나고 그에 따라 수수료 수입이 늘어납니다.

결국 '거래소'라는 곳은 두 가지 요인에 의해서 매출이 늘게 됩니다. 첫째는 거래되는 재화의 가격이 올라가는 것, 둘째는 거래되는 수량이 늘어나는 것입니다.

그런데 이 두 가지는 상당히 밀접한 연관성이 있습니다. 사람들은 재화의 가격이 올라가는 걸 보면 마구 사기 때문에, 자연스럽게 가격이 올라가면 거래량도 당연히 올라갑니다. 따라서 거래소는 앉아서 떼돈을 버는 것이죠. 모든 자산이 폭등하고 있는 지금, 거래소의 매커니즘을 공부하기에 아주 좋은 시기입니다.


코로나19로 인해 각국이 지원금을 풀면서 모든 자산의 가치가 올라간다는 얘기는 여러 번 했다. 그래서 여기서는 '거래소'라는 개념을 총정리해 보았다. 자산의 가격이 올라간다면 그 자산을 거래하는 거래소의 수입도 늘게 된다. 거래소는 거래액의 일정 비율을 수수료로 가져가기 때문이다. 사람들은 자산의 가격이 내려가면 잘 거들떠보지 않다가, 급등하기 시작하면 그제서야 관심을 가진다. 더 오를 것 같다는 생각에 마구잡이로 사기 때문에 거래량도 동시에 늘어나는 것이 보통이다. 따라서 평균 단가와 거래량이 동시에 늘어나면 거래소 입장에서는 두 배로 좋은 것이다. 반대로 자산의 가격이 떨어지면 사람들의 관심이 줄어들면서 거래량도 줄기 때문에 거래소는 수입이 많이 떨어지게 된다. 지금처럼 모든 자산이 일제히 올라가는 시기에 거래소의 매커니즘을 잘 익혀 둔다면 계속해서 유용하게 써먹을 수가 있다. 저 세 종목은 이날부터 새롭게 올라가는 것보다는 그동안 많이 올라왔던 것을 정리하는 의미에서 짚고 넘어간 것이다.

자산 가격이 올라갈 때 거기에 투자하는 방법은 여러 가지다. 비트코인의 경우는 직접 비트코인을 살 수도 있고, 거래소 주식을 살수도 있다. 또는 채굴기에 들어가는 부품을 만드는 회사 주식을 살수도 있다. 비트코인을 결제 수단으로 허용한 전자결제 업체의 주식을 사는 방법도 있다. 아니면 비트코인을 많이 사 둔 테슬라 같은 회사의 주식을 살 수도 있다. 어떤 방법을 선택하든지 비트코인의 가격이 오른다면 다 같이 수혜를 볼 것이다. 따라서 자신에게 가장 맞는 것을 찾아서 투자하는 것이다.

여기에서 중요한 것은 역시 사회적인 현상을 받아들이는 자세이다. 비트코인의 가격이 1개당 6만 달러가 넘는 현상을 두고 옳고 그름을 따질 필요는 전혀 없다. 6만 달러를 주고 비트코인 1개를 사서 7만 달러에 팔 수 있다면 그 자체만으로 훌륭한 가치를 가지는 것이다. 오히려 금처럼 운송과 보관에 비용이 들지 않고 손쉽게 전 세계 어디서나 접근할 수 있는 디지털 자산으로 안성맞춤이다. 코로나19 시대에 언택트 환경에서 안전하게 채굴하여 거래하고 사용할 수 있다는 장점이 각광받고 있다. 이렇게 엄연하게 존재하는 사실을 받아들이고 그와 관련된 수혜주를 찾는 사람과, 실제 가치 운운하며 비판만 하는 사람 중에 어떤 사람이 인생을 편히 살 수 있을까? 당연히 시장에 순응하고 겸손하게 사는 사람이다. 현상만 먼저 일어나면 이유는 얼마든지 나중에 만들어서 붙일 수 있다.

# 15

# 코로나 확산의 진짜 수혜주

## 2021년 4월 19일

코로나19 확진자가 다시 늘고 있습니다. 그러나 거리에는 사람들로 붐비고, 맛집에는 긴 줄이 늘어서고 있습니다. 마스크를 쓰긴했지만 사람들의 경계심은 이미 느슨해진 상태입니다. 이렇게 된이유는 백신 접종이 시작됐기 때문입니다. 이스라엘처럼 백신 접종률이 57%에 달하는 나라는 이제 실외에서는 마스크를 벗는 실험을 하고 있습니다. 하지만 한국은 백신 접종 속도가 매우 느립니다. 아직 0.1%밖에 안 되기 때문에 사실상 거의 맞지 않은 거나 다름없습니다. 게다가 미국의 부스터 샷(booster shot) 계획으로 인해한국의 백신 도입은 더욱 어려워질 전망입니다.

이런 상황에서 작년에 코로나 테마주로 불렸던 종목들이 꿈틀거리고 있습니다. 온라인 교육주가 대표적인데, 업체별로 실제

작년 실적은 엇갈렸습니다. #메가엠디는 실적이 증가한 데 반해 #YBM넷은 적자 전환이라는 충격적인 실적을 기록했습니다. 결국 등교를 안 했다고 해서 모든 온라인 교육업체가 수혜를 받았던 것은 아니었죠.

업종 내의 모든 업체가 수혜를 본 곳도 있는데, 바로 자전거 업계입니다. 적자에 시달리던 #삼천리자전거와 #알톤스포츠는 모두 작년 실적이 크게 증가했습니다. 그 원인은 아무래도 타인과 접촉이 많은 대중교통보다는 자전거를 선호하는 사람이 늘어났기 때문입니다. 따릉이 같은 공유 자전거도 늘어났고, 음식 배달을 위한 자전거 수요가 증가하기도 했습니다.

이와 같은 기조는 올해도 이어질 것으로 보입니다. 특히 따릉이와 카카오T 바이크에 납품을 하는 #알톤스포츠는 정책적인 수혜도 기대되고 있습니다. 백신 접종이 늦어질수록 코로나19로 인해 수혜를 보는 업체들은 계속 주목받을 것입니다.


2020년 초, 코로나19 확진자가 급등하며 병실 부족 등 갖가지 위기에 처했던 한국은 하반기에 접어들면서 확진자 감소세가 나타났다. 2020년 9월에는 일일 확진자가 100명대로 급감하기도 했다. 여기에 더해 백신 개발이 곧 완료되고 접종이 시작된다는 기대감으로 사람들의 경계심은 풀어지기 시작했다. 거리는 다시 사람들로 활기가 흐르고, 조용하던 음식점과 술집들 또한 북적이기 시작했다. 하지만 실제 백신 접종 속도는 생각보다 더뎠고, 거리에 늘어난 사람들의 활동량은 결국 코로나19의 재확산세를 몰고 왔다. 2020년 11월이 되자 일일 확진자는 다시 500명대로 증가했고, 이러한 추세는 해를 넘겨도 지속되었다.

2020년 초에 전 세계 주가 지수가 폭락하는 가운데서도 선방한 종목들은 모두 코로나 관련주였다. 마스크를 만드는 회사, 손소독제 원료를 공급하는 회사, 온라인 교육을 제공하는 회사, 원격근무 솔루션을 파는 회사, 택배 박스 원료인 골판지를 만드는 회사, 음식 포장 용기 원료를 만드는 회사, 음압 병실을 만드는 회사 등 코로나19로 인해서 수혜를 받을 것으로 예상되는 회사들이 번갈아 폭등세를 연출했다. 그리고 코로나19 확진자가 꾸준히 줄어들자, 주가는 원점으로 회귀했다. 그리고 1년이 지나 2020년 실제 성적표를 본 결과, 정말로 코로나19의 수혜를 받아서 영업이익이 대폭 늘어난 곳도 있었지만 반대로 실적이 오히려 줄어든 곳도 있었다. 이처럼 이슈가 발생한 초기에는 무차별적으로 수혜를 받을 것으로 예상되기만 하면 등락을 거듭하더라도, 어느 정도 시간이 흐른 뒤에 정말로 수혜를 받았는지 판가름나면 옥석 가리기가 시작된다. 이것이 바로 테마주의 핵심 원리이다. '정말로 수혜주가 맞는가?'는 시간이 지나야만 알 수 있다. 하지만 이슈가 발생한 것은 바로 지금이다. 진짜 이걸로 인해서 실적이 늘어나는지 확인하려면 몇 달이 필요한데, 투자자들이 그것을 기다려 줄 리는 만무하다. 일단 당장 사고 보는 것이다. 따라서 이슈 발생 초기에는 오히려 테마주가 매우 안전하다고 할 수 있다. 모두가 눈에 불을 켜고 달려드니 설사 잠깐 하락하더라도 금방 회복하기 때문이다. 떨어지기만 하면 사겠다고 아래에서 받쳐주는 대기 수요가 탄탄한데 겁낼 필요가 없다.

그런데 사람들은 테마주가 왜 위험하다고 하는 것일까? 그것은 초반에 타지 않았을 때의 얘기다. 이슈 발생 초기에는 뭘 해도 떨어질 위험이 별로 없어 안전하지만, 시간이 지나게 되면 슬슬 사려고 덤벼드는 기세가 약해지게 된다. 예를 들어 코로나19의 경우, 매일같이 관련 뉴스를 보다 보니 적응이 되기 때문에 처음에는 공포스러웠지만 어느새 지속적인 노출로 그 감각이 무뎌지는 것이다. 이런 이유로 점점 코로나 테마주를 사려는 기세는 약해지고, 그동안 코로나로 인해서 반토막 난 다른 종목에 대해 관심을 갖게 되는 것이다. 하지만 위험한 것은 바로 이 시점에 이미 많이 오른 코로나 테마주에 들어가는 것이다. 인간의 심리상 사태가 발생하자마자 신나게 오를 때는 겁이 난다. 상승 속도가 빠르니 망설여지는 것이다. 빨리 오른 만큼 빨리 내려가는 것 아닌가 하는 두려움 때문에 쉽게 사지 못하고 바라만 보고 있다. 하지만 시간이 조금 지나 매수세가 약해지고 천천히 움직이게 되면 가격은 예전보다 많이 비싸지만 왠지 안정감을 준다. 바로 이럴 때 들어가는 것이 위험하다는 것이다.

코로나 사태가 갈수록 심각해서 더욱 상승할 수도 있지만, 인간의 대처 능력 또한 진화해서 코로나 확산세가 둔화될 경우는 하락할 것이 뻔하기 때문이다. 특히 많이 올랐던 종목일수록 가장 먼저 빠질 위험이 크다. 테마주가 위험하다는 것은 바로 이런 경우를 말하는 것이다.

시장에는 언제나 새로운 이슈가 생기게 마련이다. 그 위세를 떨치던 코로나 이슈도 주식 시장에서는 겨우 3개월 정도 지속되었다. 이것보다 약한 이슈는 당연히 더 짧게 지속된다. 사람들은 예상하지 못한 채로 당할 때는 당황하지만, 곧 대책을 세우고 평정심을 회복한다. 그러다 보면 또 다른 이슈가 생긴다. 아무리 강한 이슈라도 반복되는 것이라면 그 강도가 약하게 느껴진다. 처음에 아이폰이 세상에 나왔을 때 주식 시장에서 아이폰 관련주들은 열광했지만, 그 뒤로 훨씬 더 좋은 제품이 나와도 반응은 예전만 같지 않았다. 시장은 늘 새로움에 목말라 있다.

코로나19 이슈도 다시 환자가 늘어난다 하더라도, 코로나 테마주들의 반응은 예전처럼 격하지 않을 것이다. 다만 2020년에 정말로 코로나19로 인해서 실적이 크게 증가했던 기업들은 중기적으로 실적 개선 모멘텀이 있는 것은 분명하다. 따라서 옥석 가리기가 진행될 때에는 뚜렷하게 코로나19로 실적 증가세를 보인 기업들 위주로 투자하는 것이 필요하다. 물론 급등은 기대할 수 없지만, 실적 증가에 따른 완만한 상승을 기대해 볼 수는 있다. 여기에서 소개한 자전거주는 대표적으로 코로나19로 실제 실적이 늘어난 경우이다. 다음은 이를 소개한 기사이다.

자전거 관련 주식이 질주하고 있다. 코로나19가 이들 종목에는 호재가 됐다. 마스크 쓰기가 일상화되자 매년 봄마다 자전거족의 발목을 잡던 미세먼지 문제에서 해방됐다. 재택근무 등으로 생활반경이 좁아지고 배달앱 매출이 늘어난 것도 실적 개선 기대를 키우고 있다.

7일 #삼천리자전거는 전일 대비 10.29% 오른 1만5,000원에 거래를 마쳤다. 3일 연속 올랐다. 한 달간 19% 올랐고, 1년 전과 비교하면 100% 넘게 상승했다. 삼천리자전거는 1979년 설립된 국내 대표 자전거 제조사지만 자전거 타기 좋은 봄철마다 미세먼지가 수요를 갉아먹었다. 하지만 마스크가 생활화된 작년과 올해는 사정이 다르다. NH투자증권에 따르면 2018~2019년 2년 연속 영업적자를 기록한 삼천리자전거는 지난해 109억 원의 영업이익을 내며 '턴어라운드'에 성공했고 올해는 205억 원의 영업이익을 낼 전망이다. 매출은 작년 1,208억 원에서 올해 1,448억 원으로 증가할 것으로 예상된다. 전기자전거 시장이 커지면서 수혜도 기대된다. 백준기 NH투자증권 연구원은 "삼천리자전거의 전기자전거 브랜드 '팬텀'의 판매대수는 2018년 1만5,000대였으나 올해 2만8,000대로 3년 새 2배 가깝게 증가할 것"이라고 내다봤다.

서울시 공유자전거 '따릉이' 물량 대부분을 담당하고 있는 #알톤스포츠는 이날 27.09% 급등한 6,990원에 거래를 마쳤다. NH투자증권은 알톤스포츠의 매출이 올해 591억 원으로 작년(449억 원)보다 31.6% 늘어날 것으로 봤다. 영업이익도 53억 원에서 88억 원으로 증가할 것이라고 예상했다. 2023년에는 영업이익이 111억 원까지 늘어날 것이라고 추산했다. 그간 쌓인 재고를 코로나19가 발생한 작년에 대부분 털었고 올해는 가격인상 효과까지 기대할 수 있다는 분석이다.

시장이 지속적으로 성장할 것이라는 예상도 두 회사의 주가를 끌어올리고 있다. 도심에서는 전기자전거, 전동 킥보드, 전기 스쿠터 등 '마이크로 모빌리티'를 쉽게 찾아볼 수 있다. 탄소 배출이 적고 주차로 골치 썩을 일도 없기 때문이다. 대중교통 후 최종 목적지까지 1~3㎞를 책임지는 '라스트 마일(last mile)' 수단으로 각광받고 있다.

여기에 작년 말 관련 법 개정으로 전동 킥보드와 전기자전거의 자전거도로 출입이 가능하다. 배달의민족 등 마이크로 모빌리티를 활용하는 배달원이 늘고 각종 공유 앱이 발달한 것도 관련 시장 확대를 점치게 한다.

NH투자증권은 2016년 약 6만대에 불과했던 국내 마이크로 모빌리티 이용 규모가 내년 20만 대 이상으로 증가할 것이라고 전망했다.

---

「한국경제」 2021.4.7. <'모빌리티' 호재까지……자전거株 씽씽>

이처럼 자전거 제조사는 코로나19 재확산에 따른 호재와 공유 자전거 시장 확대라는 구조적 성장이 기대되는 분야이다.

# 16
# 오늘도 웹툰은 툰툰
2021년 4월 26일

•

몇 년 전까지 전 세계를 뒤흔들었던 마블 스튜디오의 히어로 영화는 모두 미국의 만화책을 원작으로 하고 있습니다. 미국과 양대 산맥을 이루는 만화 산업의 메카는 일본입니다. 미국과 일본의 만화 산업은 맨 처음 종이 만화책에서 시작해 이제는 영화, 애니메이션, 게임, 장난감 등 다양한 분야에 진출하여 엄청난 규모의 산업이 되었습니다.

그동안 한국에서 만화 산업은 천대받기 일쑤였습니다. 한국에서 만화를 그린다는 것, 본다는 것은 하류 문화로 취급되었습니다. 하지만 한국의 만화 창작자들은 굴하지 않고 자신이 좋아하는 일을 계속했습니다. 그리고 그것은 오늘날 한국 특유의 웹툰 산업이 되었습니다. 한국의 웹툰은 이제 마블 코믹스가 그랬듯이 전 세계로 뻗어 나가 다양한 언어로 세계인을 매료시키고 있습니다. 그 선봉에《나 혼자만 레벨업》이 있습니다. 디앤씨미디어의《나 혼자만 레벨업》은 2020년 8월 누적 매출 300억 원을 돌파하고 미국과 일본, 유럽, 남미에서 좋은 반응을 얻었습니다.《나 혼자만 레벨업》은 한국에서 카카오페이지, 일본에서 픽코마, 북미에서 타파스 등 모두 카카오엔터테인먼트의 플랫폼을 통해 서비스되고 있습니다. 카카오엔터테인먼트는 디앤씨미디어 지분 23.13%를 보유한 2대 주주기도 합니다.

카카오엔터테인먼트는《나 혼자만 레벨업》을 통해 얻은 글로벌 인기를 통해 미국 증시 상장을 노리고 있습니다. 이진수 대표는 「블룸버그」와의 인터뷰에서 뉴욕증시 상장도 검토하고 있다고 밝혔습니다. 최근에는 DC 코믹스도 카카오엔터테인먼트에《배트맨》,《저스티스 리그》,《원더우먼》,《슈퍼맨》 등을 한국형 웹툰으로 만들어 달라고 찾아왔습니다.

이에 질세라 네이버웹툰도 뉴욕증시 상장을 검토하고 있다고 하는 등 한국의 웹툰 산업은 이제 한국어라는 언어의 장벽을 넘어 글로벌 산업으로 발돋움하려 하고 있습니다. 코로나19로 인해 한 단계 도약했던 웹툰 업체들은 팬데믹 이후에도 세계인을 매료시킬 준비가 끝났습니다.

그동안 한국에서 만든 콘텐츠는 글로벌 콘텐츠로 발돋움하기가 어려웠다. 한국어라는 제약 때문이다. 영어로 제작된 콘텐츠는 수많은 영어권 국가에서 거부감 없이 자연스레 받아들인다는 큰 장점이 있지만, 한국어는 전 세계에서 사용하는 나라가 우리밖에 없기 때문에 장벽이 높다. 중국처럼 인구가 많은 것도 아니어서 내수 시장의 수요만으로 한국어 콘텐츠가 대규모 투자를 받아서 커 나가는 것은 한계가 있었다. 그나마 몇 년 전 아시아권에서 한류 열풍이 불면서 한국 콘텐츠에 대한 국제적인 관심이 높아지고 투자도 이뤄졌지만 중국의 한한령으로 그 열기도 식었다.

그러나 이런 한계가 무너지고 있다. 싸이의 〈강남스타일〉이 한국어 노래임에도 불구하고 빌보드 차트에서 깜짝 2위를 한 것이 단발성 이벤트가 아니었다. BTS가 한국어 노래로 빌보드 차트를 점령하면서, 한국어로 된 콘텐츠도 충분히 세계인의 마음을 사로잡을 수 있다는 것이 증명되었다. 노래는 비교적 짧은 콘텐츠이기 때문에 한국어를 몰라도 멜로디만으로 즐길 수 있다고 하지만, 영화 〈기생충〉이 또 한 번 사고를 쳤다. 한국어로 대화하고, 한국 배우들만 출연하는 지극히 한국의 사회문제를 담은 영화가 아카데미 작품상과 감독상을 거머쥔 것이다. 미국에서 해마다 쏟아지는 수많은 영화를 누르고 영화 〈기생충〉이 보여준 성과는 이제 한국어는 아무런 장애물이 되지 않는다는 것을 보여준 것이다.

이처럼 언어의 장벽을 뚫고 한국의 콘텐츠가 세계적으로 관심을 받게 된 또 하나의 큰 계기는 「넷플릭스」이다. 「넷플릭스」 이전에는 전 세계 콘텐츠를 하나로 통합해서 볼 수 있는 플랫폼이 없었다. 각 나라마다 자국의 방송사들이 주축이 되어 제작한 콘텐츠를 내보냈다. 외국에서 한국 콘텐츠를 보려면 해당 국가의 방송사가 한국의 제작사로부터 판권을 구매해야 했다. 또한 자막 제작의 까다로움 등으로 인해 일부 아시아권을 제외하고는 콘텐츠 수출이 활발하지 않았다. 특히 북미나 유럽 같은 시장에서는 자기들이 생산한 콘텐츠를 소비하기도 벅차서 아시아에 있는 작은 나라에는 관심이 없었다. 하지만 「넷플릭스」의 등장으로 판도가 바뀌었다. 이제 「넷플릭스」를 통해 전 세계 사람들과 직접 소통할 수 있게 된 것이다. 코로나19로 인해 「넷플릭스」가 비약적인 성장을 한 것도 긍정적인 요소이다. 지금까지 한국에서 만든 재밌는 콘텐츠는 많았지만 그것을 세계 시장에서 펼칠 장이 없었다면, 지금은 「넷플릭스」가 그런 기회를 제공해 주고 있다. 〈스위트홈〉이 대표적이다. 아시아는 물론이고 남미, 북미 유럽 지역의 인기 순위를 휩쓴 〈스위트홈〉은 한국 크리처물의 가능성을 보여준 동시에, 원작인 웹툰에 대한 관심도 끌어올렸다.

웹툰이라고 하는 것은 한국만의 독특한 만화 포맷이다. 반면 미국과 일본은 모두 종이로 된 만화책에 기반한 시장이 형성되어 있다. 과거 한국에서도 『소년챔프』나 『아이큐점프』 같은 만화 잡지가 인기였던 때가 있었지만, 만화를 천대하는 문화 때문에 더 이상의 성장을 하지 못했다. 하지만 역설적으로 이런 종이 만화의 몰락이 웹툰의 성장을 불러왔다. 스마트폰이 확산되며 본격적으로 성장을 시작한 웹툰은 이제 단순히 만화를 넘어 드라마나 영화의 원작이 될 만한 소재가 넘쳐나는 샘물이 되었다. 미국에서 마블 코믹스로 만든 히어로 영화들이 역대급 흥행을 기록한 것처럼 이제 한국의 웹툰도 한국의 콘텐츠에 영양분을 공급하는 토양이 되었다. 「돈키레터」에서 심도 있게 다룬 《나 혼자만 레벨업》은 한 단계 더 발전한 형태이다. 지금까지는 해외 독자들이 웹툰의 존재를 잘 몰랐음에도 불구하고 그 웹툰을 원작으로 한 드라마나 영화를 좋아했다면 《나 혼자만 레벨업》은 웹툰 자체가 인기를 얻고 있는 양상이다. 향후 제작될 애니메이션이나 드라마 같은 영상 콘텐츠에 앞서 원작 자체가 이미 사랑을 받고 있기 때문에 좀 더 뿌리에 가까워진 것이다. 디앤씨미디어의 주가도 당연히 이에 반응했다.

 웹소설 《나 혼자만 레벨업》으로 알려진 디앤씨미디어 주가가 강세다. 일본과 북미 등 해외 매출이 증가한 영향으로 풀이된다.

4일 #디앤씨미디어는 7.88% 오른 3만 9,700원에 거래를 마쳤다.

지난해 초 2만 원에서 97.25% 오른 가격으로 3개월 최고가를 경신했다. 디앤씨미디어는 판타지·무협·로맨스·라이트 노벨 등의 웹소설과 웹툰을 유통하는 기업이다. 파피루스 등의 웹소설 플랫폼을 보유 중이며 대표 작품으로는 독자 수 300만 명을 돌파한 웹소설 『나 혼자만 레벨업』이 있다.

디앤씨미디어의 주가 상승을 이끈 것은 해외 매출이다. 지난해 수출에서 나오는 매출이 35%를 넘어섰다. 2019년 상반기까지만 해도 10%에 그치던 수출 비중이 급격히 늘었다. 지난해 3분기 수출 금액은 48억 원으로 2019년 한 해 수출액을 한 분기에 달성했다. 주요 고객사인 픽코마(카카오 일본 웹툰 플랫폼)의 매출이 급증한 덕에 디앤씨미디어도 함께 수출이 늘었다. 백준기 NH투자증권 연구원은 "일본의 웹툰·웹소설 시장은 초입 단계로 이미 시장을 점유한 픽코마 등의 기업이 수혜를 볼 것"이라며 "픽코마 성장에 대한 유의미한 투자처는 카카오와 디앤씨미디어가 유일하다"고 설명했다.

올해는 북미 수출이 성과를 낼 전망이다. 현재 디앤씨미디어는 북미의 웹툰 플랫폼인 태피툰에 17작품, 타파스미디어에 7작품을 연재하고 있다. 태피툰에 연재 중인 작품은 대표 히트작인 《나 혼자만 레벨업》, 210만 뷰를 기록 중인 《그녀가 공작저로 가야 했던 사정》 등이다. 최민하 삼성증권 연구원은 "폭발적인 인기의 《나 혼자만 레벨업》이 전체 매출에서 차지하는 비중은 10% 내외"라며 "다수의 작품에서 꾸준히 매출이 나오고 있기 때문에 콘텐츠 포트폴리오도 안정적"이라고 평가했다.

수출에 힘입어 지난해 4분기 실적은 사상 최대를 기록할 전망이다. 매출은 전년 동기보다 91.5% 증가한 166억 원, 영업이익은 50.1% 늘어난 39억 원에 달할 것으로 집계됐다. 올해는 연간 매출과 영업이익이 각각 801억 원, 197억 원을 기록할 것으로 증권업계는 내다봤다.

백준기 NH투자증권 연구원은 "지난해 연말까지 드라마 제작사 주가가 많이 오른데 반해 웹툰 관련주는 덜 올랐다"며 "디앤씨미디어 외에도 키다리스튜디오, 대원미디어 등이 다른 콘텐츠주를 따라 키 맞추기를 하고 있다"고 덧붙였다.

『한국경제』 2021.1.4. <《나 혼자만 레벨업》 디앤씨미디어, 수출 급증에 주가 급등>

영화 〈해리 포터〉가 큰 성공을 거둘 수 있었던 것은 영화 이전에 원작인 책이 세계적인 인기를 끌었기 때문이다. 영어권 국가에는 『반지의 제왕』 같은 주옥 같은 원작이 많아서 그것을 영화나 드라마로 만들기만 하면 무조건 흥행할 정도지만, 한국은 상대적으로 콘텐츠가 한없이 부족했다. 하지만 이제 웹툰이 그 역할을 할 수 있게 되었다. 앞으로 원작 단계에서부터 세계인의 사랑을 받는다면 한국의 웹툰을 기반으로 제작하는 영상 콘텐츠에 많은 투자를 받을 수 있을 것이다. 이를 위해서는 웹툰을 원작으로 한 드라마나 영화가 「넷플릭스」에서 꾸준히 흥행하고, 《나 혼자만 레벨업》 외에도 많은 웹툰이 세계적으로 인기를 끌어야 할 것이다.

# 17
# 미국 집값 폭등의 수혜주
## 2021년 5월 3일

●

미국의 3월 집값은 전년 동기 대비 17.2%가 올라 22년 만에 최대폭으로 상승했습니다. 미국뿐만 아니라 영국, 캐나다, 스웨덴, 뉴질랜드, 한국 등 세계 곳곳에서 집값 폭등이 이어지고 있습니다. 이러한 세계적인 부동산 가격 폭등에 따른 건설 붐으로 인해 목재 수요가 폭발하며 목재 가격이 치솟고 있습니다. 미국 시카고상품거래소(CME)에서 5월 목재 선물 가격이 1,000보드피트당 1,500달러를 돌파했습니다. 1월까지만 해도 700달러 선이었던 목재 가격이 불과 석 달 만에 두 배 정도 뛴 것입니다. 1년 전인 2020년 4월의 목재 가격은 300달러 대였습니다.

이런 가파른 가격 상승은 한국의 목재 시장에도 영향을 끼칩니다. 한국에서 건설용 나무 합판을 판매하는 곳은 #이건산업, #성창기업, #SUN&L 3곳이 과점 형태를 취하고 있습니다. 한국도 집값 상승이 계속되고 있고, 내년 대통령 선거를 앞두고 부동산 공급 확대 정책이 나오게 된다면 건설용 목재 수요가 폭발하여 지속적인 가격 상승을 가져올 확률이 큽니다. 컨테이너선 운임지수인 SCFI 지수는 사상 최초로 3,100선을 돌파했습니다. SCFI 지수는 작년 4월 800선이었고, 1년 만에 3배 넘게 올랐는데 #HMM의 주가는 작년 4월 3,500원 하던 것이 현재 10배가 넘게 오른 39,000원대입니다.

그에 비해 #이건산업의 경우 목재 가격은 1년 만에 5배 넘게 올랐는데, 주가는 2배 정도 오른 수준입니다. 나무의 공급은 이미 몇 년 전에 심어 놓은 나무로 한정되기 때문에 수요가 늘어난다 해서 공급을 늘릴 수도 없는 상황입니다. 이와 같은 시장의 흐름을 잘 읽고 대처하는 것은 주식 투자자로서 항상 가져야 할 자세라 하겠습니다.


코로나19로 인한 각국의 지원금 살포로 각종 자산 가격이 오르고 있다는 얘기는 여러 번 했다. 벌써 「돈키레터」에서도 수 차례 언급했던 내용인데, 이번에는 목재 이야기다. 전 세계 부동산이 폭등하면서 건자재 중에서 핵심인 목재 수요가 급등하고 있는데, 목재 공급은 한정되어 있어 목재 가격이 나날이 상승하고 있다는 내용이다.

미국에서 주택 건설 붐이 일어나면서 목재 품귀 현상이 심화하고 있다. 목재 가격이 사상 최고치로 치솟으며 신규 주택과 기존 주택 가격을 밀어 올리고 있고 가격이 급등한 목재를 노리는 도둑까지 등장했다.

6일(현지시간) 「CNN」과 경제전문매체 「인사이더」 등에 따르면 목재 선물 가격은 이번 주 1천보드피트(1보드피트는 넓이 1제곱피트에 두께 1인치)당 1천600달러를 넘기며 사상 최고가를 기록했다. 목재 선물 가격은 신종 코로나바이러스 감염증(코로나19) 1차 대유행기였던 지난해 4월 초와 비교하면 무려 7배나 오른 것이라고 「CNN」 방송은 전했다. 지난 5일 기준 시카고상품거래소의 5월물 목재 선물 가격은 1천639달러, 7월물은 1천544달러를 기록했다. 목재 가격 급등은 수요 공급의 불일치에서 발생했다.

지난해 코로나19 사태 초기에 많은 제재소가 주택 시장 침체에 대비하기 위해 목재 생산량을 급격히 줄였으나 반대로 주택 시장이 달아오르면서 목재 수요가 공급을 크게 앞질렀다. 코로나19 대유행 시기, 집에 머무는 시간이 많아진 미국인들은 주택 재건축과 증축에 나섰고, 재택근무 확산 등으로 교외에 새집을 갖기를 원한 사람들은 저금리 모기지를 이용해 신규 주택 건설에 나서면서 목재 품귀 현상을 부채질했다.

주택건설업체 홈스 바이 디커슨 최고경영자(CEO) 브랜트 체슨은 "이런 일은 처음 본다"며 더 많은 집을 짓고 싶지만, 목재나 노동력을 찾을 수가 없다고 말했다. 목재 가격 급등은 집값에도 영향을 미치고 있다. 전미주택건설업자협회(NAHB)는 목재값 급등에 따른 단독주택 평균 가격 상승분은 1년 전과 비교해 거의 3만6천달러에 달한다는 보고서를 냈다. 신규 다가구주택 가격은 목재 가격 상승으로 1만2천달러 올랐고, 임차인 입장에서는 매달 119달러를 더 내는 효과를 낳게 된다고 NAHB는 전했다.

기존 주택의 평균 매매 가격도 지난 3월 32만9천100달러로 올랐다. 1999년 전미부동산협회가 통계치를 낸 이래 최고 가격이다. 주택건설 업체 KB홈의 제프리 메저 CEO는 목재 가격 상승분을 신규 주택을 찾는 소비자에게 전가할 수밖에 없다고 말했다.

뱅크오브아메리카의 주택 건설 분석가 존 로발로는 목재 가격 급등과 집값 상승이 "오랫동안 지속될 수 있다"고 전망했다. 목재가 유례없는 귀한 상품 대접을 받으면서 이를 노리는 도둑도 등장했다. 「CNN」은 "주택 건설업자들이 목재와 원자재를 도난당했다는 신고가 이어지고 있다"고 전했다. 미국 각 지역의 주택건설협회도 목재 절도범을 주의하라는 경보를 회원들에게 잇따라 발령했다.

「연합뉴스」 2021.5.7. <미국 목재 가격 급등에 집값 '들썩'……목재 도둑까지 기승>

한국 사람들은 집값 상승에 부정적이다. 물론 집값이 오르면 안 된다는 사람들이 이해가 되지 않는 것은 아니다. 집값이 너무 오르면 집을 사려는 사람들이 사지 못하기 때문에 집을 구매하길 원하는 사람들은 당연히 오르지 않기를 바랄 것이다. 하지만 집은 한정된 재화이고 원하는 사람들이 많기 때문에 오르게 되어 있다. 또한 집을 사기 위해 모자란 돈은 대출을 해 주기 때문에 대출받은 사람들이 미래의 소득을 당겨서 집을 사느라 집값은 당연히 오른다. 만약에 집값이 정말로 잡힌다면, 그건 2008년 서브프라임 모기지 사태처럼 미국의 경기가 꺾이는 일이 발생할 때이다. 결국 미국의 경기에 따라 한국 집값은 따라갈 수밖에 없고, 이것은 우리가 어떻게 할 수 있는 것이 아니다. 코스피 지수가 다우 지수와 비슷하게 가는 것과 같은 맥락이다. 물론 정부 정책에 따라 상승폭은 어느 정도 낮출 수 있을지 모르지만, 미국의 집값이 22년 만에 최대 폭으로 상승하는 이 상황에서 한국만 부동산 가격이 내려가길 바라는 것은 자본주의에 대한 이해가 전혀 되어 있지 않은 것이다.

미국은 어떨까? 미국은 전세가 없기 때문에 월세를 내고 사는데, 코로나19 사태로 임대료를 체납한 임차인이 1,000만 명이 넘는다. 그 액수는 1인당 평균 5,600달러로, 전체적인 규모는 573억 달러(약 63조 원)에 달한다. 미국은 이렇게 월세를 체납한 세입자를 마음대로 내쫓지 못하도록 퇴거 유예기간을 두고 있다. 이 퇴거 유예기간은 원래 2021년 1월까지였는데, 바이든 대통령은 이를 6월까지로 연장했다. 만약 이 세입자들을 바로 퇴거시켰다면 미국의 집값은 주춤했을 것이다. 그러나 미국 정부의 이 같은 주택 지원책이 집값 상승을 부채질한 것이다.

「돈키레터」에서 소개한 #이건산업은 5월 3일 13,100원이던 주가가 5월 17일 17,450원까지 오르게 된다. 단 2주 만에 33%가 오른 것이다. 물론 이건산업에서 얻은 수익만으로 집을 살 수는 없겠지만, 이런 투자를 반복하다 보면 속수무책으로 올라가는 집값을 바라보기만 하는 사람들보다는 훨씬 더 내 집 마련의 꿈이 현실적으로 다가올 것이다.

# 18

# 대출 규제의 진짜 수혜주

2021년 5월 10일

·

지난 4월 29일, 정부에서는 가계부채 관리방안을 발표했습니다. 내용의 핵심은 향후 3단계에 걸쳐서 차주 단위 DSR(총부채원리금상환비율)을 2023년 7월 전면 시행하겠다는 것입니다. 기존에는 금융회사별로 규제하던 것을 앞으로는 빌리는 사람 개인 단위로 대출의 총량을 제한하겠다는 말입니다. 현재는 일부 고소득층에 국한되던 차주 단위 DSR의 적용 대상을 앞으로 크게 확대함에 따라 개인이 받을 수 있는 대출액의 총 규모는 크게 줄어들 전망입니다. DSR에는 신용대출, 자동차 할부, 학자금 대출, 카드론 등 모든 대출의 원금이 합산되기 때문에 주택담보대출을 늘리기 위해서는 위에서 열거한 대출의 규모를 줄일 수밖에 없습니다. 따라서 캐피탈사와 카드사는 치명적인 타격을 입게 됩니다.

그렇다면 사람들은 할부를 하지 않고 차를 어떻게 사게 될까요? 싼 차를 사게 될까요? 정답은 비싼 차를 장기 렌트하게 됩니다. 렌터카 업체에서 차를 빌리고 내는 돈은 부채가 아니기 때문이죠. 결국 차주 단위 DSR 확대의 수혜는 렌터카 업체입니다. 상장사 중에서는 #SK렌터카가 유명하지만, 여기서는 여러분이 이름 때문에 잘 모르는 렌터카 업체를 소개하려고 합니다. #레드캡투어는 회사 이름에 투어가 있어서 여행사인줄 알지만, 사실은 렌터카 업체입니다. 코로나19로 여행 수요가 거의 없어진 상황에서 레드캡투어의 매출 중 렌터카 비중은 94%에 달합니다.

정부의 대출 규제는 자동차를 소유하는 시대의 종말을 불러올 가능성이 높습니다. 1980년대 자동차가 중산층의 상징으로 떠오르며 마이카 시대 40년 만에 이렇게 자동차는 빌려서 쓰는 재화로의 탈바꿈을 준비하고 있습니다.

다음은 위 칼럼의 토대가 되는 기사이다.

> 정부가 가계부채 관리 강화를 위해 DSR(총부채원리금상환비율) 규제의 차주 단위 적용을 단계적으로 확대해 2023년 7월부터 전면 시행하기로 했다. 홍남기 경제부총리 겸 기획재정부 장관은 29일 비상경제중앙대책본부 회의에서 이런 내용 등을 담은 '가계부채

관리방안'을 밝혔다.

DSR 규제 차주 단위 적용 확대 목적은 과도한 대출 방지다. 홍남기 부총리는 "가계부채 증가율을 올해 5~6%대, 내년은 코로나19 이전 수준인 4%로 관리하는 등 점진적 연착륙을 추진하겠다"고 말했다.

지난해 코로나19 위기 대응 과정에서 이전까지 하향 안정화 추세를 보이던 가계부채 증가율이 다시 커지면서 경제 회복에 리스크 요인으로 부각되는 데 따른 대응이다. 한국은행에 따르면 2016년 11.6%였던 가계신용 증가율은 2019년 4.1%까지 떨어졌으나 지난해 7.9%로 치솟았다.

홍 부총리는 "가계부채 문제는 전세·주택자금 등 서민생활과 직결되는 동시에 금융시스템 리스크 촉발 주요인이 될 수 있어 세심한 점검과 관리가 필요하다"고 강조했다.

정부는 또, 다음 달부터 토지와 오피스텔 등 비주택담보대출에 LTV(주택담보대출비율) 규제를 전면 도입한다. 지난달 발표한 '부동산 투기근절 및 재발방지대책' 후속 조치인데 2023년 7월부터는 비주택담보대출에 대한 DSR 규제도 전면 시행될 예정이다.

정부는 다만, 대출 규제 강화로 서민과 청년층 어려움이 가중되지 않도록 한다는 방침이다. 이를 위해 정부는 청년층의 장래 소득 증가 가능성을 대출 취급 시 고려하고, 40년 초장기 모기지를 도입해 원리금 상환 부담 경감을 지원할 계획이다.

「노컷뉴스」 2021.4.29. <2023년 7월부터 DSR 차주 단위 적용 전면 시행>

정부에서 집값 상승을 막기 위해서 자주 쓰는 정책 중 하나가 대출 규제이다. 집값 상승의 주요 원인 중의 하나가 무리한 대출을 받아서 집을 사는 사람들이므로 대출 규제를 하면 집값 상승세가 진정된다는 것인데, 아이러니하게도 이렇게 되면 돈이 없는 사람들은 내 집 마련이 더 힘들어진다. 결국 돈 없는 사람들이 집을 살 수 있도록 집값을 내리겠다고 시행한 정책이 오히려 그들이 집을 사기 더 힘들어지는 결과를 초래한 것이다.

이번에 발표한 내용을 보면 기존에 금융사별로 따로 흩어져 있던 대출을 개인별로 합산해서 총량을 규제한다는 것이다. 결국 이렇게 되면 할부로 산 자동차, 마이너스 통장, 카드론 등의 대출 때문에 주택담보대출을 받을 수 있는 금액이 줄어들게 된다. 그렇다면 사람들은 어떤 선택을 할까? 여러 가지 방법이 있다. 집을 사지 않으면서 다른 대출을 유지하는 방법도 있고, 다른 대출을 줄여서 집을 사는 방법도 있다. 그러나 지금까지 한국 사람들이 보여준 집에 대한 열망과 집착을 봤을 때 집을 포기하기 보다는 다른 대출을 줄일 가능성이 크다. 그리고 그 다른 대출 중에서 가장 큰 부분을 차지하는 것이 바로 자동차 할부금이다. 보통 사람들의 가장 큰 자산이라고 하면 집과 차를 꼽을 수 있기 때문이다. 지금까지는 캐피탈사에서 돈을 빌려 할부로 차를 사는 것과 주택담보대출은 상관이 없었지만, 이제는 일시불로 차를 사거나 렌터카 회사에서 장기 렌트를 해야 부채로 잡히지 않는다. 지금까지 주로 법인 자동차에서 많이 보이던 장기 렌터카는 대출 규제 바람을 타고 일반 개인으로 확산될 가능성이 크다. 자동차를 소유의 대상으로 생각하던 시대는 저물고 있다. 그렇지 않아도 쏘카 같은 차량 공유 서비스가 확산되면서 대도시에서는 굳이 차를 소유할 필요가 필요 없는 세상이 되었는데, 이 현상은 더욱 가속화될 전망이다.

여러분은 뉴스에서 '대출 규제가 강화된다'라는 기사를 보았을 때 어떤 생각을 하는가? 어떤 사람은 대출이 필요한데 큰일났다고 생각할 것이고, 어떤 사람은 나와는 아무 상관없는 뉴스라고 생각할 것이다. 하지만 대출 규제에 따른 수혜주를 찾겠다고 생각하는 사람은 별로 없을 것이다. 그렇기 때문에 아직 주식 투자 분야는 기회가 많은 것이다. 보통은 내가 능력이 있어도, 그 능력을 돈으로 환산하기 위해서는 중간에 복잡한 과정이 필요하다. 예를 들어서 내가 액세서리를 아주 잘 만드는 능력을 가졌다고 한다면, 일단 원자재를 사야 한다. 그리고 그 원자재로 액세서리를 만든 후 사진을 찍어서 쇼핑몰에 올려야 한다. 그리고 그것을 홍보하기 위해서 SNS를 통한 광고도 해야 한다. 그리고 결제가 되면 포장해서 배송해야 하고, 마음에 들지 않는다고 하면 반품도 해 줘야 한다. 결국 나의 재능을 돈으로 바꾸기까지 많은 노력과 시간이 든다. 하지만 주식 투자는 내가 능력이 있다면 몇 시간 만에 바로 돈으로 바뀔 수가 있다. 심지어 세금도 매도한 금액의 0.25%만 내면 오롯이 내 돈이 된다. 바로 이런 극한의 효율성 때문에 주식 투자에 조금이라도 시간과 노력을 들이면 남들보다 훨씬 빠른 속도로 자산을 증식할 수 있는 것이다. 언제나 수혜주를 찾으려는 노력을 게을리하지 않는다면, 주식 시장은 결코 여러분을 배신하지 않을 것이다.

# 실체 없는 대북주에서 진짜 수혜주로

2021년 5월 17일

●

4월 22일, 4차 국가철도망 초안이 발표되었습니다. 여기서 신규 사업 노선 43개가 공개되었는데, 여기에 포함되지 못한 지방자치 단체는 반발이 큽니다. 아직 초안인 만큼 각 지방자치단체는 최종 안에 자기 지역을 지나는 철도 계획을 포함시키기 위해 안간힘을 쓰고 있습니다. 4차 국가철도망 확정 고시는 상반기 안에 이루어 질 예정이며, 얼마 남지 않은 기간 동안 치열한 공방전이 펼쳐질 것으로 보입니다. 철도는 교통망의 핵심이고 신규 노선의 경우 역 주변의 부동산 시세에 결정적인 영향을 미치기 때문에 주민들의 표심이 가장 많이 좌우되는 요소입니다. 내년 6월 지방자치단체장 선거를 앞둔 상황에서 4차 국가철도망 초안에 포함되지 못한 각 지방자치단체가 사활을 거는 이유입니다.

이런 상황에서 주목받는 것은 #대호에이엘, #대아티아이와 같이 철도 건설에 필요한 자재를 생산하는 기업들입니다. 과거 철도 관련주들은 북한 관련주로 큰 주목을 받았습니다. 2018년 6월 첫 북미정상회담 당시, 미국의 북한에 대한 제재가 완화되면 남북 철도 연결이 현실화되는 것 아니냐는 기대와 함께 철도 관련주들은 폭등을 거듭했습니다. 그러나 결국 성과 없이 회담이 끝나면서 주가는 원점으로 돌아갔습니다. 실체 없이 그저 기대감만으로 올랐기 때문에, 그 후로 상당 기간 주가는 지지부진했습니다.

그러나 이제 4차 국가철도망이라는 실질적인 수혜를 입을 수 있는 이슈가 다가옴에 따라 철도 관련주들은 다시 한 번 비상을 꿈꾸고 있습니다. 어떤 노선이 확정되든, 큰 사업의 기회가 열릴 것이기 때문입니다. 얼마 남지 않은 4차 국가철도망 최종 발표까지 각 지방자치단체가 바삐 움직이는 동안, 철도 관련주에 대한 기대감은 커져가고 있습니다.


사람들이 흔히 테마주가 위험하다고 할 때 예를 드는 대표적인 것이 바로 '대북주'이다. 북한과의 관계는 늘 가까워지는 듯했다가 어느 날 갑자기 북한의 도발로 경색되기 일쑤였다. 대북주들은 북한과 관계가 개선될 때마다 상승하다가 기대감이 사라지면 급락하곤 했다. 원래 외교적 이슈는 사람이 결정하는 것이기 때문에 자연재해 같은 것에 비해 예측이 쉬워야 정상이지만, 북한만큼은 이성적인 판단력으로 예측하기가 매우 어렵다. 지난달까지만 해도 곧 남북 경협 사업이 시작될 것처럼 분위기가 조성되다가, 하루 아침에 미사일 발사로 판을 뒤엎어 버리는 일이 비일비재했기 때문이다. 따라서 대북주에 투자하는 것은 위험하다는 인식이 팽배했다.

이런 견해가 조금 바뀌게 된 계기가 바로 2018년 북미정상회담이었다. 사실 남한 정부는 북한과의 관계 개선 의지를 보였지만 미국을 주축으로 한 국제 사회는 북한이 먼저 비핵화를 해야만 경제 제재를 풀 수 있다는 입장을 고수해 왔다. 북한은 비핵화를 하면 체제 보장이 안 된다며 강경하게 맞서고 있었는데, 때마침 북한과 미국의 정상이 직접 만나는 역사적인 사건이 벌어진 것이다. 이 정상회담은 상당히 파격적이었기 때문에 주식 시장에도 엄청난 파장을 불러일으켰다. 그동안 남한 정부의 일방적인 구애에 조금 오르는 듯하다가 말았던 대북주들은 이번에는 북한과 경협 사업이 될 수 있을 거라는 기대감에 폭등을 거듭했다.

북한이 워낙 여러 분야에서 낙후되어 있다 보니 대북주로 분류되는 종목은 하루가 다르게 늘어났다. 건설주는 물론이고 모든 건설의 기본이 되는 시멘트주, 남북 철도 연결 사업이 될 거라는 기대감에 철도주, 관광과 관련된 종목들, 가스관 건설과 관련된 종목들, 식량 지원과 관련된 비료주들 등 어림잡아 100여 개나 되는 종목들이 있었다. 하지만 기대가 크면 실망도 크다고 했던가. 회담 결과는 실망스러운 수준이었고, 실체 없이 기대감만으로 올랐던 주가는 제자리를 되찾아 갔다.

폭락 이후 대북주들은 긴 암흑기를 보냈다. 대북주들은 뿔뿔이 흩어져 북한과는 관계없는 각자 업계의 이슈에 의해 주가가 움직이게 되었다. 건설주 같은 경우는 서울시장 재보궐선거에서 이슈로 떠오른 주택 공급 확대에 대한 기대감으로 되살아났고, 비료주들은 곡물값 상승으로 다시 주목을 받았다. 철도주들은 여러 철도 건설 프로젝트에 의해서 주목을 받고 있다. 5월 17일 「돈키레터」 칼럼에서 소개한 #대호에이엘은 3,735원이던 주가가 5월 28일 4,245원까지 상승했다. 이 같은 철도주에 대한 접근은 「돈키레터」 2호에 실었던 《언제나 이기는 투자》와도 일맥상통한다.

세상을 살다 보면 항상 승자와 패자가 갈리는 일이 있습니다. 코로나19 백신을 보면 화이자, 모더나, 아스트라제네카 등의 제약사들이 치열한 경쟁을 펼치고 있습니다. 이런 경우, 특정 제약사와 관련된 주식을 샀다가 그 백신에 부작용이라도 생기는 경우 손실을 피할 수가 없습니다. 그렇다면 이렇게 승자와 패자가 갈리는 상황에서 어떻게 투자해야 할까요? 정답은 결과와 상관없이 수혜를 보는 곳에 투자하는 것입니다. 앞에서 예로 든 코로나19 백신의 경우에는 주사기를 만드는 곳에 투자하는 것입니다. 누가 백신을 만들든 주사기 수요는 늘게 되어 있으니까요.

2021년 1월 11일 「돈키레터」 <효라칼럼> 중에서

철도주도 마찬가지로 철도 노선이 어떻게 확정되든 상관없이 철도 건설을 하면 수혜를 보는 것이기 때문에 언제나 이기는 투자에 속한다. 철도 건설과 같은 것은 국가적인 차원에서 추진되는 것이므로 비교적 진행 과정이 잘 공개되어 있는 편이다. 따라서 초보 투자자들도 진행 일정에 따라 잘 투자할 수 있는 섹터 중 하나이다.

# 한미정상회담 결과 분석

2021년 5월 24일

지난주 열린 한미정상회담에서는 굉장히 뜻밖의 결과가 나왔습니다. 바로 미사일 지침 종료가 그것인데, 한국의 미사일 최대 사거리 및 탄두 중량의 제한이 없어진다는 것입니다. 1979년 한국은 미국으로부터 미사일 사거리 180km, 탄두 중량 500kg으로 제한을 받기 시작했습니다. 하지만 북한의 도발이 계속되고 북한의 무기 성능이 날이 갈수록 향상되자 한국 정부에서는 이를 완화하려는 노력을 계속해 왔습니다. 이후 김대중 정부에서 2001년 미사일 사거리를 300km로 늘리게 되었고, 이명박 정부에서 2012년 미사일 사거리를 800km까지 늘리게 됩니다. 문재인 정부에서는 2017년 탄두 중량 제한이 사라졌고, 이번에 미사일 사거리 제한까지 완전히 없애게 된 것입니다.

한국의 미사일 제한이 완화됨에 따라 국산 무기의 성능도 당연히 더 좋아졌습니다. 사거리 800km, 중량 500kg 제한에 맞춰 개발된 미사일이 현무-2입니다. 그리고 그 이후 탄두 중량 제한이 없어지며 개발된 현무-4는 사거리 800km, 탄두 무게는 2t으로 알려져 있습니다. 이렇게 탄두 중량이 늘어나면 지하로 뚫고 들어가는 성능이 강해지면서 지하 벙커를 타격할 수 있는 능력이 향상되는 것입니다.

이런 현무 미사일을 개발한 곳은 LIG넥스원입니다. LIG넥스원은 현무 외에도 지대공 미사일 천궁, 휴대용 지대공 유도무기 신궁, 경어뢰 청상어 등을 개발한 곳입니다. 이들 무기는 각각 한국 육해공군의 핵심 전력으로 사용되고 있습니다. LIG넥스원에 유도조종 장치를 공급한 곳은 #퍼스텍입니다. 퍼스텍은 현무뿐만 아니라 천마, 대잠어뢰 홍상어 등에도 유도 장치를 납품한 바 있습니다.

이제 한국은 사거리가 더욱 긴 탄도미사일 개발 사업에 착수할 전망입니다. 중국과 대만의 갈등이 높아지는 상황에서 한국이 어떤 포지션을 취할지 주목되는 부분입니다.

국가 지도자들 간의 정상회담은 평상시에는 주식 시장에서 크게 중요하지 않지만, 한미정상회담만큼은 다르다. 한국은 미국과 여러 가지 문제로 관련이 되어 있기 때문에 상당히 폭넓은 주제가 논의된다. 특히 대규모 주한 미군이 주둔해 있는 만큼 북한 문제는 기본적으로 포함될 수밖에 없다. 한미정상회담에서 발표되는 내용이 향후 국정 운영 방향에 큰 영향을 미치기 때문에 한미정상회담이 열린다고 하면 늘 주의를 기울여야 한다. 거기에 더해 이번 회담은 미국 대통령이 취임하고 난 직후의 정상회담으로 더욱 큰 의미를 갖는다. 아직 새로운 미국 대통령의 한반도 정책의 윤곽이 드러나지 않은 상태에서 한미정상회담을 통해 향후 미국의 태도를 짐작할 중요한 실마리를 얻을 수 있기 때문이다. 이번 한미정상회담에서는 미국이 한국의 미사일 지침 종료를 선언하면서, 한국을 통해 중국을 견제하겠다는 의도를 분명히 했다. 기존의 800km 사거리로 이미 북한 전역을 충분히 커버하는 상황에서 그 이상의 사거리를 허용했다는 것은 결국, 중국을 노린 것이라고밖에 볼 수 없다. 이것은 중국이 현재 대만과의 갈등이 고조되고 있는 이때, 미국이 한국과의 군사 동맹을 통해 견제하겠다는 의도를 드러냈다고 볼 수 있다.

이 같은 흐름 속에서 일차적으로는 탄도미사일을 제조하는 회사에 주목하는 것이 당연하다. 방위산업 분야는 그동안 이렇다 할 이슈가 없었는데 뜻밖의 선물을 받았다고 볼 수 있다. 「돈키레터」에서 소개한 #LIG넥스원은 글이 발행된 5월 24일에 9.75% 올랐을 뿐만 아니라 그 다음날인 5월 25일에도 8.65% 상승하는 기염을 토했다. 더 나아가서는 우주항공 분야에도 주목할 필요가 있다. 이전보다 더 긴 사거리의 탄도미사일을 개발하는 것은 단순히 무기의 사거리가 늘어나는 것 외에도 한국의 우주항공 기술이 더욱 발전할 수 있는 계기가 될 수 있기 때문이다. 이것은 블루오리진, 스페이스X 같은 미국의 민간 우주업체들의 약진과도 맞닿아 있는 부분이기 때문에 지속적으로 관심을 둘 필요가 있다.

이처럼 어떤 외교적 이벤트가 있을 때 단순히 그냥 흘러버리지 말고 그 내용을 잘 파악하고 깊이 탐구한다면, 수익의 기회는 늘 열려 있다. 우리는 이 세상 모든 이슈가 주식과 연결되어 있다는 점을 명심해야 할 것이다.

# 마침내 시작된 칠레 광산 파업

2021년 5월 31일

화폐 가치 하락으로 인한 각종 원자재 가격의 상승은 이미 여러 번 소개한 바 있습니다. 원유, 철강, 구리, 알루미늄, 목재, 곡물 등 모든 원자재가 전방위적으로 상승하고 있습니다. 이를 두고 「월스트리트저널」은 100년 전 미국의 '광란의 1920년대'와 비슷하다고 표현하고 있습니다. 이렇게 원자재 가격이 상승하는 이유는 각국 중앙정부에서 공급한 유동성 자금 때문에 화폐 가치가 내려간 것도 있지만, 소비의 급격한 상승도 중요합니다. 코로나19로 인한 강제 봉쇄로 소비가 멈췄다가 경제 활동이 재개되면서 한꺼번에 수요가 증가하자 가격이 상승하는 것입니다.

그런데 여기에 더해서 공급 쪽도 불안해진 광물이 있습니다. 바로 구리입니다. 세계 최대 광산업체 BHP는 27일 노동자들이 무기한 파업에 들어갔습니다. BHP가 소유한 칠레의 에스콘디다 광산은 세계 최대의 구리 광산입니다. 앞으로 사측과 노조가 협상을 이어가겠지만 일단은 구리의 공급이 불안해진 상황입니다. 또한 콩고민주공화국은 26일부터 코발트와 구리 수출을 금지하기로 했습니다.

구리는 친환경 산업의 확대에 따라 수요가 늘어나는 광물입니다. 전기차에는 내연 기관 차량에 비해 4배나 많은 구리가 필요합니다. 또 태양광이나 풍력 등 신재생 에너지 인프라를 설치하는 데에도 구리가 필요합니다. 이처럼 차세대 주요 산업의 핵심 원자재인 구리가 공급마저 불안해진다면 향후 지속적인 가격 상승이 일어날 수 있습니다. 구리 가격이 오르면 수혜를 받는 업체는 구리를 원료로 각종 동 합금을 만드는 업체들입니다. 대표적으로 #풍산, #대창, #이구산업 등이 있는데, 이들은 실제로 훌륭한 1분기 실적을 기록했습니다. 1분기 기준으로 작년에 16억 원 적자를 기록했던 풍산은 영업이익 624억 원을, 작년에 20억 원 적자를 기록했던 대창은 영업이익 188억 원을, 작년에 8억 원의 영업이익을 냈던 이구산업은 78억 원 등 모두 큰 폭의 실적 개선이 있었습니다. 이는 모두 올해 1분기에 상승한 구리 가격 덕분입니다. 앞으로 늘어나는 수요에 공급 불안까지 가속화된다면 구리 가격의 상승세는 지속될 것으로 보입니다.

각종 원자재 가격의 상승은 이미 여러 번 다룬 바가 있지만, 그 원인은 늘 화폐 가치 하락과 수요 증가였다. 이것은 구리뿐만 아니라 사실성 모든 원자재에 해당하는 것인데 이번에는 특이하게 공급 측면에서 이슈가 있어 다뤄 보았다. 구리는 기본적으로 친환경 인프라를 구축하는 데 있어서 가장 필수적인 광물이기 때문에 바이든 미 대통령 취임 이후로 소비 증가가 예상되었다. 그런데 구리는 생산량의 대부분이 남미에서 나온다. 따라서 구리는 남미 지역의 정치적 불안이 가중되면 공급이 불안정해진다는 특성이 있다.

세계 1위 구리 생산량 국가인 칠레에서는 코로나19에 대응하기 위한 자금을 국민연금에서 충당하는 것에 대한 반발로 파업이 이어졌다. 항만 노조의 파업에 이어 광산 노조까지 번지자, 세계 최대 광산 회사 BHP까지 영향을 받았다. 또한 구리 생산량 2위인 페루는 대통령 선거로 인한 정치적 혼란이 이어졌다. 가난한 초등교사 출신의 카스티요 후보와 독재자의 딸 후지모리가 1, 2위를 다투는 상황에서 카스티요 후보가 근소한 차이로 승리했지만 후지모리 후보가 부정 선거 의혹을 제기하며 최종 승리자의 발표는 늦춰졌다. 카스티요 후보의 공약은 국가 주요 산업의 국유화를 통한 국부 축적을 주요 공약으로 하고 있기 때문에, 당선이 확정될 경우 구리 광산을 국유화한 후 판매 가격 상승을 시도할 가능성이 점쳐진다.

이 같이 공급 불안으로 인한 가격 상승이 우려되자 중국 정부는 구리와 알루미늄 등의 광물 비축분을 시장에 푼다고 밝혔지만, 지속적으로 수요가 상승한다면 비축분이 소진되고 난 뒤 오히려 가격 상승을 부채질할 가능성이 있다. 비축분이 있을 때는 그것을 언제든지 시장에 풀 수 있다는 불안감이 가격 상승을 억제하지만, 그 비축분마저 없다면 그러한 통제 장치도 없기 때문이다. 따라서 이런 조치는 일시적인 가격 억제책에 그칠 수 있다는 우려가 나온다.

칼럼에서 소개한 대창, 이구산업 등의 기업들은 이미 2021년 1분기에 구리 가격 상승으로 인한 실적 상승을 수치적으로 증명해 보였다. 이런 기업들은 원자재 가격의 시세에 따라서 실적이 결정되는 사업 구조를 갖고 있기 때문에 비교적 예측이 쉬운 편이다. #대창은 5월 31일 2,470원이었던 시세가 6월 15일 2,865원까지 상승했다. #이구산업은 5월 31일 4,180이던 것이 6월 15일 4,995원까지 상승하여 2주 만에 약 19%의 상승을 기록했다.

우리가 이처럼 자산 가격의 상승 수혜주에 투자를 하는 이유는 간단하다. 구리 등 각종 원자재 가격이 오르면 언젠가는 최종 소비자 물가도 올라갈 게 뻔한데, 현금만으로는 살 수 있는 물건이 줄어들기 때문이다. 평소에는 투자해서 수익을 내면 조금 더 윤택하게 살고, 그렇지 않고 절약만 하면서 살아도 생활 수준은 유지된다. 하지만 이렇게 모든 자산 가격이 동시 다발적으로 오르는 상황에서는 악착같이 투자를 해서 수익을 내지 않으면 갈수록 삶의 질이 떨어지는 결과가 나온다. 그것이 농산물 같은 식품일 경우는 자칫하면 생존의 문제와 직결될 수도 있다. 이것이 우리가 열심히 공부해서 투자를 해야 하는 이유이다.

# 22
# 윤석열 진짜 관련주
2021년 6월 7일

•

최근 코스피 지수는 사상 최고에 근접했지만 빠른 순환매로 인해서 흐름을 따라가기 어렵습니다. 얼마 전까지만 해도 철강주가 한없이 올라갈 것 같더니 이제는 또 원전 관련주가 난리입니다. 사실 이러한 흐름에 계속해서 대응하는 것은 상당히 어렵습니다. 이럴 때 해 볼 만한 접근이 정치 테마주입니다. 정치 테마주는 단기간에 급등한 종목을 따라잡는 것은 위험하지만, 시간을 두고 긴 호흡으로 아직 오르지 않은 관련주를 찾아서 매매하는 것은 오히려 장기 투자에도 적절하다 하겠습니다.

요즘 가장 화제의 중심인 인물은 뭐니뭐니 해도 윤석열입니다. 곧 정치 참여를 선언한다는 보도가 쏟아지고 있는 가운데, 어떤 형태로든 내년 대선 레이스에 참가하려는 것만은 분명해 보입니다.

윤석열 전 검찰총장은 현재 각종 여론조사에서 1위를 달리고 있기 때문에 그의 정치 참여는 판도를 뒤흔들 만한 일이 되는 만큼, 하루가 멀다 하고 많은 테마주가 쏟아지고 있습니다. 이런 상황에서 찾아볼 만한 것이 바로 윤석열과 진짜 관계가 있는 인물입니다.

6월 3일 윤석열 측에서는 장모 의혹에 대해 일부 정치인의 언행이 도를 넘었다는 입장문을 발표했습니다. 이 입장문을 발표한 사람은 윤석열 장모 최 씨의 변호사 손경식입니다. 손경식 변호사는 윤석열 전 검찰총장이 정직 2개월을 취소해달라고 법무부를 상대로 낸 소송에서 윤석열의 변호를 맡기도 했습니다. 결국 윤석열 자신의 변호와 장모의 변호를 동시에 맡긴 셈인데요, 손경식 변호사는 몸담았던 로펌 정행을 떠나 윤석열과 관련된 일에 매진하고 있습니다.

이렇듯 신뢰가 두터운 손경식 변호사는 예스티의 감사입니다. DART에 따르면 손경식 변호사는 2024년 3월 26일까지 상근으로 일하는 등기 임원입니다. 향후 윤석열이 대선 준비를 위한 선거 캠프를 꾸릴 때 손경식 변호사가 포함되는지 여부가 중요하겠습니다. 만약 포함된다면, 그 이후 윤석열의 행보와 지지율 등에 영향을 받겠습니다.


2022년 대선이 가까워지면서 각종 정치 테마주가 들썩이고 있다. 특히 이번 대선은 야당 쪽의 지지율이 높게 나오면서 정권 교체

가능성이 대두되고 있는 상황이다. 여당의 지지율이 높은 경우보다 야당 쪽이 우세한 경우가 더 극적이기 때문에 정치 테마주에는 좋은 상황이라고 볼 수 있다.

야당 쪽 지지율 선두는 단연 윤석열 전 검찰총장이다. 아직은 명확하게 정치 참여 선언이나 입당 여부를 밝힌 것은 아니지만 이미 각종 여론조사에서 1위를 달리고 있는 유력한 차기 대권 주자이기 때문에 그와 관련된 많은 종목들이 있다. 그중에는 정말로 관련이 있는 것도 있지만 단순히 파평 윤씨나, 서울대 법대 동문과 같은 상대적으로 약한 명분도 있다. 이럴 경우 처음에는 불쑥불쑥 튀어나와서 급등하는 것들이 우후죽순으로 생기지만 점차적으로 실제 관련이 있는 종목 위주로 재편되곤 한다. 그래서 미리 그런 것들을 찾아 놓는 것이 나중에 도움이 될 때가 많다.

이번 칼럼에서는 그중에서도 윤석열 캠프에 합류할 가능성이 높은 인사를 분석해 보았다. 아직은 출마 선언도 하지 않은 상태라 캠프도 제대로 갖춰지지 않았지만, 차차 진용이 갖춰지게 된다면 충분히 주목받을 수 있기 때문이다. 칼럼에 소개된 손경식 변호사 외에도 LF의 사외이사인 이석준 전 국무조정실장 등이 캠프 합류가 결정된 상태다. 그리고 실제 선거가 다가올수록 이렇게 단순 인맥에 기댄 종목보다는 정책과 관련된 종목이 주목을 받게 된다. 처음에는 정책을 모르기 때문에 친한 사람들과 관련 있는 종목에 관심이 갈 수밖에 없지만 결국 실제 수혜를 받는 것은 정책주이기 때문이다. 이러한 흐름을 잘 알고 대처하는 것이 정치 테마주를 살 때 리스크를 최소화한다. 대부분 정치 테마주에서 크게 손실을 보는 경우는 이미 몇 배 오른 인맥 관련주를 뒤늦게 매수했기 때문이다. 흐름을 놓쳤다면 무리해서 따라잡지 말고 다음 순서를 기다리면서 정책주가 무엇인지 잘 관찰하는 것이 중요하다. 물론 이 모든 것은 윤석열 전 총장이 내년 대선까지 무사히 완주한다는 전제하에서 유효하다. 중간에 혹시 불미스러운 일이 생긴다면 손실을 각오해야 함을 잊지 말아야 할 것이다.

# **23**

# 개성공단은 과연 재개될 수 있을까?

**2021년 6월 14일**

●

지난 6월 5일, 더불어민주당 송영길 대표는 개성공단 기업인들과
간담회를 가졌습니다. 물론 내용은 개성공단 재개를 위해 노력하
겠다는 것이었습니다. 개성공단은 2005년부터 기업들의 입주가
시작되어 가동되다가 2016년 완전히 가동이 중단되었습니다. 개
성공단은 2013년에도 가동이 중단된 바 있는데, 북한이 한미군사
훈련에 반발하여 북한으로의 입경을 차단한 것입니다. 그 이후 남
북 합의에 의해 재가동되긴 했지만 결국 북한의 4차 핵실험과 미
사일 발사로 인해 완전히 가동이 중단된 이후 지금까지 멈춰 있습
니다. 하지만 개성공단 입주 기업들은 제대로 된 손실 보상을 받지
못했습니다. 그래서 이번 간담회에서는 손실 보상에 대한 언급도
있었습니다.

그동안 개성공단 가동을 재개하겠다는 발언은 수차례 있었지만, 별다른 반응은 없었습니다. 북한이 비핵화를 하지 않는 한 유엔의 대북 제재 때문에 쉽지 않을 것이기 때문이죠. 지난 2018년 북미정상회담이 처음 열릴 때만 해도 제재 완화가 되지 않겠냐는 기대감이 있었지만 2019년 2차 북미정상회담이 성과 없이 끝난 이후로 개성공단뿐만 아니라 북한과의 교류 전반이 교착 상태를 보이고 있습니다. 하지만 이번 개성공단 재개 추진 발언이 눈길을 끄는 이유는 얼마 전에 바이든 취임 이후 첫 한미정상회담이 열렸기 때문입니다. 두 정상 간에 북한에 대해 구체적으로 어떤 이야기가 오고 갔는지는 모르지만, 그 직후 여당의 대표가 미국을 방문하여 개성공단 재가동을 위해 노력하겠다는 계획이 나왔다는 점은 주목할 만합니다.

개성공단에 입주했던 상장사는 #제이에스티나, #신원 등 여러 기업이 있습니다. 이번에도 아무런 성과 없이 끝날 것인지, 아니면 진전된 결과가 나올지 지켜봐야 하겠습니다. 개성공단 재개에 별다른 성과가 없다 하더라도 최소한 손실 보전만이라도 이뤄질지 모르기 때문입니다.

북한과 관련된 대북주가 북미정상회담 실패 후 긴 시간 동안 어두운 터널을 지났다는 이야기는 앞서 철도 관련주를 통해 설명한 바 있다. 철도 관련주들은 북한과 상관없이 국가 철도망 사업으로 새로운 기회를 잡았는데, 개성공단 입주 기업들은 조금 다르다. 철도 관련주들은 북한에 실제로 묻어 놓은 자산이 없지만, 개성공단 입주 기업들은 공장의 생산 설비가 고스란히 북한에 남아 있기 때문이다. 2016년 개성공단이 완전히 중단될 당시에 그것이 '통치행위'라고 하여 제대로 된 손해 배상도 이루어지지 않았다. 결국 개성공단 입주 기업들은 언제 돌아갈지 모르는 곳에 설비를 남겨둔 채속앓이만 하고 있는 것이다. 잘 알려져 있다시피 개성공단은 유엔의 대북 제재 때문에 재개가 쉽지 않다. 북한이 비핵화를 하지 않는 이상 북한에 경제적 지원을 하는 것은 군사적 목적으로 쓰일 수 있기 때문에 엄격히 금지하고 있다. 하지만 마냥 방치할 수도 없는 노릇이기 때문에 언젠가는 관련해서 이슈가 나올 가능성이 있다.

개성공단에 입주해 있는 기업들은 노동집약적 산업인 패션, 섬유 업종이 많다. 북한의 값싼 노동력을 이용해서 생산 원가를 줄이려고 했기 때문이다. 철도 관련주들이 자체적인 호재를 이용해서 반등에 성공했다면 이런 패션, 의류 업종도 자체적인 호재가 있다. 바로 코로나19 백신이다. 코로나19 백신 접종이 늘면서 각국은 규제를 속속 완화하고 있다. 그 결과 사람들이 출근하고, 외출하기 시작하면서 그동안 팔리지 않던 옷과 액세서리 등이 다시 팔리기 시작했다. 이는 의류 업체들의 2021년 1분기 실적이 증가한 것을 보면 알 수 있다. 칼럼에서 소개한 #제이에스티나는 6월 14일

3,460원이었는데 6월 21일 4,050원까지 약 17% 상승했다. #신원은 6월 14일 1,990원이던 주가가 불과 4일 뒤인 6월 18일 2,310원까지 16% 상승했다.

이처럼 대북주들은 과거의 영광을 뒤로 하고 자체적인 호재를 찾아서 속속 반등에 성공하고 있다. 여기에다 북한과의 이슈가 발생한다면 추가적인 상승 동력을 얻겠지만, 반대의 경우는 악재로 작용한다는 점은 항상 명심해야 한다.

# 마스크를 벗으면?

**2021년 6월 21일**

•

각국의 코로나19 백신 접종률이 나날이 높아지고 있는 가운데, 한국도 본격적으로 백신 접종 속도를 높이고 있습니다. 아스트라제네카에 이어 화이자, 얀센, 모더나까지 속속 들어오면서 1차 접종자는 1,300만 명을 넘어서고 있습니다. 이에 따라 한국도 7월 1일부터 백신 접종자에 한해 실외에서 마스크를 벗을 수 있도록 하고 있습니다. 가뜩이나 더운 여름에 실외에서 마스크를 벗을 수 있다는 것은 부작용에 대한 우려로 백신 접종을 고민하는 사람들에게 강력한 유인책이 됩니다. 그러자 잔여백신은 찾을 수가 없게 되었고, 얀센 백신 신청도 하루 만에 끝나는 등 백신 접종 열기는 높아지고 있습니다.

이처럼 백신 접종자가 늘고 실외에서 마스크를 벗는 사람이 하나 둘씩 늘어나면 자연스럽게 외모를 가꾸는 데 신경을 쓰게 마련입니다. 그동안 마스크에 가려져서 크게 신경 쓰지 않았던 얼굴에 투자한다면, 가장 먼저 떠오르는 건 아마도 색조화장품일 것입니다. 실제로 코로나19로 인해서 매출에 타격을 많이 입었던 색조화장품 업계는 이제 슬슬 회복세를 나타내기 시작했습니다. 얼마 전 있었던 올리브영의 올영세일이 사상 최대 매출을 달성한 가운데, 가장 높은 신장률을 보였던 품목은 색조화장품(25%)이었습니다. 한 단계 더 들어가 보면, 색조화장품 외에도 피부 시술에 투자하는 사람도 늘어날 것입니다. 보톡스나 필러가 가장 보편적일 텐데 국내 점유율 1위는 #휴젤입니다. 또 레이저 얼굴 리프팅 '슈링크'로 유명한 #클래시스도 있습니다. 리프팅은 효과가 즉각적이지 않고 아프다구요? 그렇다면 #파마리서치의 '리쥬란힐러'도 있죠. 이처럼 전 세계의 코로나19 백신 접종률이 높아짐에 따라 마스크를 벗게 되면 뷰티 업체들도 함박 웃음을 지을 전망입니다.

초기에는 상당히 낮았던 한국의 코로나 백신 접종률은 여러 가지 백신이 속속 들어오면서 급등하기 시작했다. 아스트라제네카의 각종 부작용 뉴스에 위축되어 있던 사람들은 얀센, 화이자, 모더나 등 다른 제조사의 백신 접종이 시작되자 구름처럼 몰려들었다. 여기에 7월 1일부터 백신 접종자는 실외에서 마스크를 벗을 수 있고 실내 집합 인원 제한에도 포함되지 않는 등 정부의 백신 접종 혜택이 발표됨에 따라 그 열기는 더해갔다. 물론 백신 접종을 했다고 해서 위험이 완전히 사라지는 것은 아니지만, 일단 사회적 분위기는 점차 예전으로 돌아갈 수 있다는 희망적인 분위기이다.

백신 접종률이 높아지는 것에 따른 규제 완화의 수혜주는 여러 갈래가 있을 것이다. 이번 칼럼에서는 그중에서도 마스크를 벗는다는 것에 착안하여 뷰티 관련주를 다루었다. 그동안 마스크를 쓰면서 팔리지 않았던 색조화장품이 다시 활기를 띠고 있다. 화장품 관련주들은 시진핑 중국 주석의 방한이나 한한령 해제 등 중국 이슈에 매몰되는 경향이 있었는데, 이제는 중국과의 정치적 이슈에 상관없이 실적 개선을 기대할 수 있게 된 것이다. 국내 대표 화장품주인 #아모레퍼시픽은 2021년 1분기에 전년 동기 대비 무려 191%가 늘어난 영업이익을 달성한 바 있다. 이는 그만큼 화장품의 소비 심리가 전반적으로 되살아나고 있음을 보여준다.

마찬가지로 피부 미용 시술과 관련된 쪽도 주목을 받고 있다. 화장품이 주로 한국과 중국의 수요가 중요하다면 보톡스나 필러 등은 미국, 유럽, 남미, 동남아 등 비교적 더 넓은 지역의 수요에 영향을 받는다. 그 밖에 의료기기들도 국내에서 자리를 잡고 점차 해외로 영토를 넓혀 가는 중이라고 볼 수 있다.

아직 델타 변이 등 변이 바이러스에 대한 위협이 완전히 사라진 것은 아니지만, 백신 접종 속도가 빨라져서 집단 면역이 생성된다면 이전보디 한층 위험이 줄어들게 되는 것은 자명하다. 현재의 백신 접종 열기로 미루어 볼 때 한국도 하루빨리 일상으로 돌아갈 수 있기를 기대해 본다.

# 25

# 술이 들어간다 쭉 쭉쭉쭉쭉

2021년 6월 28일

•

7월 1일부터 수도권의 식당이나 술집, 노래방 등이 현재 밤 10시에서 자정까지로 영업시간이 늘어납니다. 평일 퇴근 후에 만나서 식사를 한 뒤 술을 좀 마시려고 하면 영업시간이 끝난다고 나가라고 하는 게 아쉬웠던 많은 수도권 사람들은 이를 반길 것으로 보입니다. 밤 10시만 되면 택시 잡느라 전쟁을 치르던 모습도 사라질 전망입니다. 수도권 외 지역은 영업시간 제한이 아예 사라져서 24시간 영업이 가능합니다. 게다가 수도권은 실내에서 집합 가능한 인원이 4인에서 6인으로 늘어납니다. 그리고 7월 15일부터는 8인으로 다시 늘어납니다. 수도권이 아닌 지역은 집합 인원 제한이 아예 사라집니다. 그동안 4명이 넘으면 밖에서 마땅히 갈 곳이 없던 사람들이 이제는 자유롭게 모여서 웃고 떠들 날이 멀지 않았습니다.

이 같은 결정은 최근 한국의 코로나19 확진자가 눈에 띄게 줄어들고 있고, 백신 접종자가 크게 늘고 있는 데 따른 것입니다. 물론 아직 델타 변이 등의 위험이 남아 있긴 하지만 언제까지 무작정 규제하는 것만이 능사가 아니라는 판단에서 비롯된 것이죠. 당분간 이러한 규제 완화 기조는 이어질 것으로 보입니다. 이렇게 사람들이 더 오래, 더 많이 모이게 된다면 술 판매량이 크게 늘 것임은 자명합니다. 대표적으로 #하이트진로가 있고, 중소형 주류 업체로는 #무학, #보해양조 등이 있습니다. 그동안 집에서 마시는 술 소비로 버텼던 주류 업체들은 7월 이후 업소에서 크게 늘어날 술 소비량에 대한 기대가 큰 상태입니다. 과연 주류 업체들의 기대만큼 실적이 나올지 기대가 됩니다.

지난 칼럼은 7월 실외 마스크 착용 규제 완화를 앞두고 관련된 종목이 뭐가 있을까 고민하는 분들을 위해 썼다면, 이번 칼럼은 실내 집합 금지 완화로 인해 수혜를 보는 기업이 어디일까 궁금해하는 분들을 위해 썼다. 이처럼 큰 맥락에서는 백신 접종 인원 증가로 인한 규제 완화라는 비슷한 이슈라 할지라도 보는 시각에 따라 수혜 업종은 달라질 수 있다.

실내의 집합 가능 시간과 인원이 늘게 되면 자연히 술 소비량이 증가하게 된다. 기존에 수도권에 적용되었던 밤 10시 기준에서도

PART 3 문과생의 주식 투자

밥은 얼마든지 먹을 수 있다. 문제는 술을 마실 시간이 부족했던 것인데 이제 수도권은 12시, 그 외 지역은 제한이 없어지면서 이전보다 한층 술 소비량이 증가할 전망이다. 인원 제한 완화도 중요한데, 아무래도 4명이 같이 마시는 것보다는 6명, 8명이 같이 마시는 것이 1인당 술 소비량이 훨씬 많게 마련이다. 밥은 4명이 먹으면 4인분, 8명이 먹으면 8인분이지만 술은 4명이 4병을 마신다고 해서 8명이 8병을 마시고 끝내지 않기 때문이다. 그동안 불가능했던 회사의 회식도 다시 살아날 수 있다. 평소 회식을 싫어했던 사원이라면 몸서리를 치겠지만, 회사 인근 식당 주인들은 함박웃음을 지을 것이다.

규제가 완화되면 많이 팔리는 술의 종류도 달라지게 되는데, 집에서 혼술을 한다든지 가족끼리 마시는 경우 곰표 밀맥주 같은 수제 맥주나 음식과 어울리는 맛있는 술을 추구한다면, 여럿이 모이는 회식일 경우는 소주와 맥주로 달리게 마련이다. 따라서 일반적으로 술집에서 많이 구비해 두는 브랜드에 주목할 필요가 있다.

7월부터 규제가 완화되어 사람들이 여럿이 모이다 보면 코로나19의 지역 감염이 증가할 수 있다. 하지만 그런 위험이 있다고 해서 언제까지고 제한할 수 없다. 어느 순간 무 자르듯이 완전히 위험이 없어진 다음에 일상으로 돌아가면 좋겠지만, 현재의 의료 기술

수준으로는 그것이 언제가 될지 가늠할 수가 없다. 완벽하진 않지만 지금 당장 최선이라고 생각하는 수단을 통해 어느 정도 위험을 감수하고 천천히 단계적으로 일상으로 돌아갈 수밖에 없다. 우리는 이제 '위드 코로나'를 준비해야 한다. 그 과정을 통해 인류는 다시 한번 강해질 것이다.

# 이과생의 주식 투자

# 이성적 투자자

이성적 투자자는 앞서 설명한 직관적 투자자를 믿지 않는다. 오로지 직감에 의해서 판단하기 때문에, 어떨 때는 맞겠지만 어떨 때는 틀릴 거라고 생각한다. 또 이런 방법으로 고수가 되기 위해서는 결국 끊임없는 수련을 통해 무술의 고수가 되는 것처럼 많은 시간이 든다고 생각한다. 그래서 중도에 그 과정을 견디지 못하는 탈락자도 많이 생길 것이고 말이다.

이성적 투자자는 이와 같은 불확실성을 견디지 못한다. 이들은 좀더 확실한 결과를 원한다. '이렇게 하면 맞을 확률이 몇 %다'와 같은 명확한 수치가 있어야 마음의 평화를 찾는다. 인간의 행동에는 패턴이 있기 때문에 그 인간 행동의 결과물인 주식시장 또한 일정한 경향성을 보일 거라고 전제한다. 따라서 그 패턴만 찾아낸다면 계속해서 수익을 낼 수 있고 그 답은 차트에 있다고 생각한다. 비록 차트는 과거의 데이터지만, 그것을 통해서 미래를 예측할 수 있다고 보는데, 그 조건에는 물론 인간의 행동에는 일정한 규칙이 있다는 것이다. 이를 믿는 사람들에 따라 수많은 차트 이론이 나오게 되었다. 차트가 이런 모양이면 상승할 확률이 높고, 이런 조건을 만족하면 하락하는 경우가 많더라는 것을 찾아서 이론화시키는 것이다. 여러 가지 데이터를 조합하여 새로운 지표를 만들기도 한다. 그에 따라서 MACD(이동평균수렴 확산지수), 볼린저 밴드(Bollinger Band, 주가 기술적 분석 도구), 투자지표 등과 같은 무수히 많은 보조지표가 탄생했다.

이성적 성향을 가진 투자자가 처음부터 차트 공부를 하게 되면 정말 다행이고 평화를 느끼겠지만, 직관적 투자자에게 이런 차트 공부는 감옥에 갇혀 있는 것처럼 답답함을 선사할 것이다. 내 눈에는 집값이 올라서 건자재 회사들 주가가 올라갈 게 뻔히 보이는데, 차트에서 각도나 재고 있으니 말이다. 그런데 시중에 나와 있는 책이나 유튜브를 보면 차트에 대해 설명하는 것이 압도적으로 많다. 그것은 차트 이론을 기반으로 한 콘텐츠가 책이나 유튜브로 만들기에 알맞기 때문이다. 차트 이론은 책으로 낼 때도 교과서처럼 목차에 따라서 오늘은 봉차트, 내일은 이평선, 모레는 거래량 등으로 체계가 잡혀 있다. 유튜브로 볼 때도 직관적 투자자가 시장 전망을 하면 들을 때는 그럴듯해도 듣고 나면 내 지식 같지 않을 때가 있다. 반면 차트 관련 동영상은 보고 나면 정말 내 것이 된 것 같은 기분이 들고, '공부를 한다'라는 느낌을 팍팍 준다. 그래서 차트 공부를 하면 정말 나의 지식이 늘고 내 실력이 느는 것이다.

여기서 한 가지 주의할 점은, 100% 맞는 투자법은 없다는 것이다. 아무리 패턴을 찾아도 시장 상황에 따라서 정확도는 달라지게 마련이다. 오늘은 기가 막히게 잘 맞던 것도 내일이면 달라질 수 있다. 코로나19와 같은 큰 사건이 지나고 나면, 양상은 달라지게 마련이다. 특정 시점에서 시간을 정지해서 분석해 보면 인간의 행동 패턴을 유형화시키는 것이 가능하지만, 시간이 흐르면 그 유형은 또 바뀐다는 것이다. 특히 세계적으로 큰 이슈가 있다면 더더욱 바뀌게 된다. 결국 패턴을 찾는 것도 한 번 찾아내면 그것이 영원히 통하는 것이 아니라 유효 기간이 있다는 점을 잊어서는 안 된다.

이런 차트 공부가 적성에 맞다면, 가장 알맞은 투자법은 바로 코딩을 통해서 패턴을 찾는 것이다. 시장의 복잡한 흐름 속에서 일정한 규칙성을 찾고, 반복되는 패턴을 찾으려면 결국 인간의 능력만으로는 부족하다. 처리해야 할 데이터의 양이 너무 많기 때문이다. 초 단위로 움직이는 가격, 거래량, 수급 등 모든 데이터를 종목별로 사람이 일일이 관리한다는 것은 불가능하므로 부득이하게 기계의 힘을 빌릴 수밖에 없다. 문제는 시중의 코딩 교재들이 모두 주식 투자와는 동떨어져 있다는 것이다. 물론 시중의 코딩 교재로 파이썬(Python)을 배워서 그중에서 필요한 내용을 알아서 응용하여 주식 투자에 적용하면 되긴 하지만, 이것은 대단히 비효율적이다. 처음부터 주식 투자가 목적이라면, 굳이 잡다한 것들까지 배워야 할 필요는 없다. 그런데 코딩을 처음 배우는 사람은 주식 투자에 필요한 것과 불필요한 것을 구분할 수 있는 능력이 없으므로 결국 시간과 노력을 허비하고 만다. 그래서 「돈키레터」에서는 코딩을 전혀 모르는 사람도 주식에 필요한 코딩 스킬을 향유할 수 있도록 기초부터 차근차근 설명하고 있지만, 뉴스레터의 특성상 한 번 보고 지나간 것은 휘발성 자료가 되어 버리는 경우가 많아서 독자들의 요청에 따라 이 책에서 〈박코드의 주식 코딩 강의〉를 처음부터 엮어 보았다. 그동안 매주 60초 후에 시작하는 음악 오디션 프로그램처럼 감질나게 도착하는 레터가 답답했다면, 이 책을 통해 정주행하는 것이 큰 도움이 될 것이다. 눈으로만 차트를 보고 어림짐작하는 것과 코딩을 통해 대량의 데이터를 분석하는 것은 하늘과 땅 차이다. 파이썬의 대중화로 인해 일반인들도 주식 투자에 필요한 코딩의 장벽이 낮아진 지금, 스스로 데이터를 분석해 패턴을 찾아보자. 분명히 이전에 경험하지 못했던 신세계가 눈앞에 펼쳐질 것이다.

# 주식과 코딩

•

## 1) 왜 주식 코딩인가?

디지털 문화가 우리 생활 속으로 들어오면서 코딩 교육 시장이 뜨겁습니다. 제 주변에서도 원래 관심이 없던 분들이 코딩 교육을 수강하기도 하고, 자녀에게 코딩 조기교육을 시킨다는 얘기도 심심찮게 들려옵니다. 주변의 얘기들로 관심은 생겼지만 '나에게 도움이 되겠어?'라고 생각하는 분들도 많을 겁니다. 사실 코딩을 직업으로 하는 분들이 아니더라도 코딩은 매우 유용합니다. 오히려 코딩과 관련 없어 보이는 업무를 하셨던 분들이 코딩이라는 좋은 연장을 만났을 때 더 큰 효과를 누릴 수 있는 경험을 할 수 있습니다. 코딩의 결과물을 활용해서 매우 빠르고 쉽게 일을 처리할 수 있는 것입니다. 코딩을 아는 사람과 모르는 사람의 일 처리 속도는 온갖 연장을 이용해 집은 짓는 사람과 맨손으로 집을 짓는 사람으로 비교 될 만큼 그 차이는 비교가 되지 않습니다.

자, 이제 제가 하고 싶은 얘기의 본론입니다. 뉴스레터로 배운 여러 가지 지식을 실전 주식 투자에 적용하고자 하실 때는 차트 분석·뉴스 모니터링·연관성 분석 등이 중요하게 느껴질 겁니다. "거래량이 뜬 종목들을 따로 트래킹 해 봐야겠는데?" "5일선, 20일선, 60일선이 모인 종목만 추려보고 싶은데 차트 돌려보기가 너무 귀찮네…… 2,000개가 넘는 종목을 어떻게 다 보지?" "내가 가지고 있는 종목의 공시가 떴을 때 바로 알 수 있는 방법은 없을까?" 이런 생각을 한 번이라도 했다면 주식 코딩이 정답입니다. 우리는 앞으로 이 코딩 지식으로 일하지 않고 돈 버는 일을 할 겁니다. 복잡한 개발 배경은 쏙 빼고 주식을 하면서 필요한 프로그래밍 지식만 뽑아서 간략하게 알려드립니다. 주식 투자를 공부하면서 생긴 능력을 극대화할 수 있도록 좋은 무기를 직접 손에 쥐어 드리겠습니다.

## ▌ 왜 파이썬인가?

많은 프로그래밍 언어의 종류나 역사적 배경은 인터넷 검색만 해도 쉽게 찾을 수 있으니 따로 설명하지 않겠습니다. 다만 왜 파이썬이 주식 코딩에 적합한지만 짧게 설명하겠습니다.

(1) 파이썬은 비교적 배우기 쉬운 언어입니다. 자동으로 처리해

주는 것이 많아 신경 쓸 게 덜합니다.

(2) 웹사이트에 있는 정보를 긁어오기 편합니다. 우리는 이것을 웹크롤링이라고 합니다. 앞으로 정말 많이 다루게 될 것입니다.

(3) 데이터를 잘라서 다루기에 편합니다. 이런 특징으로 인해 인공지능 분야에서도 매우 많이 쓰이는 언어입니다.

(4) 안정적입니다. 안정적이라는 것이 보는 관점마다 달라서 해석이 다를 수 있지만, "인터프리터 언어이다" 같은 이런 컴공스러운 용어보다는 "프로그램이 잘 안 죽는다" 정도로 이해할 수 있습니다. 파이썬이 무조건 좋은 언어는 아닙니다. 하지만 우리는 여러 가지 시장의 데이터를 받아 와서 가공하는 일을 하기 때문에 매우 적합한 언어라고 볼 수 있습니다.


## 2) 파이썬 설치

파이썬 설치는 매우 쉽습니다. 일반적인 프로그램을 설치하는 것처럼 하면 됩니다. 우선 www.python.org/downloads/에 접속합니다. 가운데 있는 노란색 Download Python 버튼을 누르면 설치 파일 다운로드가 시작됩니다. 노란 버튼은 항상 최신 버전의 파이썬을 제공합니다. 이제 파일을 실행하면 파이썬의 설치가 시작됩니다. 설치하면서 설정이 몇 가지 필요합니다.

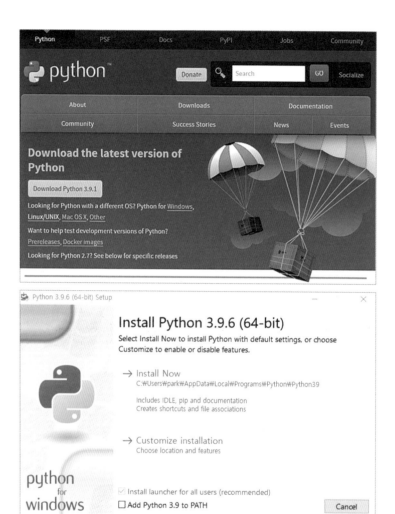

"Install Now"를 클릭하기 전에 아래에 "Add Python 3.9 to PATH"가 체크되어 있어야 합니다. 체크가 안 되어 있다면 클릭해서 체크하고 다음 단계로 넘어가세요. "Install Now"를 클릭하면 설치가 시작되고 곧 설치 완료를 알리는 메시지가 나오는데 이때 그냥 닫으면 됩니다.

## ▌나의 첫 번째 코딩: 나도 이제 파이썬 개발자

설치를 완료했으면 이제 코딩을 시작해 볼까요? 윈도우 버튼을 누르면 "Python 3.9 (64-bit)"가 보입니다. 이것을 클릭해 주세요. 혹시 "Python 3.9 (64-bit)"가 없다면 검색으로 python을 입력합니다.

클릭하면 다음과 같은 검은 화면의 창이 뜨는데요, 이때 겁내지 마세요. 절대 어렵지 않습니다. 이 창은 여러분이 명령하는 대로 컴퓨터가 움직일 준비를 하고 있다는 뜻입니다.

```
Python 3.9 (64-bit)                                    —   □   ×
Python 3.9.6 (tags/v3.9.6:db3ff76, Jun 28 2021, 15:26:21) [MSC v.1929
64 bit (AMD64)] on win32
Type "help", "copyright", "credits" or "license" for more information.
>>>
```

이제 컴퓨터에게 명령을 내려보겠습니다. 다음과 같이 입력하세요.

```
>>>print("Hi there~")
```

위와 같이 입력한 후 엔터를 치면 다음과 같이 나옵니다.

```
Python 3.9 (64-bit)                                    —   □   ×
Python 3.9.6 (tags/v3.9.6:db3ff76, Jun 28 2021, 15:26:21) [MSC v.1929
64 bit (AMD64)] on win32
Type "help", "copyright", "credits" or "license" for more information.
>>> print("Hi there~")
Hi there~
>>> ▮
```

입력한 아래 줄에 "Hi there~"이라는 문장이 출력되고 다시 입력을 기다리고 있는 것을 볼 수 있습니다. 여러분이 어떤 명령을 컴퓨터에게 내렸는지 설명하면 다음과 같습니다.

```
print        (        "Hithere~"    )
출력해라                 이 문장을
```

따옴표 안에 다른 문장을 입력하면 그 문장이 출력되는데, 여러 가지 문장을 입력하면서 연습해 보세요. 종료할 때에는 다른 프로그램을 종료하는 것과 같이 창을 닫으면 자연스럽게 종료됩니다.

### 3) Vscode 설치

파이썬은 설치됐지만 파이썬 만으로는 코딩하기가 불편합니다. 여러 줄의 코드를 작성하다 보면 좋은 편집기를 사용할 필요가 있습니다. 우리는 Microsoft에서 무료로 제공하는 Vscode를 사용하고자 합니다. https://code.visualstudio.com/로 접속하면 아래와 같은 페이지가 뜨고 Download for Windows를 클릭하면 파일이 다운로드 됩니다.

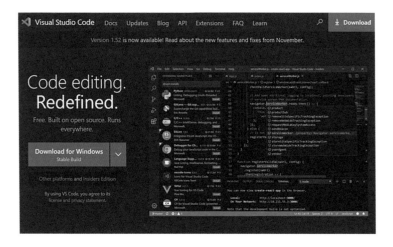

다운로드 된 파일을 실행하면 다음과 같은 화면이 나옵니다. 설치 동의하고 나서 다음 단계를 진행하세요.

다음 단계는 설정입니다. 맨 아래 있는 "PATH에 추가"는 체크한
상태로 놔두면 됩니다. 나머지는 모르면 넘어가세요.

마지막으로 설치 클릭을 누르면 잠시 후 설치가 완료됩니다.

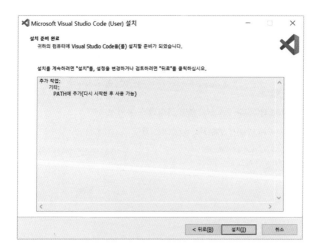

이제 프로그램을 실행해 볼까요? 시작 메뉴에서 Visual Studio Code를 찾아서 실행하면 아래와 같은 화면이 보입니다.

Open folder를 클릭하세요. 폴더를 선택하는 창이 뜨면 원하는 폴더를 하나 선택하면 됩니다. 여기가 앞으로 우리가 실습할 공간이 될 겁니다. 이제 오른쪽에 방금 선택한 폴더 이름으로 되어 있는 부분으로 마우스를 가져가면 다음과 같은 모양이 나타납니다.

여기서 맨 왼쪽 아이콘을 클릭하세요. 새로 생성할 코딩 파일 이름을 하나 지어볼까요? "hello.py"라고 입력하고 엔터를 치면 파일이 생성됩니다. ".py"는 파이썬 프로그램의 확장자입니다. 앞으로 작성할 프로그램도 맨 뒤에 ".py"를 붙이면 됩니다. 그 앞에는 우리가 원하는 대로 정할 수 있어요. 자동으로 오른쪽에 편집화면이 나타나게 되면 앞의 장에서 실습한 내용을 그대로 입력해 보겠습니다.

```
hello.py
1    print("Hi there!~~~")
```

print 부분은 파랗게, 따옴표 안은 녹색으로 하이라이트 처리되어 훨씬 보기 편하게 바뀌었습니다. 이것이 편집기의 강점입니다. 이제는 코드를 실행해 볼까요? 이전에는 엔터를 누르면 실행됐지만, 지금은 엔터를 누르면 편집화면에서 한 줄이 내려가는 모습을 확인할 수 있습니다. 한 줄 아래에 새로운 코드를 작성하면 여러 로직을 수행할 수 있는 코드를 작성할 수 있습니다. 우리도 한 줄을 추가해 보겠습니다. 추가한 줄에 원하는 문장을 아래처럼 입력해 주세요.

```
hello.py
1    print("Hi there!~~~")
2    print("안녕하세요. 박코드입니다.")
```

이제 실행해 보겠습니다. 실행방법은 아주 간단합니다. 우측의 상단에 있는 녹색 세모 모양의 버튼이 보이나요? 이것을 클릭해 주세요. 아래에 하나의 영역이 생기더니 프로그램이 실행되고 방금 우리가 입력한 문장이 출력된 것을 볼 수 있습니다.

```
Copyright (C) Microsoft Corporation. All rights reserved.
새로운 크로스 플랫폼 PowerShell 사용 https://aka.ms/pscore6

PS C:\jukopark> & C:/Users/park/AppData/Local/Programs/Python/Python39/python.exe
c:/jukopark/letter3/hello.py
Hi there!~~~
안녕하세요. 박코드입니다.
PS C:\jukopark>
```

PART 4 이과생의 주식 투자

# 파이썬의 기초

## 1) 사칙연산

우리가 지금까지 설치한 프로그램들은 여러분이 자주 사용하는 엑셀이나 파워포인트, 게임 프로그램, 웹브라우저(크롬, 인터넷 익스플로러) 등과 본질적으로 같습니다. 이번에는 컴퓨터의 기본인 사칙연산부터 진행해 보겠습니다. 우선 앞에서 설치한 Visual Studio Code를 실행하고 코딩 파일을 하나 만들어 열어주세요. 파일 이름은 "calculator.py"로 하겠습니다. Visual Studio Code를 실행하면 앞에서 했던 내용이 보입니다.

```
∨ OPEN EDITORS          hello.py
   ×   hello.py       1    print("Hi there!~~~")
∨ JUKOPARK             2    print("안녕하세요. 박코드입니다.")
     hello.py
```

좌측에 폴더 이름이 보일 텐데 저는 JUKOPARK으로 되어 있습
니다. 저 부분에 커서를 가져다 놓으면 다음과 같은 아이콘들이 보
입니다. 첫 번째 아이콘을 클릭해 calculator.py 파일을 만들어 주
세요.

이제 코딩을 시작하겠습니다. 앞에서 print()를 사용했기 때문에
익숙하죠? 이 안에 사칙연산을 넣으면 어떻게 되는지 실행해 보겠
습니다. 다음과 같이 작성하세요.

```
 calculator.py
1    print(4+9)
```

그리고 실행하려면, 앞에서 실습한 것과 같이 우측의 상단 녹색 삼각 버튼을 클릭하면 됩니다.

결과가 13으로 잘 나오나요? 자, 이렇게 쉽게 사칙연산을 실행할 수 있습니다. 뺄셈, 곱셈, 나눗셈도 다음과 같이 입력하세요.

```
∨ OPEN EDITORS                    calculator.py
      hello.py              1    print(4+9)
   ✕   calculator.py        2    print(4-9)
∨ JUKOPARK                   3    print(4*9)
      calculator.py          4    print(4/9)
```

코딩에서 곱셈은 '*'로 입력하고 나눗셈은 '/'로 입력합니다. 예시와 같이 한 줄씩 연달아 작성해도 한꺼번에 실행됩니다. 이렇게 하면 100줄이 넘는 코딩도 가능합니다. 실행하면 다음과 같이 결과가 나옵니다.

```
13
-5
36
0.4444444444444444
PS C:\Python39\jukopark>
```

한 줄씩 잘 출력됐습니다. 깔끔하게 보이기 위해서 앞에 작성했던 내용을 지우고 다음과 같이 작성합니다.

결과가 어떻게 나올까요? 초등학교 때 산수를 했던 기억을 되살려서 답이 어떻게 나올지 예측해 보겠습니다.

```
23.5
PS C:\Python39\jukopark> █
```

결과가 잘 나왔다면 다음과 같은 것들도 가능합니다.

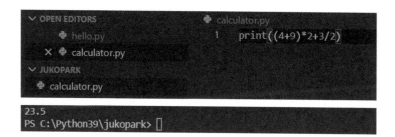

```
23.5
PS C:\Python39\jukopark> []
```

## ┃ 변수를 써 봅시다.

보통 '='은 '같다'라는 의미로 사용합니다. 그러나 파이썬에서는 이 등호의 의미가 조금 다릅니다. 파이썬에는 변수라는 개념이 있는데, 이 변수는 특정한 값(숫자, 문장 등)을 보관할 수 있습니다. 이 변수에 값을 입력하는 부호로 '='을 사용합니다.

| | | |
|---|---|---|
| **big** | = | **9** |
| 'big'이라는 변수에 | 넣어라 | 9 값을 |

| | | |
|---|---|---|
| **text** | = | **"Hi there~"** |
| 'text'라는 변수에 | 넣어라 | "Hi there~"라는 문장을 |

'big'과 'text'는 제가 붙인 이름이고, 여러분은 원하는 대로 변수 이름을 정할 수 있습니다. 이렇게 저장한 변수는 아랫줄에 작성하는 코드에서 언제든지 꺼내 사용할 수 있습니다. 그럼 새로운 파일을 생성해 보겠습니다. 이번엔 'variable.py'로 만들어 보겠습니다.

'big'이란 변수에 9를 넣고 'small'이란 변수에 3을 넣어서 사용할 때는 해당 변수명을 그대로 쓰면 됩니다.

```
12
PS C:\Python39\jukopark>
```

문장으로도 한 번 해 보겠습니다. 이렇게 작성해 보세요.

```
> OPEN EDITORS                    variable.py > ...
∨ JUKOPARK                    1    text1 = "Hi there~"
   calculator.py             2    text2 = "Parkcode"
   hello.py                  3    print(text1 + text2)
   variable.py
```

파이썬에서는 문장에서 '+' 기호를 사용할 수 있습니다. 문장에 '+' 기호를 사용하면 문장과 문장을 이어줍니다.

```
PS C:\jukopark> & C:/Users/park/AppData/Local/Programs/Python/Python
39/python.exe c:/jukopark/letter4/variable.py
Hi there~Jukopark
PS C:\jukopark>
```

변수 개념은 앞으로도 많이 사용하므로 잘 기억해 두세요.

## 2) 배열, 딕셔너리

### ▌ 변수, 사칙연산 복습

앞에서 배웠던 변수, 사칙연산에 대한 복습부터 진행해 보겠습니다. 새로 파일을 만들어 볼까요? 저는 "array.py"라는 이름으로 생성해 보았습니다. 그리고 변수를 이렇게 입력해 보겠습니다. 숫자를 1, 2, 3, 4, 5까지 입력하고 변수는 number_one, number_two, number_three…… 이렇게 이름 붙여 볼게요. 그리고 그 내용을 출력해 보겠습니다. 내친김에 변수 전체를 더해서 출력하는 것으로 사칙연산도 연습해 보겠습니다. 변수를 선언하고 타자를 하다 보면 하단에 박스들이 나오는 게 보이나요?

```
> OPEN EDITORS  1 UNSAVED        array.py > ...
∨ JUKOPARK                    1   number_one = 1
   array.py              1     2   number_two = 2
   calculator.py                3   number_three = 3
   hello.py                     4   number_four = 4
   variable.py                  5   number_five = 5
                              6   print(number_one,numb)
                                              [◎] number_one
                                              [◎] number_five
                                              [◎] number_four
                                              [◎] number_three
                                              [◎] number_two
```

Vscode는 자동완성기능을 제공하기 때문에 우리가 미리 선언한 변수와 이름이 같은 것들이 리스트로 나열됩니다. 이중에서 원하는 변수명을 방향키로 선택할 수 있고, Enter 키를 치면 자동완성됩니다. 자동완성은 우리에게 시간을 주기도 하고, 오타를 줄이기도 해서 사용하는 습관을 들이면 상상 이상으로 편하게 일할 수 있습니다. 왜냐하면 에러의 많은 부분이 오타에서 발생하기 때문입니다. 자, 그럼 다음 부분까지 완성해 보겠습니다.

```
 array.py > ...
1   number_one = 1
2   number_two = 2
3   number_three = 3
4   number_four = 4
5   number_five = 5
6   print(number_one,number_two,number_three,number_four,number_five)
```

우리가 아직 작성하지 않은 것이 있죠. 전체 변수를 더해서 출력하는 부분을 다른 방식으로 해 보겠습니다. 우리가 작성한 마지막 줄을 복사해서 다음 줄에 붙여 줍니다. 만약 마지막 줄에 있는 ','가 모두 '+'로 바뀌면 완성이겠죠? 여기서 Vscode의 기능을 사용해 보겠습니다. 커서를 ',' 뒤에 놓은 후 클릭해 주세요. 그리고 다음 ',' 뒤로 커서를 옮기고 다시 클릭하는데 여기서 중요한 게 있습니다. Alt 키를 누른 상태에서 클릭해 주세요. 신기하게도 깜빡이는 커서 두 개가 생겼습니다. 그리고 모두 클릭하고 나면 다음 상태가 됩니다.

```
print(number_one,number_two,number_three,number_four,number_five)
```

이 상태를 만든 뒤 Backspace를 눌러 볼까요? 모든 ','가 사라졌습니다. 다음엔 '+'를 입력해 주세요. 마찬가지로 커서가 있는 모든 부분에 '+'가 입력된 것을 확인할 수 있습니다. 연속 커서를 해제하려면 아무것도 동시에 누르지 않고 마우스를 공란에 클릭하면 됩니다. 완성되면 다음과 같이 됩니다. 그럼 실행해 볼게요.

```
array.py > ...
1   number_one = 1
2   number_two = 2
3   number_three = 3
4   number_four = 4
5   number_five = 5
6   print(number_one,number_two,number_three,number_four,number_five)
7   print(number_one+number_two+number_three+number_four+number_five)
```

```
1 2 3 4 5
15
```

저는 이 기능을 다른 텍스트를 편집할 때도 사용합니다. Vscode로 텍스트를 복사해서 가져온 뒤 동일한 수정은 연속 커서를 사용해서 빠르게 편집하고 다시 가져옵니다. 이것은 매우 유용한 기능

PART 4 이과생의 주식 투자

이니 잊지 말고 자주 사용해 보세요.

## 배열(array)

방금 변수를 복습해 봤습니다. 같은 종류의 연속성이 있는 데이터를 하나씩 변수 선언, 입력하는 것은 너무나 귀찮고 복잡한 일입니다. 그래서 파이썬에서는 배열이라는 개념으로 데이터를 입력하고 가져올 수 있습니다. 배열의 선언은 대괄호를 사용해서 다음과 같이 합니다.

```
number = []
```

이 안에 초기값까지 입력하면 다음과 같이 됩니다.

```
number = [1,2,3,4,5]
```

| number | [ 1 ] |
|--------|-------|
| 배열명 | 참조할 순서 |

이렇게 입력한 배열은 언제든 꺼내 사용할 수 있습니다. 값을 참조하는 방법은 다음과 같습니다.

참조할 순서 부분에는 숫자를 넣어서 출력해 보겠습니다. 다음은 실습의 결과입니다.

```
🐍 array.py > ...
  1    number = [1,2,3,4,5]
  2    print(number[1])
```

2

그런데 첫 번째 위치를 참조할 거라 예상했는데 두 번째 위치가 참조되어 '2'가 출력되었습니다. 왜 그럴까요? 파이썬에서는 참조의 순서를 '0'부터 시작합니다. 결국 첫 번째 값을 참조하기 위해서는 '[0]'을, 두 번째 값을 참조하기 위해서는 '[1]'을 사용해야 합니다.

배열은 변수와 같이 숫자도 넣고 문자열도 넣을 수 있습니다. 다음과 같은 것에도 잘 동작합니다. 연습한 후 결과를 출력해 보겠습니다.

```
🐍 array.py > ...
  1    number = [1,'two',3,4,5]
  2    print(number[1])
```

two

## ▎딕셔너리(dictionary)

파이썬에서는 배열과 비슷한 개념을 가진 데이터 형태를 지원합니다. 바로 딕셔너리라고 하는 개념으로 이후에 우리가 주가 데이터 등을 가져올 때 매우 자주 쓰는 개념입니다. 이제 실습을 위해 파일을 새로 만들어서 시작하겠습니다. 저는 파일 이름을 'dictionary. py'로 했어요. 여러분도 파일이 준비됐다면 먼저 선언부터 해 볼까요? 딕셔너리의 선언은 중괄호를 사용해서 다음과 같이 합니다.

```
number = {}
```

이 딕셔너리 안에 초기값을 입력하는 방법은 방금 학습한 배열과는 조금 다릅니다. 아래를 보세요.

```
number =      {        'one'       :       1        }
딕셔너리명           참조 이름(key)          값(value)
```

(순서를 변경했습니다.)

배열은 안에 포함된 여러 가지 변수 값을 참조할 때 숫자를 이용해서 참조했습니다. 딕셔너리는 그 참조할 때 사용할 이름을 사용자가 원하는 대로 지을 수 있습니다. 지금 예시는 'one'이라는 이름으로 정했고 그 참조 위치에 '1' 값을 넣었습니다. 여러 가지의 값을 넣으려면 ','를 넣어서 연달아 작성하면 됩니다. 그럼 다음과 같이 입력해 보겠습니다.

```
number = {'one' : 1, 'two' : 2, 'three' : 3, 'four' :
4, 'five' : 5}
```

참조 이름(key)에는 문자열이 들어가므로 따옴표를 반드시 써야 합니다. 이제 입력을 완료했으니 값을 가져와서 출력해 보겠습니다. 딕셔너리가 값을 가져오는 방식은 아래와 같습니다.

| number | [ | 'one' | ] |
|--------|---|-------|---|
| 딕셔너리명 | | 참조 이름(key) | |

배열을 참조할 때와 매우 비슷한데 숫자가 아닌 참조가 들어가는 점에 주목해 주세요. 그리고 중요한 것은 중괄호가 아닌 대괄호를 사용해야 한다는 것입니다. 헷갈리나요? 선언할 때는 중괄호, 사용할 때는 대괄호 이렇게 기억하면 됩니다.

선언과 출력까지 쭉 해 보겠습니다.

```
dictionary.py > ...
1    number = {'one' : 1, 'two' : 2, 'three' : 3, 'four' : 4, 'five' : 5}
2    print(number['two'])
```

2

배열과 같이 들어갈 값에는 문자열도 들어갈 수 있습니다. 문자열뿐만 아니라 배열이나 또 다른 딕셔너리도 들어갈 수 있습니다. 다음 예시를 살펴볼까요.

```
dictionary.py > ...
1    number = {'one' : [1,2,3], 'two' : {'dictionary': '사전'}}
2    print(number['one'][0])
3    print(number['two']['dictionary'])
```

number라는 딕셔너리를 선언하면서 'one'에는 배열을 넣고 'two'에는 딕셔너리를 넣었습니다. 이어서 두 번째 줄도 해석해 보겠습니다. number['one']을 입력하면 배열이 나오고, 배열에서 '[0]'은 배열의 첫 번째 값을 가져옴을 의미합니다. 마지막 줄의 해석은 이렇게 할 수 있습니다. nubmer['two']를 입력하면 딕셔너리가 나오고 딕셔너리에서 'dictionary로 참조된 값을 가져와라'라는 의미가 됩니다. 결과를 확인한 후 예상한 것과 같은지 비교해 보세요.

딕셔너리와 같은 방식을 Key, Value 방식이라고 합니다. 이것은 Key를 설정하고 그 Key에 해당하는 결과값인 Value를 매핑하는 방식으로 컴퓨터에서 많이 사용하는 개념입니다.

지금까지 변수가 묶여 있는 개념들을 연습해 보았습니다. 보통 컴퓨터에서 다루는 데이터들은 양이 많아서 개별 변수보다는 이번에 배운 개념에 기초를 두고 저장되는 경우가 많습니다. 이것은 앞으로도 자주 다루게 될 것입니다.


## 3) If ❶

### ▌배열, 딕셔너리 복습

우리는 지금 주식 관련 데이터를 분석하고 투자 판단에 도움을 받기 위해서 코딩을 공부하고 있습니다. 주식 관련 데이터의 양은 거대합니다. 주식 투자를 하다가 아주 좋은 종목에서만 나오는 패턴을 발견했다고 가정해 보겠습니다. 이 패턴의 종목을 찾고 싶을 때 우리는 어떻게 해야 할까요? 코스피, 코스닥 합쳐서 약 2,500개 정도 되는 종목을 일일이 하나씩 찾아가면서 패턴을 비교하는 것은 너무나 힘든 일입니다. 우리는 이런 것들을 자동화하고 편하게 찾아보기 위해 코딩을 배워서 이용합니다. 거대한 양의 데이터를 다룰 때는 앞에서 다루었던 배열이나 딕셔너리 같은 구조를 사용하기 때문에 빨리 익숙해지는 것이 좋습니다. 그럼 앞에서 생성했던 파일에서 실습을 진행해 보겠습니다. 우선 array.py 파일을 열고 지난번에 작성했던 코드를 모두 지워주세요. 그리고 다음과 같이 입력하세요.

```
1  sentence = ['Welcome', 2, 'coding', 'world']
2  print(sentence[0])
3  print(sentence[1])
4  print(sentence[2])
5  print(sentence[3])
```

첫 번째 줄에서는 'sentence'라는 배열을 선언하면서 Welcome, 2, coding, world라는 값을 단어별로 순서대로 넣었습니다. 그리고 넣은 단어들을 한 줄씩 출력했습니다. 중간에 '2'가 들어가 있는 게 보이나요? 배열 내에 들어가는 값은 문자열, 숫자 모두 가능합니다. 출력의 결과는 이렇습니다.

```
Welcome
2
coding
world
```

이번에는 딕셔너리를 복습해 볼게요. 똑같이 dictionary.py 파일을 열고 지난번에 작성했던 코드를 모두 지운 후 다음과 같이 입력하세요.

```
1   data = {
2       'price' : {'open' : 1000, 'close' : 1020, 'high' : 1100, 'low':
3       'stock' : {'name': '주코박주식회사', 'code': '112030'},
4       'date' : '2021-01-03'
5   }
6   print(data['price']['high'])
7   print(data['stock']['name'])
```

실제 우리가 받게 될 데이터와 비슷한 형태로 예시를 준비했습니다. 해석해 볼까요? 'data'라는 이름으로 딕셔너리를 생성하고, 그 안에 딕셔너리 3개의 값을 넣었습니다. 그 3개의 값 중 2개는 딕셔너리('price', 'stock')로 할당했어요. 딕셔너리 내에 들어가는 값들은 또 다른 딕셔너리가 될 수 있습니다. 물론 배열도 값으로 지정 가능합니다. 'data'가 선언될 때 입력되는 값이 총 4줄로 표현되어 있는데, 저렇게 보기 좋게 줄 바꿈 해서 표현할 수 있습니다. 줄 바꿈을 해도 실행하는 데 전혀 문제가 없습니다. 줄 바꿈 할 때 주의할 점은 괄호의 짝(열린 괄호, 닫힌 괄호)은 반드시 맞춰야 한다는 점입니다. 괄호의 짝이 맞지 않으면 에러가 날 수 있으니 유의하세요. 이제 여섯 번째 줄을 볼까요? 딕셔너리 내에 있는 값을 참조할 때는 지난번에 배운 것과 같이 대괄호를 이용해야 합니다. 대괄호 안에는 딕셔너리에서 정의한 참조 이름(key)이 들어가게 됩니다. 예시를 보면 첫 번째는 ['price'], 두 번째는 ['high']로 대괄호 안에 참조 이름이 들어간 형태가 연이어 쓰인 것을 볼 수 있습니다. 이는 딕셔너리 안에 딕셔너리가 중첩되어 있는 구조에서 값을 참조할 때 사용합니다. 'data'라는 최상위 딕셔너리에서 'price'라는 이름을 가진 딕셔너리를 찾고 그 안에 있는 'high'라는 이름의 값을 가져오는 방식입니다. 일곱 번째 줄은 지금까지 설명한 내용을 바탕으로 유추해 보세요.

**1100**
**주코박주식회사**

참조되는 값을 바꿔가면서 원하는 값을 가져오는 연습을 하면 이해에 많은 도움이 됩니다. 연습을 원하는 분은 주코박주식회사의 시가(open)를 가져오는 코드를 작성해 보세요.

## ▌If의 사용

컴퓨터는 0과 1로 이루어져 있습니다. 실제로도 우리가 항상 접하는 인터넷, 유튜브, 워드프로세서 등은 모두 0과 1이 오가고 있는 것이라 할 수 있습니다. 수학에서도 우리가 마주치는 모든 현상을 0과 1로 표현할 수 있다는 것이 증명되었습니다. 이렇게 컴퓨터는 0일 때는 거짓(false), 1일 때는 참(true)인 것으로 인식하면서 로직에 맞추어 업무를 수행합니다. 파이썬에서도 이 로직을 쓰는데 바로 'If'입니다. If는 영어로 만약에, 즉 가정을 의미하죠. 파이썬에서도 같은 의미로 사용합니다. 'If'의 사용법은 아래와 같습니다.

| if | 5 < 6 | : |
|---|---|---|
| 만약 | 이 부분이 참이면 | 다음 줄을 수행해 주세요 |

If를 입력하고 한 칸을 띄운 뒤 조건을 입력하세요. 조건은 위의 예시와 같이 숫자의 크기를 비교할 수도 있고 문자열이 같은지, 다른지를 비교할 수도 있습니다. 조건을 입력하고 맨 뒤에는 ':'을 입력하고 이 기호가 입력된 뒤 다음 줄부터는 해당 조건이 참일 때 실행하고 싶은 코드를 입력하면 됩니다. 이번에는 if.py라는 파일을 새로 만들어서 실습을 진행하겠습니다. 파일을 만들고 아래 내용을 입력하세요.

```
1  if 5 < 6 :
2      print("5는 6보다 작습니다.")
3      print("6은 5보다 크기도 하지요.")
4  print("파이썬은 즐거워요!")
```

첫 번째 줄은 사용법에서 설명한 것과 같이 입력했습니다. if가 쓰인 부분을 보면 이탤릭체로 폰트가 바뀌어 있고 색깔도 변했습니다. if라는 단어를 만나면 파이썬은 특정한 기능을 하는 단어로 인식하고 Vscode에서는 보기 좋게 자동으로 하이라이트 처리합니다. 이렇게 파이썬에서 미리 특정한 기능을 하기 위해 정해 놓은 단어들을 '예약어'라고 부릅니다. if는 예약어 중 하나입니다. 우리가 다음에 배울 'for', 'in' 등 또한 예약어입니다. 이번엔 두 번째 줄을 봐주세요. 두 번째 줄에 들여쓰기가 되어 있는 것이 보입니다. if의 조건이 참일 경우 수행할 코드들을 입력할 때 반드시 줄을 맞춰 들여쓰기를 해야 합니다. 들여쓰기가 되어 있는 부분들만 if 조건이 참일 경우 수행됩니다. 들여쓰기가 되어 있지 않은 부분은 if의 조건과는 무관하게 실행됩니다. 예시를 실행해 보겠습니다.

```
5는 6보다 작습니다.
6은 5보다 크기도 하지요.
파이썬은 즐거워요!
```

위에서 출력을 요청했던 2, 3, 4줄이 모두 정상적으로 출력되었습니다. 첫 번째 줄에서 if 안에 있는 조건인 '5<6'이 참이기 때문에 두, 세 번째 줄이 수행되면서 출력이 됐고 네 번째 줄은 if와 무관하게 출력되었습니다. 다른 예시도 실행해 보겠습니다.

```
1   if 5 > 6 :
2       print("5는 6보다 작습니다.")
3       print("6은 5보다 크기도 하지요.")
4   print("파이썬은 즐거워요!")
```

이번엔 부등호 방향을 바꾸어 코드를 입력했어요. if 조건의 값이 거짓(false)일 때는 어떤 결과가 나오는지 살펴볼게요.

```
파이썬은 즐거워요!
```

이번에는 두 번째, 세 번째 줄은 수행이 되지 못하고 if에 영향을 받지 않는 네 번째 줄만 출력되었습니다.

로직을 적용하다 보면 if의 조건이 참이 아닌 경우에 수행하고 싶

은 경우가 있어요. 이때를 위해 파이썬은 'else'를 제공합니다. else
는 if가 먼저 쓰인 후 사용이 가능합니다. 대신 else는 조건이 필요
하지 않습니다. 이미 if의 조건을 만족시키지 못한 경우 수행되는
것으로 미리 정해져 있기 때문입니다. 예시를 보면 알 수 있습니다.

```
1   print("5는 6보다 작은가요?")
2   if 5 < 6 :
3       print("맞습니다.")
4   else :
5       print("틀렸습니다.")
```

　if 조건을 입력한 두 번째 줄 아래로 if 조건을 만족시켰을 때 수
행되는 세 번째 줄이 있고 if 조건을 만족하지 않았을 때를 의미하
는 else를 네 번째 줄에 작성합니다. 마지막 다섯 번째 줄에는 if가
수행되지 않은 경우 수행해야 하는 코드를 입력합니다. else일 때
수행되는 코드도 if 때와 마찬가지로 들여쓰기를 반드시 해야 합
니다. 파이썬은 구문의 묶음을 들여쓰기로 이해하도록 되어 있습
니다. 실행해서 결과를 살펴보면 아래와 같습니다.

```
5는 6보다 작은가요?
맞습니다.
```

　위 예시를 바꿔서 if 안의 조건을 거짓(False)으로 변경해 보겠습
니다.

```
1    print("5는 6보다 큰가요?")
2    if 5 > 6 :
3        print("맞습니다.")
4    else :
5        print("틀렸습니다.")
```

if의 조건값이 틀렸기 때문에 if 안의 코드는 실행되지 않고 else 안의 코드가 실행됩니다. 우리가 예상한 게 맞는지 결과를 확인해 보겠습니다.

```
5는 6보다 큰가요?
틀렸습니다.
```

여러 조건값을 한꺼번에 확인해야 할 때가 있죠? 주식 관련 프로그램을 작성할 때는 용도가 매우 많습니다. 거래량이 일정 수준 이상이면서 음봉(시가가 종가보다 높은 경우)을 보인 종목을 찾거나, 가격 상승을 일정 수준 이상으로 하면서 시가총액이 3,000억 원 이하인 종목을 찾길 원할 때, 파이썬에서는 여러 가지 조건을 동시에 적용할 수 있는 방법을 제공합니다. 바로 'and'를 사용하는 방법입니다. 아래 예시를 보겠습니다.

```
1    x = 3
2    print("x는 2보다 크고 4보다 작아요.")
3    if x > 2 and x < 4 :
4        print("이것은 참이에요.")
5    else :
6        print("이것은 거짓이에요.")
```

이번에는 변수를 가지고 if를 사용했습니다. 첫 번째 줄에서 x변수를 선언하고 3의 값을 넣었습니다. 세 번째 줄에는 if가 시작되는데 'x>2' 조건과 'x<4'의 조건을 'and'로 묶어서 적용했습니다. 이렇게 되면 x는 2보다 크고 4보다 작은 조건을 모두 만족시킬 때만 참이 됩니다. 다섯 번째 줄에는 else가 나오는데 앞에서 학습한 내용입니다. if의 조건이 맞지 않는 경우 else가 실행되는 것입니다. 실행한 결과는 이렇습니다.

```
x는 2보다 크고 4보다 작아요.
이것은 참이에요.
```

이번에는 우리가 사용한 예시에서 x의 값만 5로 바꿔 보겠습니다.

```
1    x = 5
2    print("x는 2보다 크고 4보다 작아요.")
3    if x > 2 and x < 4 :
4        print("이것은 참이에요.")
5    else :
6        print("이것은 거짓이에요.")
```

아래에서 예상한 내용이 맞는지 확인해 보세요.

```
x는 2보다 크고 4보다 작아요.
이것은 거짓이에요.
```

if는 코딩할 때 기본적인 로직을 제공하는 명령어이므로 자주 사용하기 때문에 다른 것들과 함께 다음에 좀더 다뤄 보겠습니다.

## 4) If ❷

### ▌ if의 활용('or'의 사용)

'if'는 계속 사용할 예정이니 복습은 생략하고 바로 실습을 진행하겠습니다. 앞에서는 조건을 중복 적용하기 위해 'and'를 사용했습니다. 그런데 이 위치에 다른 기능을 쓸 수 있습니다. 바로 'or'입니다. '이거나'라는 뜻인 'or'를 중심으로 오른쪽 조건과 왼쪽 조건 둘 중 하나의 값만 참(true)을 만족시켜도 'if' 내의 코드들이 실행되는 특징을 갖게 됩니다. if2.py라는 파일을 만들고 다음과 같이 입력해 주세요.

```
1   x = 1
2   print("x는 2보다 작거나 4보다 커요.")
3   if x < 2 or x > 4 :
4       print("이것은 참이에요.")
5   else :
6       print("이것은 거짓이에요.")
```

세 번째 if문 부분을 먼저 살펴보겠습니다. 'x는 2보다 작다'의 조건과 'x는 4보다 크다'의 조건이 'or'를 통해서 중복되어 있습니다. 첫 번째 줄을 보면 x에 1 값을 할당한 것이 보이죠? 그렇다면 if문 부분에서는 어떻게 동작하게 될까요? x가 1이라면 'x가 2보다 작다'의 값이 참(true)으로 만족하기 때문에 둘 중 하나의 값만 만족하더라도 'if' 내 코드가 실행되는 'or'의 특성에 맞춰 동작하게 됩니다. 우리가 예상한 것이 맞는지 실행해 볼게요.

```
x는 2보다 작거나 4보다 커요.
이것은 참이에요.
```

예상한 대로 값이 잘 나왔습니다. 여러분은 추가로 x에 3의 값을 할당하고 실행해 보세요. 두 개의 조건을 모두 만족시키지 못하는 경우 어떻게 되는지 실습해 보겠습니다. 여러분의 화면에 다음과 같은 결과가 나왔다면 성공입니다.

```
x는 2보다 작거나 4보다 커요.
이것은 거짓이에요.
```

## ▍if의 활용('not'의 사용)

지금까지는 if문의 조건에 해당하지 않는 반대의 경우가 필요할 때 else로 해결했습니다. 만일 해당 조건에 맞지 않는 경우만 실행하고 싶을 때는 파이썬에서는 'not'을 제공합니다. 쓰는 방법은 매우 간단합니다. if문의 조건에 'not'을 붙이면 됩니다. 아래 예시를 보세요.

```python
1  x = 3
2  print("x는 2보다 작거나 4보다 크지 않아요.")
3  if not x < 2 or x > 4 :
4      print("이것은 참이에요.")
5  else :
6      print("이것은 거짓이에요.")
```

방금 사용했던 예시에서 세 번째 줄 if의 조건 맨 앞부분에 not을 붙였습니다. 이렇게 되면 if의 조건에 해당하지 않을 때에는 if문 안의 코드를 실행하게 되는 겁니다. x에는 3이 할당되어 있으므로 x 는 2보다 작지도 않고, 4보다 크지도 않다는 조건은 참이 됩니다. 우리가 예상한 대로 결과가 나오는지 실행해 보겠습니다.

x는 2보다 작거나 4보다 크지 않아요.
이것은 참이에요.

조건값을 잘 다루는 것이 우리가 숨어 있는 좋은 주식 종목들을 발굴해 내는 비결입니다.


## | if의 활용('=='의 사용)

우리가 'If'의 도움을 받을 때는 지금까지 실습한 것과 같이 값의 크 기들을 비교하고 싶을 때 사용됩니다. 또 정말 많이 쓰일 때가 그 값이 맞는지 찾아내는 경우입니다. 방금 실습했던 코드를 지우고 아래와 같이 입력해 주세요.

```
1   x = 3
2   if x == 3 :
3       print("x는 3이에요.")
4   else :
5       print("x는 3이 아니에요.")
```

if문이 있는 두 번째 줄을 보면 그 값이 맞는지 찾아내는 방법에 대해 쉽게 알 수 있습니다. 우리는 '같다'라는 기호로 '='를 쓰는데 익 숙합니다. 하지만, 컴퓨터에서는 앞에서 알아본 것과 같이 '='를 '할 당하다'라는 뜻으로 사용합니다. 그렇다면 '같다'의 의미는 컴퓨터에서 어떻게 표현할까요? 지금 실습하고 있는 것과 같이 '=='를 사용해서 해결할 수 있습니다. 어떤 결과가 출력되는지 실행시켜 보겠습니다.

**x는 3이에요.**

결과가 제대로 출력되었습니다.

## ▍if의 활용('elif'의 사용)

'==' 기호는 문자열에서도 같은 방식으로 작동합니다. 다음 예시를 입력하고 살펴볼게요.

```
1   x = '사과'
2   if x == '배' :
3       print("x는 배에요.")
4   elif x == '사과':
5       print("x는 사과에요.")
6   elif x == '딸기':
7       print("x는 딸기에요.")
8   else :
9       print("x는 과일이 아니에요.")
```

우리가 못 보던 것이 쓰였죠? 바로 'elif'입니다. 'elif'에 대해서 먼저 설명하겠습니다. 우리는 여러 가지 조건들의 참을 확인하기 위해서 'if'를 사용했습니다. 그러나 'if'로 조건을 확인하고 해당 조건에 맞지 않는 경우 다른 조건을 연이어 확인하고 싶을 때가 있습니다. 일종의 스위치처럼 동작하는 것입니다. 예시가 이에 해당하는

데 이럴 때 사용하는 것이 바로 'elif'입니다. 두 번째 줄의 if문 조건은 x가 배인지 확인하는 문장입니다. x에 할당된 값은 사과이기 때문에 실행하지 않고 다음 줄로 넘어가게 됩니다. 네 번째 줄에 'elif'가 있습니다. 여기에서는 x가 사과인지 확인하게 되는데 x에 사과가 할당되어 있습니다. 이것은 참(true)에 해당하므로 다섯 번째 줄을 실행하게 됩니다. 그리고 다음 문장들에 있는 'elif', 'else'는 무시됩니다. 이렇게 if와 연달아 묶여 있는 'elif', 'else'는 여러 조건 중 1개만 실행됩니다. 앞에서 배웠던 'else'와 마찬가지로 'elif'는 반드시 앞에 'if'가 먼저 실행되어야 짝으로 실행할 수 있습니다. 우리가 예상한 것처럼 결과가 나오는지 실행해 보겠습니다.

**x는 사과에요.**

결과가 잘 나왔습니다. 이번에는 첫 번째 줄에서 x에 '딸기'를 입력하고 실행해 보겠습니다. 다음과 같은 값이 출력되면 성공입니다.

**x는 딸기에요.**

'if'문에서 사용되는 조건을 다루다 보면 때때로 항상 실행되도록 만들고 싶은 경우가 생깁니다. 아니면 그 반대로 항상 실행되지 않게 만들고 싶을 때도 있습니다. 이런 때를 대비해 파이썬에서는 'Ture', False'라는 값을 사용할 수 있게 지원하고 있습니다. 다음 예시를 살펴보겠습니다.

```
1    if True :
2        print("주말이 좋아요.")
3    if False :
4        print("월요일이 좋아요.")
```

첫 번째 줄 if 뒤에 'Ture'가 보입니다. 이 'Ture'는 말 그대로 '참'을 의미합니다. 따라서 if문 안에 있는 코드들이 반드시 실행되겠죠. 'Ture'에 하늘색으로 색이 다르게 표시되어 있는데 이것은 바로 우리가 사용하는 Vscode에서 특별한 의미를 갖는 것들을 자동으로 하이라이트 처리해서 보기 편하게 제공해 주는 것입니다. 여기서 주목할 것은 'Ture'를 사용할 때 앞 글자는 대문자를 써야 우리가 생각하는 '참'의 의미를 지닌다는 것입니다. 세 번째 if문에서는 'False'를 사용했습니다. 이 조건은 항상 '거짓'임을 의미합니다. 우리가 예상한 대로 프로그램이 동작하는지 실행해 보겠습니다.

주말이 좋아요.

'or', 'and', 'not' 등은 논리수학에 기초를 두고 있습니다. 영국의 수학자 조지 불George Boole이 고안하고 형식화한 수학 체계로 Boolean이라고 부릅니다. 주식을 위한 코딩을 하는 분들은 이런 어려운 개념이 필요하지 않지만 상식으로 알아 두면 좋습니다.

## 5) for

### ▌ if의 복습

앞에서 생성했던 파일로 실습해 보겠습니다. 우선 'if3.py'파일을 새로 만들어 주세요. 그리고 다음과 같이 입력하겠습니다.

```
1   data = {
2       'name' : '주코박주식회사',
3       'price' : {
4           'open' : 1965,
5           'close' : 1760,
6           'high' : 2015,
7           'low' : 1725
8       }
9   }
10
11  if data['price']['close'] > data['price']['open'] :
12      print('양봉입니다.')
13      if data['price']['close'] < data['price']['high'] :
14          print('윗꼬리가 있습니다.')
15      if data['price']['open'] > data['price']['low'] :
16          print('아랫꼬리가 있습니다.')
17  else :
18      print('음봉입니다.')
19      if data['price']['open'] < data['price']['high'] :
20          print('윗꼬리가 있습니다.')
21      if data['price']['close'] > data['price']['low'] :
22          print('아랫꼬리가 있습니다.')
```

이제 작성한 코드를 해석해 보겠습니다. data라는 딕셔너리 변수를 생성하고 그 안에 'name'과 'price'를 참조 이름으로 지닌 값들을 할당했습니다. 'price'를 키로 한 값을 또 다른 딕셔너리로 할당했는데, 안에 있는 딕셔너리에는 'open', 'close', 'high', 'low'를 키로 해서 각각에 숫자를 할당했습니다. 4개의 값의 의미는 각각 '시가, '종가', '고가', '저가'를 의미합니다. 'data' 값의 선언이 완료된 이후에는 열한 번째 줄부터는 if문이 시작됩니다. if문 이후의 코드들은 일봉이 어떻게 그려질지 설명하는 내용으로 작성되어 있습니다. 첫 번째 if(열한 번째 줄)는 시가와 종가를 비교하고 있습니다. 종가가 시가보다 높으면 양봉, 낮으면 음봉을 나타냅니다. 첫 번째 if(열한 번째 줄) 이후 나오는 열세 번째 줄 if와 열다섯 번째 줄 if를 볼까요? 여기서는 고점과 종가를, 저점과 시가를 비교하고 있습니다. 즉 꼬리가 있는지 없는지 확인해 보는 것입니다. 차트에서 꼬리는 시가와 종가보다 더 낮게 내려가거나 높게 올라갔던 때가 있을 때 발생하게 됩니다. 예시에서 입력된 데이터로 결과가 어떻게 나올지 예측해 보겠습니다. data 변수에 있는 내용을 살펴보면, 시가와 종가를 비교했을 때 시가가 높기 때문에(1965<1760) 음봉이라고 표시됩니다. 시가와 고가를 비교했을 때는 고가가 더 높았습니다(1965<2015). 그리고 종가와 저가를 비교했을 때는 저가가 더 낮은 것을 볼 수 있습니다(1760>1725). 결국 위 꼬리, 아래 꼬리가 모두 있는 음봉의 모습을 보인다는 것을 알 수 있습니다. 우리가 예측한 것이 맞는지 실행시켜 보겠습니다.

```
음봉입니다.
윗꼬리가 있습니다.
아랫꼬리가 있습니다.
```

반드시 코드를 따라가면서 예측을 해 보는 것이 좋습니다. 이해
될 때까지 반복하세요. '주코박주식회사'의 내용이 아닌 내가 좋아
하는 주식 종목의 하루 시가, 종가, 저가, 고가 값을 입력하고 결과
가 어떻게 나오는지 살펴보는 것도 좋은 연습이 됩니다.

## ▌for의 활용

이제는 for에 대해 알아보겠습니다. 지난번에 사용했던 예시를 다
시 보겠습니다 'array.py'라는 파일을 새로 만들고 아래와 같이 입
력하세요.

```
1  sentence = ['Welcome', 2, 'coding', 'world']
2  print(sentence[0])
3  print(sentence[1])
4  print(sentence[2])
5  print(sentence[3])
```

실행해 보면 sentence에 있는 값들을 순서대로 출력하게 됩니다.

```
Welcome
2
coding
world
```

작성한 코드를 보면 'print(sentence[값])'의 구조가 반복되고 있습
니다. 저 문장을 계속해서 입력하는 것은 매우 귀찮은 일입니다. 또
한 지금은 4개가 반복되지만 10개나 100개가 될 때 이런 것을 해결
해 줄 수 있는 것이 바로 'for'입니다. 'for'의 구조를 살펴보겠습니다.

PART 4 이과생의 주식 투자

구조를 보면 for가 처음에 나오고 다음에는 변수, 그 다음에는 'in'이 나옵니다. 그리고 마지막으로는 배열 이름이 나옵니다. 'for'는 반복적으로 실행시켜라 라는 의미입니다. 'for'가 등장하면 반복되는 코드가 실행될 준비를 하는 거라고 보면 됩니다. 'in'은 뒤에 배열이 항상 따라오는데, 뒤따라오는 배열의 값을 순서대로 꺼내 'in' 앞에 있는 'i' 변수에 넣습니다. 그리고 이렇게 가져온 'i'를 활용해서 많은 일을 처리하게 됩니다. 'i'는 제가 따로 지은 변수 이름이라 여러분은 다르게 이름 붙여도 됩니다. 마지막에는 ':' 기호가 나오는데 for문의 선언 마지막임을 나타내며, 이후 나오는 코드들이 반복해서 수행됩니다. 'if'를 쓸 때와 마찬가지로 'for'를 통해 반복하고 싶은 코드는 들여 씁니다. 이제 'for.py' 파일을 새로 만들고 다음과 같이 입력하세요.

```
1  sentence = ['Welcome', 2, 'coding', 'world']
2  for i in sentence :
3      print(i)
```

배열로 선언한 'sentence'는 그대로 사용했습니다. 두 번째 줄 'for'문을 보면 배열에서 값을 순서대로 하나씩 꺼내 'i' 변수에 입력하면서 반복적으로 세 번째 줄을 실행하고 있습니다. 첫 번째 반복에서는 'sentence' 배열의 첫 번째 값인 "Welcome"이 'i' 변수에 들어가게 되고, 세 번째 줄에서 'i' 변수를 출력하게 됩니다. 두 번째 반복도 따라가 보셨습니다. 'sentence' 배열의 두 번째 값인 '2'가 'i' 변수에 들어가게 되고, 세 번째 줄에서 'i' 변수를 출력합니다. 이렇게 'sentence' 배열의 마지막 단어까지 총 4번을 반복합니다. 결과가 어떻게 나오는지 살펴볼게요.

우리가 처음 한 줄씩 출력 코드를 작성했던 것의 결과와 같은 결과가 나왔습니다. 우리가 4줄이나 반복해서 타이핑했던 것을 단 2줄로 같은 결과를 낼 수 있었습니다. 'sentence' 배열 안에 들어 있는 값이 100개였을 때 한 줄씩 타이핑을 한다면 100줄이 될 일을 같은 2줄로 해결할 수 있습니다.

'for'문에서는 항상 배열이 필요한데 이 배열을 자동으로 생성해 주는 방법이 있습니다. 바로 'range'입니다. 'range'는 아래와 같이 사용합니다.

```
range (        5        )
```
0부터 5 미만의 정수가 할당된 배열을 생성합니다.

즉 'range(5)'는 '[0, 1, 2, 3, 4]'와 완벽하게 같은 값을 의미합니다. 우리는 'range'의 도움을 받아 쉽게 for의 반복을 제어할 수 있습니다. 'for2.py' 파일을 새로 만들어서 아래 코드를 입력하세요.

```python
1  for item in range(10) :
2      print('코딩과 주식의 만남.')
```

코드를 해석하면 첫 번째 'for'문에서 'range(10)'이 보입니다. 'range(10)'은 바로 '[0, 1, 2, 3, ……8, 9]'와 같은 의미입니다. 그러면 item이라는 변수에 0, 1, 2, 3……의 값이 순차적으로 할당되면서 아래의 코드를 반복 수행하게 됩니다. 이번 예시에서는 item 변수는 쓰지 않았습니다. 이렇게 할당된 변수를 활용하지 않고 단순히 반복이 필요해서 사용하는 때도 있습니다.

```
PS C:\jukopark> & C:/Users/park/AppData/Local/Programs/Python/Python39/python.exe
c:/jukopark/letter8/for2.py
코딩과 주식의 만남.
코딩과 주식의 만남.
코딩과 주식의 만남.
코딩과 주식의 만남.
코딩과 주식의 만남.
코딩과 주식의 만남.
코딩과 주식의 만남.
코딩과 주식의 만남.
코딩과 주식의 만남.
코딩과 주식의 만남.
PS C:\jukopark>
```

같은 문장이 10번 반복 실행됩니다. 'for'와 'range'는 이렇게 다양한 방법으로 사용될 수 있습니다.

'for'와 같은 실행어는 반복문으로 불리며, 컴퓨터 용어로 많이 사용됩니다. 우리가 하는 일 중 반복되고 지루한 일들을 컴퓨터가 편리하게 도와주는데 이때 일반적으로 반복문을 사용해서 해결하게 됩니다.

# pandas 패키지

## 1) terminal

### ▌ for의 복습

앞에서는 자동화의 기본인 'for'와 이를 도와주는 'in', 'range'에 대해 알아보았습니다. 'for'를 통해서 우리는 반복되는 업무를 쉽게 처리할 수 있고 많은 양의 데이터를 다룰 수 있게 되었습니다. 'in'은 배열 안에 있는 값을 하나씩 꺼내서 활용할 수 있게 도와주고, 'range'는 배열을 자동으로 생성해서 우리의 귀찮은 일들을 덜어 주었습니다. 'for' 또한 복습으로 다시 한번 짚고 넘어가겠습니다. 'for3.py'라는 파일을 새로 만들어 아래와 같이 입력하세요.

```
1    close_data = [23750,23750,23800,23550,23750,23950,
2          24300,24050,23550,23650]
3
4    average_5 = 0
5    average_10 = 0
6    index = 0
7
8    for item in close_data :
9        if index < 5 :
10           average_5 = average_5 + item
11       if index < 10 :
12           average_10 = average_10 + item
13       index = index + 1
14
15   average_5 = average_5 / 5
16   average_10 = average_10 / 10
17
18   if close_data[0] > average_5 :
19       print("5일선 위에있습니다.")
20   else :
21       print("5일선 아래있습니다.")
22
23   if close_data[0] > average_10 :
24       print("10일선 위에있습니다.")
25   else :
26       print("10일선 아래있습니다.")
```

본격적으로 코드를 해석해 보겠습니다. 첫 번째 줄에서는 'close _data'라는 이름의 배열을 생성했습니다. 2줄로 줄 바꿈했고, 이 줄 바꿈은 코드를 보기 편하게 하기 위해서입니다. 한 줄로 작성 해도 실행에는 문제가 없습니다. 네 번째 줄부터는 'average_5', 'average_10' 변수를 생성하고 값을 0으로 할당했습니다. 우리는 이 값에 5일 평균값, 10일 평균값을 계산해 넣으려고 합니다.

평균을 계산하기 위해서는 값들을 총합계에서 개수로 나누면 됩니다. 우리는 이 값들의 총계를 구할 때 'for'를 씁니다. 여섯 번째 줄에 선언된 'index'는 'for'로 반복이 실행될 때 몇 번째를 참조하고 있는지 확인하는 용도로 사용합니다. 이제 본격적으로 'for'문이 있는 위치인 여덟 번째 줄을 보겠습니다. 'for'문의 구성을 보면 'in' 뒤에 있는 배열 변수인 'close_data'의 값을 하나씩 꺼내 'item'에 넣어 반복문을 수행하고 있습니다. 처음에는 'item'에 넣는 값이 '23750', 다음은 '23750', 세번째는 '23800', 네번째는 '23550' …… 이렇게 예상됩니다. 다음에는 'for'문의 마지막인 열세 번째 줄인 'index' 부분부터 살펴보겠습니다. 'index'에 1씩 더해서 반복이 실행될 때마다 0, 1, 2, 3……의 값으로 증가하고 있습니다. 우리는 이 'index'를 통해 몇 번째 반복이 되고 있는지 확인할 수 있습니다. 다음 'if'문을 살펴보겠습니다. 아홉 번째 줄 'if'는 index를 체크하며 다섯 번 반복해서 실행하게 하고, 열한 번째 줄 'if'는 열 번 반복해서 실행하게 합니다. 왜냐하면 우리는 5일 평균과 10일 평균을 계산해야 하므로 각각 5일 치 값과 10일 치 값만 더해야 합니다. 'close_data' 배열 안에 있는 값을 'item'으로 하나씩 꺼내 오고 이를 'average_5'와 'average_10'에 각각 원하는 수량만큼 더하고 있는 것을 확인할 수 있습니다.

'for'문이 끝난 이후 1~5까지의 총합이 'average_5' 변수에, 1~10까지의 총합이 'average_10' 변수에 들어 있게 됩니다. 각각을 개수대로 나누면 평균이 계산될 수 있습니다. 각각을 5와 10으로 나눈 값을 다시 'average_5' 변수와 'average_10' 변수에 넣었습니다. 이렇게 하면 각 변수에는 우리가 원하는 5일 치 평균값, 10일 치 평균값이 계산되어 완성됩니다.

열여덟 번째 'if'문을 보면 5일 치 평균값과 'close_data[0]' 즉, 'close_data' 배열의 첫 번째 값을 비교하고 있습니다. 즉 당일의 종가와 5일 치 평균 종가를 비교하고 있습니다. 5일 치 평균보다 높다면 현재 5일선 위에 있는 것이고, 반대로 낮다면 5일선 아래에 있는 것입니다. 이동평균선은 특정 기간(5일, 10일, 20일 등) 동안의 평균값을 지표화한 것이기 때문에 당일 종가와 5일 치 평균 종가를 비교하면 이동평균선 위에 있는지 아래에 있는지 알 수 있게 됩니다. 열여덟~스물한 번째 줄은 5일 이동평균선 위아래 여부, 스물세 번~스물여섯 번째 줄은 10일 이동평균선 위아래 여부를 판단하는 'if'문으로 구성되어 있습니다.

설명이 길었습니다. 'for', 'if'의 개념이 얽혀 있어 자세하게 설명했습니다. 실전에서도 이런 식으로 로직을 만들게 합니다. 이동평균선 위에 있는지 아래에 있는지는 차트 분석에서 많이 사용되는 기법이기 때문입니다. 자, 그럼 실행해서 결과를 살펴보겠습니다.

```
5일선 위에있습니다.
10일선 아래있습니다.
```

해당 종목은 5일선을 기준으로, 위에 10일선을 기준으로는 아래에 있는 결과가 나왔습니다. 지금의 예시 데이터는 '한국전력'의 특정 기간의 종가를 가져와 예시로 만들었습니다. 차트를 보면서 실제로 이동평균선 위에 있었는지, 아래에 있었는지 살펴보는 것도 재미있습니다. 'close_data' 변수에 다른 종목의 특정 기간을 입력하고 실행해서 결과를 비교하면서 복습하는 것 또한 많은 연습이 될 겁니다.

## pip에 대해서

파이썬을 아주 강력한 무기로 만들어 줄 pip에 대해서 알아보겠습니다. 'pip'로 인해 파이썬은 무궁무진한 확장성을 지니게 됐습니다. 'pip'는 Python Install Packages라고 하여 코드(package)를 쉽게 설치해 사용할 수 있게 해 주는 마법의 명령어입니다. 그럼 이제 'pip'를 사용해 보겠습니다.

## terminal의 사용

우리가 'pip'를 사용하기 위해서는 terminal을 통해 사용해야 합니다. terminal은 우리가 자주 봐 왔던 화면입니다. 지금까지 우리가 항상 코드를 실행할 때는 녹색 삼각형 버튼을 눌렀습니다.

우리가 매번 버튼을 누를 때마다 코드 편집화면 하단부에 결과가 출력되는 것을 봤는데, 이 부분이 바로 terminal입니다. 우리는 이 terminal을 통해서 컴퓨터와 명령을 주고받을 수 있습니다.

코드 실행 버튼이 아니더라도 다음과 같이 맨 위 상단 메뉴에서 terminal을 새로 열 수 있습니다.

여기에서 New Terminal을 클릭하면 하단부에 새로운 terminal 창이 나타납니다. 우리는 여기에서 terminal을 여러 개 만들거나 사라지게 할 수도 있습니다. 하단부 창에 다음과 같은 아이콘이 보입니다.

'+'는 새로운 termnial을 만드는 버튼이고, '휴지통'은 현재 열린 terminal을 사라지게 하는 버튼입니다. 가운데 것은 창을 분할해서 여러 개를 동시에 보여주는 기능까지 제공합니다. 아이콘들 왼쪽으로는 아래와 같은 모양을 확인할 수 있습니다.

　현재 실행 중인 terminal을 나타내는 표시입니다. 목록 중 원하는 터미널을 클릭하면 해당 터미널에서 작업을 이어 나갈 수 있습니다.


## 2) pip

### ▌terminal의 복습

앞에서는 파이썬을 아주 강력한 무기로 만들어 줄 'pip'를 알아보고 'pip'를 사용하기 위한 환경인 terminal에 대해 알아보았습니다. 이번 장에서는 본격적으로 'pip'를 통해 여러 패키지를 설치하면서 파이썬을 더 강력하게 만들어 보겠습니다. 인터넷에서 원하는 정보를 가져오고, 표 데이터를 편하게 편집하며 다룰 것입니다. terminal은 앞에서 이미 다뤄 본 것처럼 우리가 이미 사용하고 있고 친숙한 것입니다. 바로 코드를 실행할 때 눌러왔던 녹색 삼각형 버튼입니다.

　사실 녹색 삼각형을 누르는 행위 또한 terminal에 코드 실행을 요청하는 명령을 보내고 결과를 출력하는 것을 자동화한 것에 불과

합니다. 우리는 버튼을 누르지 않고도 직접 terminal에 명령을 내려 코드를 실행할 수 있습니다. 앞에서 생성한 'for3.py'를 실행하기 전에 terminal을 실행해 보겠습니다. Vscode 맨 위에 있는 메뉴 중에서 'Terminal' 메뉴를 클릭하고 하위 메뉴 중 'New Terminal' 메뉴를 클릭하면 terminal이 나타납니다.

terminal이 열리면 현재 terminal이 'for3.py'와 같은 곳에 있는지 먼저 확인해 보세요. 현재 폴더 안에 있는 파일 내용을 확인하기 위해서는 'ls' 명령어를 입력하면 됩니다. 저는 'ls'를 입력했더니 'for3.py'가 현재 폴더에 없습니다.

PART 4 이과생의 주식 투자

```
PS C:\Python39\jukopark> ls


    디렉터리: C:\Python39\jukopark


Mode                 LastWriteTime         Length Name
----                 -------------         ------ ----
-a----        2021-07-13   오후 4:41           124 array.py
-a----        2021-07-13   오후 2:32            18 calculator.py
-a----        2021-07-13   오후 4:31           121 dictionary.py
-a----        2021-07-13   오후 1:37            68 hello.py
-a----        2021-07-13   오후 3:28            61 variable.py


PS C:\Python39\jukopark> █
```

　예시에서의 현재 폴더는 'C:₩jukopark'인데 'for3.py' 파일이
있는 위치는 'C:₩jukopark₩letter9'이기 때문에 아래로 하나 이
동하겠습니다. 만약 현재 폴더 내에 파일이 있는 경우에는 바로 실
행시키는 부분으로 넘어가도 좋습니다. 폴더 위치를 이동할 때는
'cd' 명령어를 사용하면 됩니다. 'cd'를 입력한 후 한 칸을 띄우고 이
동하고자 하는 폴더 이름을 입력하면 이동이 완료됩니다. 만약 잘
못해서 다른 폴더로 이동했다면 상위 폴더로 다시 이동하는 방법은
'cd'를 입력한 후 한 칸을 띄우고 '..'을 입력하면 상위 폴더로 갈 수
있습니다. 원하는 폴더로 이동하고 'ls'를 통해 'for3.py'가 있는지 확
인하겠습니다.

```
PS C:\jukopark> cd .\letter9\
PS C:\jukopark\letter9> ls


    디렉터리: C:\jukopark\letter9


Mode                 LastWriteTime         Length Name
----                 -------------         ------ ----
-a----         2021-02-22   오후 4:29          614 for3.py

PS C:\jukopark\letter9>
```

파이썬 코드를 실행시킬 때는 'python' 명령어를 사용합니다.
'python'을 입력하고 원하는 파일 이름인 'for3.py'를 입력하세요.
'for3.py'를 입력할 때 전체를 타이핑하지 않아도 좋습니다. 'f'까지
만 입력하고 키보드의 탭을 치면 자동완성됩니다. 두 번째 알파벳
인 'fo'까지 입력하거나, 'for'까지 입력해도 잘 동작합니다. 그럼 실
행시켜 보겠습니다.

```
PS C:\jukopark\letter9> python .\for3.py
5일선 위에있습니다.
10일선 아래있습니다.
PS C:\jukopark\letter9>
```

이제 본격적으로 'pip'에 대해서 알아보겠습니다.

## pip에 대해서

우선 'pip'가 설치되어 있는지를 확인하기 위해 'pip'의 버전을 확인
하는 명령을 실행하겠습니다. 우리는 'pip'를 설치하지 않았지만 이

미 설치가 되어 있습니다. 왜냐하면 우리가 처음에 파이썬을 설치할 때 자동으로 설치됐기 때문입니다. 그럼 'pip'를 실행시켜 보겠습니다. terminal에 다음과 같이 'pip --version'이라고 입력하고 결과가 잘 나오는지 확인해 보세요.

```
PS C:\jukopark> pip --version
pip 20.3.1 from C:\Users\park\Anaconda3\lib\site-packages\pip
(python 3.7)
PS C:\jukopark>
```

저는 'pip'가 20.3.1 버전이 설치되어 있습니다. 버전이 출력되고 from 이후부터는 'pip'의 실제 프로그램이 위치한 경로가 출력됩니다. 가장 마지막에는 우리가 설치한 파이썬의 버전까지 출력되고 있습니다. 만약 위와 같은 결과가 잘 나오지 않는다면 설치에 문제가 생겼을 수 있습니다. 이런 경우에는 파이썬 프로그램을 삭제하고 다시 설치하세요.

## ▌pandas의 설치

'pip'로 이제 'pandas'라는 이름의 패키지를 설치해 보겠습니다. 'pip'를 통해 패키지를 설치하는 명령은 다음과 같습니다.

| **pip** | **install** | **pandas** |
|---|---|---|
| pip를 실행해서 | 패키지 설치 (2차 명령) | pandas를 (패키지 이름) |

이런 방법으로 2차 명령에 여러 가지 요청을 지정할 수 있습니

다. 지금 예시에서는 'install' 명령을 통해 설치를 진행했습니다. 이
위치에 'uninstall' 명령을 입력하면 패키지 삭제를 진행할 수도 있
습니다. 그럼 pandas 설치를 진행해 보겠습니다. terminal에서 아
래와 같이 입력하고 실행이 잘 되는지 살펴보세요.

```
PS C:\jukopark> pip install pandas
Collecting pandas
  Using cached pandas-1.1.5-cp37-cp37m-win_amd64.whl (8.7 MB)
Requirement already satisfied: python-dateutil>=2.7.3 in c:\users\park\anaconda3\l
ib\site-packages (from pandas) (2.8.1)
Requirement already satisfied: pytz>=2017.2 in c:\users\park\anaconda3\lib\site-pa
ckages (from pandas) (2020.4)
Collecting numpy>=1.15.4
  Using cached numpy-1.21.2-cp37-cp37m-win_amd64.whl (14.0 MB)
Requirement already satisfied: six>=1.5 in c:\users\park\anaconda3\lib\site-packag
es (from python-dateutil>=2.7.3->pandas) (1.15.0)
Installing collected packages: numpy, pandas
Successfully installed numpy-1.21.2 pandas-1.1.5
PS C:\jukopark>
```

출력되는 내용을 살펴보니 pandas를 제대로 설치하고 있습니
다. 그런데 pandas를 'pip'가 설치한 이후에 무언가를 계속 추가
로 실행하고 있습니다. 내용을 살펴보면 pandas가 실행되기 위
해 필수적으로 사전에 설치되어야 할 것들이 있는지, 설치 조건
이 충족되는지를 자동으로 체크하고 있습니다. 체크를 하다 보니
numpy라는 패키지가 설치되어 있지 않아 numpy 또한 자동으
로 설치를 실행해 주고 있습니다. numpy까지 설치가 완료된 후
'Successfully installed numpy-1.20.1 pandas-1.2.2' 메시지가
출력되면서 설치가 모두 잘 되었음을 알려주고 있습니다.

'pip'는 우리가 파이썬을 더 풍부하고 강력하게 쓸 수 있도록 해주고, 특정 패키지를 설치할 때 체크해야 할 여러 가지 조건들을 자동으로 확인해 주며 심지어는 필요한 패키지를 자동으로 설치해 주기도 합니다. 우리는 이것의 도움을 받으면서 잘 활용하면 필요한 일들을 해낼 수 있습니다.

## 3) pandas

### ▌pip의 복습

이번 장에서는 'pip'에 대해서 더 알아보고, 본격적으로 우리가 설치한 pandas에 대해서 알아보겠습니다.

| pip | install | pandas |
|-----|---------|--------|
| pip 실행 | 2차 명령 | 패키지 이름 |

앞에서 사용했던 'pip'를 통해 복습 차원으로 이미 설치했던 pandas를 제거하고 다시 설치하겠습니다. 'pip'에 부가적인 명령을 내림으로써 우리는 사용하지 않는 패키지들을 제거할 수 있습니다. 'pip'에 패키지를 설치할 때는 다음과 같이 명령을 내렸습니다.

| pip | uninstall | pandas |
|-----|-----------|--------|

패키지를 제거할 때는 '2차 명령' 위치에 있는 명령어만 바꾸면 되는데 아래와 같이 사용합니다.

Install을 uninstall로 바꿔 주면 패키지 제거가 실행됩니다. Vs code의 terminal을 열어서 위의 명령어를 타이핑하세요. 'pip' 실행은 terminal의 폴더 위치와 관계없이 동작할 수 있으니 'cd' 명령을 통한 위치 이동은 하지 않아도 됩니다.

```
PS C:\jukopark\letter9> pip uninstall pandas
Found existing installation: pandas 1.1.5
Uninstalling pandas-1.1.5:
  Would remove:
    c:\users\park\anaconda3\lib\site-packages\pandas-1.1.5.dist-info\*
    c:\users\park\anaconda3\lib\site-packages\pandas\*
Proceed (y/n)?
```

명령어를 입력하고 나면 이렇게 진행 여부를 묻습니다. 'y'를 입력해 제거를 진행하겠습니다.

```
PS C:\jukopark\letter9> pip uninstall pandas
Found existing installation: pandas 1.1.5
Uninstalling pandas-1.1.5:
  Would remove:
    c:\users\park\anaconda3\lib\site-packages\pandas-1.1.5.dist-info\*
    c:\users\park\anaconda3\lib\site-packages\pandas\*
Proceed (y/n)? y
  Successfully uninstalled pandas-1.1.5
PS C:\jukopark\letter9>
```

제거가 완료되었습니다. 하지만 우리는 pandas 프로그램을 지금 사용해야 하므로 다시 설치를 진행하겠습니다. 설치가 완료되면 아래와 같은 결과가 나옵니다.

```
PS C:\jukopark> pip install pandas
Collecting pandas
  Using cached pandas-1.1.5-cp37-cp37m-win_amd64.whl (8.7 MB)
Requirement already satisfied: numpy>=1.15.4 in c:\users\park\anaconda3\lib\site-p
ackages (from pandas) (1.21.2)
Requirement already satisfied: pytz>=2017.2 in c:\users\park\anaconda3\lib\site-pa
ckages (from pandas) (2020.4)
Requirement already satisfied: python-dateutil>=2.7.3 in c:\users\park\anaconda3\l
ib\site-packages (from pandas) (2.8.1)
Requirement already satisfied: six>=1.5 in c:\users\park\anaconda3\lib\site-packag
es (from python-dateutil>=2.7.3->pandas) (1.15.0)
Installing collected packages: pandas
Successfully installed pandas-1.1.5
PS C:\jukopark>
```

Successfully installed 메시지 받았나요? 그럼 이제 본격적으로 pandas에 대해 알아보겠습니다.

## ▌pandas 기초

pandas는 우리가 잘 알고 있는 엑셀과 같이 테이블 형태로 이루어진 데이터를 다루는 데 매우 유용한 패키지입니다. 그래서 데이터를 자주 다뤄야 하는 AI 분야에서 많이 사용됩니다. 물론 우리가 목표로 하는 주식 분석에서 데이터를 다루는 것 또한 매우 중요하기 때문에 자주 사용할 예정입니다.

pandas는 dataframe이라는 구조를 기본으로 하고 있습니다. dataframe은 하나의 엑셀 표로 생각하면 쉽게 이해됩니다. 삼성전자의 특정 일자 가격 데이터를 가지고 실습을 진행해 보겠습니다. 다음의 표를 보세요.

| 날짜 | 종가 | 시가 | 고가 | 저가 |
|------|------|------|------|------|
| 2021.03.08 | 82,000 | 82,900 | 83,000 | 82,000 |
| 2021.03.05 | 82,100 | 81,100 | 82,600 | 81,100 |
| 2021.03.04 | 82,400 | 82,600 | 83,200 | 82,200 |

이런 데이터를 우리는 dataframe 구조로 입력하겠습니다. 'table.py'라는 파일을 새로 생성하고 아래와 같이 코드를 입력해 주세요.

```
 1    import pandas as pd
 2
 3    samsung = [
 4        ['2021.03.08',82000,82900,83000,82000],
 5        ['2021.03.05',82100,81100,82600,81100],
 6        ['2021.03.04',82400,82600,83200,82200],
 7    ]
 8
 9    df = pd.DataFrame(samsung)
10    print(df)
```

첫 번째 줄부터 해석해 볼까요? 우리는 'pip'를 통해서 pandas를 설치했습니다. 설치한 패키지를 코드 내에서 활용하기 위해서는 패키지를 불러와야 합니다. 이때 사용되는 명령이 바로 'import'입니다. 'import'의 사용법은 매우 간단합니다. 아래 내용을 보세요.

| import | pandas | as | pd |
|--------|--------|-----|-----|
| 불러와라 | 'pandas' 패키지를 | 현재 파일에서 사용할 가명은 | pd이다 |

'import' 뒤에 사용하고자 하는 패키지 명을 입력하면 됩니다. 우

리가 사용할 패키지 명은 'pandas'이기 때문에 'pandas'를 입력했습니다. 'as' 뒤는 사실 입력하지 않아도 됩니다. 'as'는 일종의 별명, 별칭을 부여하는 것입니다. 그래서 여기서는 우리가 작성하고 있는 코드 파일 내에서 'pandas'를 'pd'로 줄여서 타이핑할 수 있게 만들어 줍니다. 'pd'는 제가 임의로 부여한 이름이기 때문에 'cd'나 'fd' 등 다른 이름으로 바꿔도 괜찮습니다. 'as'는 사용하다 보면 유용하게 쓸 수 있습니다.

이제 세 번째 줄을 살펴보겠습니다. 여기에는 'samsung'이라는 배열 변수에 값을 넣고 있습니다. 배열 안에 배열을 넣은 이중 배열의 모습을 보이고 있습니다. 안쪽의 배열에는 순서대로 값이 들어가 있습니다. 첫 번째 자리에는 일자, 두 번째 자리부터는 종가, 시가, 고가, 저가 순서대로 입력되어 있습니다.

아홉 번째 줄에는 선언된 'samsung' 배열로 dataframe 구조를 만들고 있습니다. dataframe 구조를 만드는 방법은 아래와 같습니다.

```
df          =          pd.DataFrame(          samsung          )
변수 이름   선언한다   pandas의 DataFrame으로   'samsung' 변수의 값을 넣어서
```

'df = '까지는 자주 사용해서 변수를 선언하는 내용인 것을 알 수 있습니다. 그 이후는 'pd'인데 좀 전에 지어준 'pandas'의 별명입니다. pandas 패키지 내에는 많은 기능이 있는데 이들을 사용할 때 '.'를 찍고 해당 기능의 이름을 적으면 됩니다. 우리는 dataframe을

사용해야 하므로 '.' 다음에 'dataframe'을 적었습니다. 대문자가 들어간 것에 유의해서 입력해 주세요. 그 이후에는 괄호가 있고 괄호 안에 우리가 이전에 선언했던 'samsung' 배열 변수를 넣었습니다. 이 괄호 안에 할당되는 값은 할당하지 않아도 잘 동작합니다. 다만 아무 값이 없는 상태로 dataframe이 생성될 겁니다. 결론은 우리는 'df' 변수를 dataframe으로 선언하는데 초기 값을 'samsung'에 있는 값으로 한 것입니다.

마지막 열번째 줄은 우리가 만들어 놓은 'df' 변수를 출력해 잘 입력 됐는지 확인하고 있습니다. 그럼 실행시켜서 잘 동작하는지 확인해 보겠습니다. 이번에는 녹색 삼각형 버튼을 클릭하지 않고 코드가 작성된 파일이 있는 폴더에서 terminal로 직접 'python' 실행 명령을 내려 실행시켜 보겠습니다. 아래와 같이 현재 폴더에 우리가 작성한 파일이 있는지 확인하고 마지막줄 실행시켜 볼게요.

```
    디렉터리: C:\jukopark\letter11


Mode                 LastWriteTime         Length Name
----                 -------------         ------ ----
-a----        2021-07-14   오후 4:45         213 table.py


PS C:\jukopark\letter11> python .\table.py
            0      1      2      3      4
0  2021.03.08  82000  82900  83000  82000
1  2021.03.05  82100  81100  82600  81100
2  2021.03.04  82400  82600  83200  82200
PS C:\jukopark\letter11> []
```

우리가 엑셀에서 보던 익숙한 표 형태로 출력됐습니다. 보기도 편하고, 우리가 데이터를 다룰 때 편하게 다룰 수 있게 되었습니다. 그리고 우리가 입력하지 않았는데 자동으로 생긴 것들이 보입니다. 첫 행과 첫 열에 0, 1, 2 ……의 번호가 매겨져 있습니다. 이것을 dataframe에서는 index라고 합니다. 우리는 이 index를 통해서 표에 저장되어 있는 값을 찾고 꺼내거나 수정해서 넣을 수 있습니다. index가 지금은 자동으로 붙어 있지만, 우리가 임의로 index에 이름을 붙일 수도 있습니다. 임의로 index에 이름을 붙이는 방법은 다음에 실습해 보겠습니다.

## 4) dataframe ❶

### ▌pandas의 복습

이제 우리는 배열이나 딕셔너리에 있는 데이터를 pandas에서 가장 기본적인 요소인 datafame으로 가져올 수 있게 되었습니다. 이렇게 잘 넣어 둔 데이터들을 가지고 데이터의 특정 부분을 가져오거나, 여러 가지 계산식을 통한 새로운 열을 만들어 낼 수 있습니다. 이것은 우리가 엑셀에서 했던 것입니다. 이번 장에서는 pandas를 통해 데이터를 좀더 쉽게 다루는 방법에 대해 알아보겠습니다.

| 날짜 | 종가 | 시가 | 고가 | 저가 |
|------|------|------|------|------|
| 2021.03.15 | 151,500 | 152,500 | 153,500 | 150,500 |
| 2021.03.12 | 152,500 | 149,500 | 154,500 | 149,500 |
| 2021.03.11 | 147,500 | 143,500 | 149,000 | 143,500 |

우선 앞에서 pandas로 데이터를 가져오는 내용을 복습해 보 겠습니다. 새로운 파일을 생성해서 아래 표와 같은 데이터를 data frame으로 넣어 출력하는 것을 진행해 보겠습니다. 이번에는 작성 된 코드를 보면서 타이핑하지 않고 혼자서 작성해 보세요.

위는 LG전자의 특정 일자 시세 내용입니다. 아래 내용을 확인하 면서 작성한 코드와 비교해 보세요.

```
1   import pandas as pd
2
3   lg = [
4       ['2021.03.15',151500,152500,153500,150500],
5       ['2021.03.12',152500,149500,154500,149500],
6       ['2021.03.11',147500,143500,149000,143500],
7   ]
8
9   df = pd.DataFrame(lg)
10  print(lg)
11  print(df)
```

앞에서 실습할 때 작성했던 코드와 같은 형태인가요? 데이터만 바꿔 주면 쉽게 작성할 수 있습니다. 한 번 실행 후 결과를 확인해 보겠습니다.

```
PS C:\jukopark\letter12> python .\table.py
            0        1       2       3       4
0  2021.03.15  151500  152500  153500  150500
1  2021.03.12  152500  149500  154500  149500
2  2021.03.11  147500  143500  149000  143500
PS C:\jukopark\letter12>
```

결과가 제대로 출력되었습니다. 이렇게 테이블 형태의 데이터를
dataframe으로 생성할 수 있습니다. 이제 dataframe에 대해 더 알
아보도록 하겠습니다.

## ▌ dataframe에 대해(데이터의 접근)

dataframe은 우리가 실습해 본 것처럼 엑셀과 같은 형태를 띠고 있
습니다. 엑셀에서 데이터에 접근할 때 좌표의 개념을 사용합니다.
A열의 5행, C열의 3행과 같은 형태입니다.

위의 복습 예시에서 확인해 보면 데이터의 행과 열 앞쪽에 0, 1,
2, 3 …… 이렇게 숫자가 보입니다. 이게 바로 좌표의 개념을 가지
고 있는 것이고 우리는 이것을 통해 안에 있는 데이터로 접근해서
가져올 수 있습니다. dataframe에서 데이터를 가져오는 방법은 아
래와 같습니다.

| df | [ | 1 | ] [ | 2 | ] |
|---|---|---|---|---|---|
| dataframe 이름 | | 열 | | 행 | |

마치 배열의 값을 참조하는 것과 같은 방식입니다. 그러면 우리
가 작성한 코드에서 참조를 직접 실행해 보겠습니다. dataframe에
있는 데이터 중 두 번째 열, 세 번째 행에 있는 데이터를 참조해 보
겠습니다. 우리가 복습할 때 작성했던 코드의 데이터에서 두 번째
열은 종가를 의미하고 세 번째 행은 3월 11일을 의미합니다. 결국
이것은 3월 11일의 종가를 조회하는 코드가 되는 것을 알 수 있습
니다. 작성된 코드는 다음과 같습니다.

```
1    import pandas as pd
2
3    lg = [
4        ['2021.03.15',151500,152500,153500,150500],
5        ['2021.03.12',152500,149500,154500,149500],
6        ['2021.03.11',147500,143500,149000,143500],
7    ]
8
9    df = pd.DataFrame(lg)
10   print(df[1][2])
```

열 번째 줄에서 'df[1][2]'로, 두 번째 열, 세 번째 행에 있는 값을
참조하고 있습니다. 컴퓨터에서는 보통 값을 0부터 설정하기 때문
에 첫 번째 값을 참조하기 위해서는 0, 두 번째 값을 참조하기 위해
서는 1을 사용해야 합니다. 그럼 코드를 실행해서 우리의 의도에
맞게 결과가 출력되는지 확인해 보겠습니다.

```
PS C:\jukopark\letter12> python .\table.py
147500
PS C:\jukopark\letter12>
```

위의 표 상에서 3월 11일에 종가가 147,500이 출력되었습니다. 이렇게 쉽게 dataframe에 있는 값에 접근할 수 있습니다.

## dataframe에 대해(index, columns의 사용)

우리는 dataframe 안의 값에 접근하는 방법에 대해 알아보았습니다. 지금까지 알아본 방법에서는 dataframe을 생성할 때 컴퓨터가 자동적으로 붙여 준 0, 1, 2, 3 ……의 index를 통해 접근해서 데이터를 가져왔습니다. pandas에서는 이렇게 자동으로 매겨진 index에 이름을 부여해 더 쉽게 접근하는 방법을 제공합니다. 그럼 column과 index에 별명을 붙이는 방법을 알아보겠습니다. column은 열에 별명을 붙이는 방법이고, index는 행에 별명을 붙이는 방법을 의미합니다.

> **pd.Dataframe     ( lg,        columns  =  col_index  )**
> dataframe을 생성하라   lg 배열의 값으로   columns의 별명은   col_index 배열의
> 값으로

'lg'까지는 지금까지 봤던 내용입니다. 괄호 안의 값의 뒤에 추가로 'columns = col_index'가 들어가게 됐습니다. 이 부분이 바로 column에 별명을 붙이는 것으로 'col_index'는 배열의 이름입니

다. index, 즉 행에 별명을 붙이는 방법도 알아보겠습니다.

| pd.Dataframe | ( | lg, | index | = | row_index | ) |
|---|---|---|---|---|---|---|
| dataframe을 생성하라 | | lg 배열의 값으로 | row의 별명은 | | row_index 배열의 값으로 | |

column에 별명을 붙이는 방법과 비슷합니다. 다른 점은 'lg' 뒤에 '='를 기준으로 왼쪽 값이 'index'라는 것입니다. 물론 할당되는 값 또한 'row_index'로 다른 배열을 쓰고 있습니다. 다음 예시를 보세요.

```python
import pandas as pd

lg = [
    [151500,152500,153500,150500],
    [152500,149500,154500,149500],
    [147500,143500,149000,143500],
]

col_index = ['close','start','high','low']
row_index = ['2021.03.15','2021.03.12','2021.03.11']

df = pd.DataFrame(lg, columns = col_index, index = row_index)
print(df)
print(df['close']['2021.03.15'])
```

예시의 'lg' 데이터에서는 날짜 값들이 사라진 변화가 있습니다. 아홉 번째 줄에는 열의 각각의 위치에 해당하는 값들에 대한 별명이 배열로 선언되었습니다. 데이터가 종가, 시가, 고가, 저가 순서대로 들어갔기 때문에 이를 의미하는 영어 이름인 close, start, high, low를 열(column)의 index로 사용하겠습니다. 열 번째 줄에서는 또 다른 배열이 선언되고 있는데 위에 데이터에서 사라진 날짜를 가지고 행(row)의 index로 사용하고자 새로운 배열을 생성해서 날짜 값을 순서대로 할당했습니다. 열두 번째 줄에는 지난번 코드의 dataframe 선언부와 'lg'까지는 모두 같고 뒤에 'columns = col_index'가 있습니다. 이것은 열(column) index로 아홉 번째 줄에서 선언된 'col_index' 배열에 있는 값을 쓰겠다는 의미입니다. 그 뒤에는 'index = row_index'가 있는데 이것은 행(row) index로 열 번째 줄에서 선언된 'row_index' 배열에 있는 값을 쓰겠다는 의미입니다. 그 사이에 콤마를 통해서 한꺼번에 이런 설정을 연달아 적용할 수 있다는 것을 알아두면 좋습니다. 이번에 선언한 dataframe은 행과 열 모두에 index 별명을 붙여 놓은 것입니다. 열세 번째 줄은 이렇게 선언한 dataframe을 출력하고 있습니다. 열네 번째 줄은 dataframe 안에 있는 특정 값을 참조하는 코드입니다. 참조하는 방법은 기존에 숫자 index를 사용하는 방법과는 좀 다른 모습입니다. 대괄호 안에 숫자가 들어갔던 것과는 다르게 열(column) index와 행(row) index를 사용해서 참조하고 있습니다. 해석도 매우 직관적으로 바뀌었습니다. 기존에는 "df[1][2]"라고 쓰여 있어 데이터를 직접 확인하지 않으면 어떤 값을 참조하는지 전혀 알 수가 없었습니다. 하지만 "df['close']['2021.03.15.']"는 3월 15일의 종가를 참조하고 있다는 것을 바로 알 수 있게 되었습니다.

우리가 예상한 대로 동작하는지 한번 실행해 보겠습니다.

```
            close    start     high      low
2021.03.15  151500   152500   153500   150500
2021.03.12  152500   149500   154500   149500
2021.03.11  147500   143500   149000   143500
151500
PS C:\jukopark\letter12>
```

위에는 dataframe이 출력되었는데 이전과 다른 모습을 보입니
다. 맨 좌측과 첫 번째 줄에 있던 0, 1, 2, 3 ……의 index가 우리가
설정한 값으로 바뀌어 있는 것이 보입니다. 이렇게 우리가 입력한
값이 잘 들어간 것을 확인할 수 있습니다. 그다음에는 '151500'이
출력되어 있습니다. 열네 번째 줄에서 3월 15일의 종가를 출력하도
록 한 코드가 잘 실행되어 결과를 보여주고 있습니다.

지난번에는 dataframe에 데이터를 넣는 방법을 알아보았고 이
번에는 dataframe에서 데이터를 가져오는 방법에 대해 배워보았
습니다. 앞으로도 한동안 dataframe을 계속 다룰 예정인데 더 쉽
게 데이터를 참조하는 방법과 행, 열을 추가하는 방법 등을 배우고
실습할 예정입니다.

## 5) dataframe ❷

### ▌ dataframe의 복습

이번 장에서는 데이터를 가져오는 방법을 추가로 알아보고 특정

한 값을 지닌 데이터는 어떻게 가져올 수 있는지 방법을 살펴보겠습니다.

지난번에 해 보았던 dataframe에서 데이터를 가져오는 방법부터 실습을 진행해 보겠습니다. 아래의 표를 보고 우선 dataframe으로 데이터를 집어넣는 코드를 작성해 보세요.

| name | code |
|------|------|
| 삼성전자 | 005930 |
| SK하이닉스 | 000660 |
| NAVER | 035420 |
| LG화학 | 051910 |
| 현대차 | 005380 |

위는 코스피 종목들의 이름과 종목 코드입니다. 우리는 종목들을 찾을 때 종목의 이름으로 찾지만, 컴퓨터는 이름을 통해서 찾게 되면 오류가 발생할 수 있습니다. 'SK하이닉스'를, 'sk하이닉스'로 소문자 변경한 데이터 형태도 있고, '현대차'를 '현대자동차'라고 표기하는 데이터 형태로 접근해야 할 때가 있습니다. 시간이 지나면서 여러 가지 이유로 회사의 이름이 아예 바뀌기도 합니다. 이런 오류를 범하지 않기 위해 우리는 종목 코드를 사용합니다. 종목 코드는 코스피, 코스닥 종목들에 대해 각각 겹치지 않게 고유로 부여된 6자리 숫자 값으로 이 코드를 사용하게 되면 오류를 방지할 수 있습니다. 우리가 앞으로 종목을 조회하거나 데이터를 가져올 때 자주 사용하게 될 코드이니 익숙해지는 게 좋습니다.

맨 위에 있는 'name'과 'code'는 지난번에 학습한 열(column) index를 의미합니다. 이번 복습에서는 열(column) index도 입력하도록 하겠습니다.

마지막에는 작성된 dataframe을 출력해 보고, dataframe 내에 세 번째 데이터의 'code', 즉 'NAVER'의 'code'가 어떻게 되는지도 출력하겠습니다.

그럼 아래 코드와 비교해 가면서 제대로 되었는지 확인해 보겠습니다.

```python
import pandas as pd

kospi = [
    ['삼성전자', '005930'],
    ['SK하이닉스', '000660'],
    ['NAVER', '035420'],
    ['LG화학', '051910'],
    ['현대차', '005380']
]

col_index = ['name', 'code']

df = pd.DataFrame(kospi, columns = col_index)

print(df)
print(df['code'][2])
```

첫 번째 줄에는 우리가 사용할 pandas를 불러오는 부분으로 반드시 import 해야 사용이 가능합니다. pandas를 import 하지 않으면 에러가 발생하니 주의하세요. 세 번째 줄부터는 'kospi'라는 배열을 선언하면서 필요한 데이터를 할당하고 있습니다. 열한 번째 줄은 우리가 사용할 column index를 배열로 선언하고 있습니다. 열세 번째 줄에서는 우리가 지금까지 선언한 데이터들을 바탕으로 dataframe을 생성하고 있습니다. 이름은 'df'로 붙였습니다. pandas를 사용하기 위해 우리가 첫 번째 줄에서 'as'로 별명 붙인 'pd'를 가져오고, 'pd'의 기능을 활용해 dataframe을 선언했습니다. 괄호 안을 살펴보면 dataframe에 할당할 데이터로 'kospi' 배열을 넣었고, columns에는 'col_index' 배열을 넣었는데 이것이 column index를 세팅하는 방법입니다. 열다섯 번째 줄에는 우리가 만든 'df'를 출력하고 있습니다. 마지막으로는 세 번째 행의 데이터, 즉 'NAVER'의 코드 값을 가져와 보겠습니다. 우리가 column의 index를 'col_index' 배열에 있는 값인 ['name', 'code']로 변경했기 때문에 'code'로 값을 접근할 수 있습니다. 그리고 행(row)에서는 세 번째 값에 접근해야 하므로 '2'를 사용했습니다. 자, 이제 실행해서 우리가 의도한 대로 결과를 출력했는지 확인해 보겠습니다.

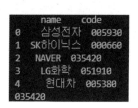

```
        name    code
0     삼성전자    005930
1   SK하이닉스    000660
2     NAVER    035420
3     LG화학    051910
4     현대차    005380
035420
```

우리가 dataframe으로 선언한 'df'가 표 형태로 출력되었고 'NAVER'의 code인 035420이 제대로 출력됐습니다.

## ▌ dataframe에 대해(iloc, loc의 사용)

지난번에 배운 부분을 보면 컴퓨터에서 자동으로 붙여 준 0, 1, 2, 3, ……의 숫자 index를 사용해서 데이터를 참조하고 접근했습니다. 그러나 방금 복습한 코드를 보면 column index를 우리가 지정한 특정 값으로 데이터를 접근해 사용하고 있습니다. 우리가 편하게 사용하기 위해서 특정한 이름을 붙여서 index를 변경해서 사용하고 있지만, 이미 index를 변경한 상태에서 데이터를 다루고 가져올 때 컴퓨터에서 자동으로 붙여 준 index도 아닌, 우리가 붙여 준 index도 아닌 값의 좌표(순서)를 통해 접근하고 싶을 때가 생길 수 있습니다. 이런 경우를 위해서 dataframe은 'iloc'이란 방법을 통해 순서대로 데이터에 접근할 수 있는 방법을 제공합니다. 'iloc'을 통해서 접근하는 방법은 다음과 같습니다.

```
df.iloc            [      2      ][      1      ]
df의 데이터를 순서를 통해 접근한다    3(2+1)행      2(1+1)열의 값을
```

'df'에 점을 찍은 뒤 'iloc'을 쓰고 우리가 이전에 접근했던 방식과 같이 데이터에 접근하면 됩니다. 다만 열, 행 순으로 입력했던 부분이 행, 열 순으로 바뀌는 부분에 대해서 주의하세요. 위에서 복습할 때 사용했던 코드를 활용해서 실습을 진행하겠습니다.

```
1    import pandas as pd
2
3    kospi = [
4        ['삼성전자', '005930'],
5        ['SK하이닉스', '000660'],
6        ['NAVER', '035420'],
7        ['LG화학', '051910'],
8        ['현대차', '005380']
9    ]
10
11   col_index = ['name', 'code']
12
13   df = pd.DataFrame(kospi, columns = col_index)
14
15   print(df)
16   print(df.iloc[2][1])
```

위에서 작성한 코드에서 열여섯 번째 줄만 바꿔보았습니다. "df.iloc[2][1]"이니 3행 2열의 값을 참조합니다. 우리가 사용하는 데이터는 코스피 배열에 있는 값이니 3행 2열의 내용을 보면 'NAVER'의 'code' 값임을 알 수 있습니다. 즉, 우리가 이전에 보았던 "df['code'][2]"와 같은 내용을 참조하게 됩니다. 한번 실행해서 결과를 살펴볼게요.

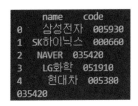

```
        name    code
0      삼성전자   005930
1    SK하이닉스   000660
2     NAVER   035420
3      LG화학   051910
4       현대차   005380
035420
```

'NAVER'의 code가 제대로 출력되었습니다. 'iloc' 이외에도 'loc'이 있습니다. 'loc'은 익숙하게 봐 왔던 우리가 붙여 준 index를 통해서 데이터를 참조하는 방식입니다. 사용법은 아래에서 확인해 보세요.

```
df.loc            [    2    ][    'code'    ]
```
df의 데이터를 index를 통해 접근한다    '2' 행 index와 'code' 열 index의  값을

또한 'iloc'과 'loc'은 하나의 값뿐만 아니라 행 전체의 값을 가져
오는 것 또한 가능합니다.

```
1   import pandas as pd
2
3   kospi = [
4       ['삼성전자', '005930'],
5       ['SK하이닉스', '000660'],
6       ['NAVER', '035420'],
7       ['LG화학', '051910'],
8       ['현대차', '005380']
9   ]
10
11  col_index = ['name', 'code']
12
13  df = pd.DataFrame(kospi, columns = col_index)
14  row_picked = df.iloc[3]
15
16  print(row_picked)
17  print(row_picked['name'])
```

이번 실습에서도 지금까지 사용했던 데이터를 그대로 사용했
습니다. 열네 번째 줄부터 바뀐 부분이 보입니다. 'row_picked'
라는 변수를 새로 생성하고 값을 할당했는데 할당한 값이, 지난
'iloc' 실습 때와 달리 한 개의 값만 참조하고 있습니다. 원래는 행
(row), 열(column) 값을 모두 지정했지만, 이번 코드에서는 행(row)
의 값 만을 지정하고 있습니다. 즉, 4행의 값인 ['LG화학', '051910']

PART 4 이과생의 주식 투자

이 'row_picked'에 할당될 겁니다. 열여섯 번째 줄이 실행될 때
'row_picked'가 어떤 값으로 할당됐는지 알아볼 수 있겠죠? 마지
막 줄인 열일곱 번째 줄에서는 'row_picked' 변수 내에서 'name'
column에 해당하는 값을 가져와 출력하도록 실행하고 있습니다.
저렇게 새로 생성된 'row_picked'는 한 행(row)을 가지고 있으며
열(column) index를 통해 특정 값에 접근 가능합니다. 실행해서 결
과를 살펴보겠습니다.

```
name       LG화학
code       051910
Name: 3, dtype: object
LG화학
```

'row_picked' 변수에 4행이 참조된 값이 들어갔기 때문에
'name'은 'LG화학', 'code'는 '051910'이 출력되었습니다. 맨 마지막
줄에는 'row_picked' 값 중 'name'을 참조했기 때문에 'LG화학'이
출력됐습니다.

이번 장에서는 dataframe을 'loc', 'iloc'을 통해 좀더 쉽게 접근하
는 방법에 대해 알아보았습니다. 데이터를 자유자재로 쉽게 가져
오는 것은 매우 중요합니다. 왜냐하면 우리는 코스피, 코스닥 합쳐
서 약 2,500 종목 정도의 데이터들을 가져오고 분석하면서 원하는
결과를 뽑아내야 하기 때문입니다. 특히 'iloc'을 통해서 우리는 약
2,500 종목을 순회하면서 데이터를 확인할 수 있으므로 중요하게
사용됩니다. 다음 장에서는 엑셀로부터 데이터를 가져와 행, 열을

추가하는 방법에 대해 배워보겠습니다.

## 6) excel ❶

### dataframe의 복습(loc, iloc)

앞에서 우리는 dataframe을 'loc', 'iloc'을 통해 쉽게 접근하는 방법에 대해 알아보았습니다. 이번 장에서는 여러분에게 친숙한 엑셀데이터를 다루는 것입니다.

|  | close | open | high | low |
|---|---|---|---|---|
| 2021.03.26 | 495,000 | 488,000 | 495,000 | 486,000 |
| 2021.03.25 | 485,000 | 490,000 | 491,000 | 482,000 |
| 2021.03.24 | 492,000 | 486,500 | 492,000 | 482,000 |
| 2021.03.23 | 490,500 | 496,000 | 503,000 | 485,500 |
| 2021.03.22 | 494,000 | 493,000 | 496,500 | 488,000 |

위의 표는 '카카오'의 시세를 특정일로 잘라 가져온 것입니다. 위의 표를 보고 우선 dataframe으로 데이터를 집어넣는 코드를 작성해 보겠습니다. 맨 위에 줄 (close, open······)은 column index로 세팅하고 맨 왼쪽 열인 날짜는 row index로 세팅해 보도록 하겠습니다.

dataframe을 생성해 데이터를 제대로 넣었다면 그 이후에는 'loc'을 통해 '2021.03.23'의 시가(open)를 가져와 출력해 보겠습니다. 마지막으로는 'iloc'을 통해 일자마다 종가(close) 데이터를 순차적으로 가져와 출력해 보겠습니다. 구현 방법에는 여러 가지가 있지만 제가 쓴 방법을 살펴보면서 복습하는 시간을 가져보겠습니다.

```python
1    import pandas as pd
2
3    kakao = [
4        [495000,488000,495000,486000],
5        [485000,490000,491000,482000],
6        [492000,486000,492000,482000],
7        [490500,496000,503000,485500],
8        [494000,493000,496500,488000],
9    ]
10
11   date = ['2021.03.26','2021.03.25','2021.03.24','2021.03.23','2021.03.22']
12   col_index = ['close','open','high','low']
13
14
15   df = pd.DataFrame(kakao, index = date, columns = col_index)
16   print(df.loc['2021.03.23']['open'])
17   for i in range(len(df)):
18       print(df.iloc[i][0])
```

한 줄씩 코드를 설명해 가면서 천천히 복습하겠습니다. 우선 첫 번째 줄은 pandas를 가져오는 것부터 실행해야 합니다. 아래의 코드들은 pandas를 'pd'로 축약해 사용 가능합니다. 세 번째 줄부터는 'kakao'라는 변수에 우리가 원하는 데이터값을 넣고 있습니다. 배열이 이중으로 사용된 2차원 배열을 생성했습니다. 열한 번째 줄과 열두 번째 줄에는 행(row) index와 열(column) index로 사용될 값들을 'date', 'col_index' 배열 변수에 넣고 있습니다. 열다섯 번째 줄에서는 이렇게 준비된 데이터값, 행 index, 열 index 값들을 가지고 dataframe을 생성하고 있습니다. 열여섯 번째 줄에서는 'loc'을 활용해서 '2021.03.23', 'open'에 해당하는 값을 출력하고 있습니다. 열일곱~열여덟 번째 줄은 'for'를 활용한 순차적 출력을 실행하고 있습니다. 혹시 새로운 것이 보이나요? 바로 'len(df)'입니다. 'len'은 배열이나, dataframe 등의 길이를 가져올 수 있는 함수입니다. 사용 방법은 아래와 같습니다.

| len( | df | ) |
|------|-----|---|
| 길이를 가져와라 | dataframe이나 배열의 | |

'len'안에 dataframe이 있는 경우는 행의 길이를 가져올 수 있습니다. 즉, 지금 예시의 경우에는 5행으로 구성되어 있으니 5를 가져오게 됩니다. 'range'는 안에 있는 숫자만큼의 배열을 자동으로 생성해 줍니다. 결과적으로 'range(len(df))'는 [0,1,2,3,4]가 됩니다. 'i'의 값이 0, 1, 2, 3, 4로 변화되면서 'for'문 안에 있는 코드들이 실행됩니다. 첫 번째 반복에는 'print(df.iloc[0][0])'이, 두 번째 반복에는 'print(df.iloc[1][0])'이, 세 번째 반복에는 'print(df.iloc[2][0])'이 ······ 이렇게 실행됩니다. 'iloc'은 순서를 통해 dataframe의 값에 접근할 수 있게 돕기 때문에 1행 1열의 값, 2행 1열의 값, 3행 1열의 값을 순차적으로 가져와 출력합니다. 자, 이제 코드를 실행시켜 결과를 출력해 보겠습니다.

```
PS C:\jukopark\letter14> python .\table.py
496000
495000
485000
492000
490500
494000
PS C:\jukopark\letter14>
```

첫 번째는 496,000이 출력되었고, 3월 23일의 시가도 제대로 출력되었습니다. 그다음부터는 종가(1열의 값)를 일자 순서대로 출력했습니다.

## ▎pandas(엑셀에서 데이터 가져오기)

지난번에 언급한 것처럼 이번에는 엑셀에서 데이터를 가져오는 방법에 대해 알아보겠습니다. 위에서 사용했던 데이터로 엑셀을 만들어 보겠습니다. 아래와 같이 만들어 작성할 코드와 같은 폴더에 넣으면 됩니다.

| | A | B | C | D | E |
|---|---|---|---|---|---|
| 1 | date | close | open | high | low |
| 2 | 2021.03.26 | 495,000 | 488,000 | 495,000 | 486,000 |
| 3 | 2021.03.25 | 485,000 | 490,000 | 491,000 | 482,000 |
| 4 | 2021.03.24 | 492,000 | 486,500 | 492,000 | 482,000 |
| 5 | 2021.03.23 | 490,500 | 496,000 | 503,000 | 485,500 |
| 6 | 2021.03.22 | 494,000 | 493,000 | 496,500 | 488,000 |

저는 'excel_data.xlsx'이라는 파일명으로 데이터를 저장했습니다. 이제 데이터를 가져오는 코드를 작성해야 하는데, 놀랍게도 지금까지 작성한 코드보다 훨씬 간단합니다. 아래와 같이 코드를 작

성해 주세요.

```
1   import pandas as pd
2
3   df = pd.read_excel('excel_data.xlsx')
4   print(df)
```

세 번째 줄을 해석해 보겠습니다. 'pd' 즉 'pandas'는 'read_excel'이라는 기능을 제공하고 있는데 사용 방법은 우리가 'data frame'에 사용했던 것과 같이 '.'를 찍고 사용하면 됩니다. 'data frame' 이후 괄호 안에 우리는 배열 데이터를 입력했었는데, 'read_excel'은 가져오고 싶은 엑셀 파일 경로를 입력하면 됩니다. 현재는 엑셀 데이터가 위치한 폴더와 작성하고 있는 코드 파일의 폴더 위치가 같으므로 엑셀 파일명만 입력하면 됩니다. 이렇게 되면 'df' 변수에는 'excel_data.xlsx' 파일로부터 가져온 데이터가 들어가게 되고, 네 번째 줄에서 이 'df'를 출력하면서 프로그램이 끝나게 됩니다. 이제 코드가 제대로 동작하는지 실행시켜 보겠습니다.

```
PS C:\jukopark\letter14> python .\get_excel_data.py
Traceback (most recent call last):
  File ".\get_excel_data.py", line 3, in <module>
    df = pd.read_excel('excel_data.xlsx')
  File "C:\Users\park\Anaconda3\lib\site-packages\pandas\util\_decorators.py", line 296, in wrapper
    return func(*args, **kwargs)
  File "C:\Users\park\Anaconda3\lib\site-packages\pandas\io\excel\_base.py", line 304, in read_excel
    io = ExcelFile(io, engine=engine)
  File "C:\Users\park\Anaconda3\lib\site-packages\pandas\io\excel\_base.py", line 867, in __init__
    self._reader = self._engines[engine](self._io)
  File "C:\Users\park\Anaconda3\lib\site-packages\pandas\io\excel\_xlrd.py", line 21, in __init__
    import_optional_dependency("xlrd", extra=err_msg)
  File "C:\Users\park\Anaconda3\lib\site-packages\pandas\compat\_optional.py", line 110, in import_optional_dependency
    raise ImportError(msg) from None
ImportError: Missing optional dependency 'xlrd'. Install xlrd >= 1.0.0 for Excel support Use pip or conda to install xlrd.
PS C:\jukopark\letter14>
```

이번엔 실행이 제대로 되지 않고 에러가 발생했습니다. 에러 메시지의 마지막 줄을 읽어보니 다음과 같은 메시지가 출력되었습니다. "Missingdependency'xlrd'. Installxlrd>=1.0.0forExcelsupportUsepiporcondatoinstallxlrd." 'xlrd'라는 패키지가 설치되지 않았기 때문에 실행이 되지 않았습니다. 우리가 배운 'pip'를 통해 'xlrd'를 추가로 설치하겠습니다.

```
PS C:\jukopark\letter14> pip install xlrd==1.2.0
Collecting xlrd==1.2.0
  Using cached xlrd-1.2.0-py2.py3-none-any.whl (103 kB)
Installing collected packages: xlrd
Successfully installed xlrd-1.2.0
PS C:\jukopark\letter14>
```

설치가 완료되었다면 다시 실행시켜보겠습니다.

```
PS C:\jukopark\letter14> python .\get_excel_data.py
        date   close   open    high    low
0   2021.03.26  495000  488000  495000  486000
1   2021.03.25  485000  490000  491000  482000
2   2021.03.24  492000  486500  492000  482000
3   2021.03.23  490500  496000  503000  485500
4   2021.03.22  494000  493000  496500  488000
PS C:\jukopark\letter14>
```

제대로 실행됐습니다. 'df' 변수에 데이터가 제대로 들어간 모습을 확인할 수 있습니다.

우리는 앞으로 엑셀 데이터를 가져오고, 변경하고, 저장하는 행위를 통해 종목들을 분석하고 알고리즘을 통한 종목 발굴을 진행할 예정입니다. 다음 장에서는 가져온 엑셀 데이터를 변경하고 다시 엑셀로 저장하는 방법에 대해 다뤄보겠습니다.

## 7) excel ❷

**| dataframe의 복습(excel 데이터 가져오기)**

|  | close | open | high | low |
|---|---|---|---|---|
| 2021.04.05 | 4,250 | 4,215 | 4,305 | 4,205 |
| 2021.04.02 | 4,285 | 4,205 | 4,325 | 4,205 |
| 2021.04.01 | 4,195 | 4,195 | 4,270 | 4,100 |
| 2021.03.31 | 4,195 | 4,450 | 4,470 | 4,170 |
| 2021.03.30 | 4,420 | 4,180 | 5,340 | 4,165 |

지난번에 진행했던 엑셀 데이터 가져오기부터 복습하겠습니다. 엑셀 데이터를 위해 엑셀을 하나 만들겠습니다. 그리고 아래와 같은 데이터를 입력하고 저장해 보겠습니다.

위의 자료는 코스닥 상장사인 '에코캡'의 시세 데이터입니다. 데이터를 입력하고 저장했다면, 이제는 코드를 작성하겠습니다. 아래 내용을 따라 하기 전에 직접 코드를 작성해 보세요. 아래 예시 코드를 확인한 후 작성한 코드와 비교해 보세요.

```
1   import pandas as pd
2
3   df = pd.read_excel('excel_data.xlsx')
4   for i in range(len(df)):
5       print(df.iloc[i][2])
```

지난번에 작성한 내용과 매우 유사합니다. 사실 데이터를 가져오는 부분은 바꿀 내용이 없어서 아주 쉽게 적용할 수 있었습니다. 세 번째 줄을 보면 'pd' 즉 'pandas'에 있는 기능인 'read_excel'

을 사용해서 excel에 있는 데이터를 가져왔습니다. 'read_excel' 안에는 엑셀 파일명을 입력하면 됩니다. 네 번째 줄부터는 종가를 한 줄씩 출력하는 'for'문의 시작입니다. 'for'문의 'in' 이후 부분을 보면 'range(len(df))'가 있습니다. 'range'는 안에 있는 숫자만큼의 배열을 자동으로 생성하는 역할을 합니다. 'len'은 배열의 개수나 dataframe의 행(row)의 개수를 계산하는 기능을 하고 있습니다. 즉, 해석해 보면 'df'의 행 개수만큼의 배열이 생성된 것을 알 수 있습니다. 결국 'df'가 5행으로 이루어져 있으니 [0,1,2,3,4] 배열이 생기게 되는 것입니다. 'i' 변수의 배열에 있는 숫자가 순서대로 대입되면서 'for'문 안에 있는 코드가 반복 실행됩니다. 'for'문 안도 살펴보겠습니다. 'iloc'은 위치를 참조해서 값을 가져오니 'df'의 2열 즉, 'close' 열에 있는 값들을 순차적으로 가져오게 될 겁니다. 이제 실행해서 결과를 확인해 보겠습니다.

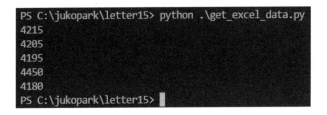

```
PS C:\jukopark\letter15> python .\get_excel_data.py
4215
4205
4195
4450
4180
PS C:\jukopark\letter15>
```

종가가 5줄로 제대로 출력이 되었습니다.

## ▎dataframe에 대해(엑셀 활용법)

엑셀에서 데이터를 제대로 가져왔다면 데이터를 변형해서 다시 엑셀로 저장하는 것도 알아보겠습니다. 방금 작성했던 엑셀 데이터를 그대로 활용해서 실습을 진행해 보겠습니다. 새로운 파이썬 프로그램 파일을 생성하고 방금 전 복습했던 코드에서 엑셀 데이터를 불러오는 코드까지를 재사용하겠습니다. 이렇게 하면 'df'라는 변수에 엑셀 파일로부터 불러온 데이터가 저장됩니다. 우리는 이제 당일 등락을 계산해서 열로 추가하는 코드를 작성해 보겠습니다. 다음과 같은 순서로 코드 작성을 진행할 예정입니다.

1. 엑셀로부터 데이터를 읽어와 dataframe 생성
2. 'gap'이라는 빈 배열 생성
3. 'for'문을 통해 dataframe을 행으로 순회하면서 종가와 시가의 차이를 계산하여 'gap' 배열에 값으로 추가
4. 'gap' 배열에 있는 값을 dataframe에 열로 추가
5. dataframe 값을 엑셀로 저장

순서대로 진행해 보겠습니다. 1번은 방금 한 실습을 활용하여 쉽게 작성할 수 있습니다. 2번에서는 빈 배열을 생성합니다. 3번은 우리가 복습에서 한 내용이니 어렵지 않습니다. 다만 배열에서 값을 추가하는 것이 필요한데, 다음과 같은 방법을 통해 할 수 있습니다.

```
gap.append(            "4,500"              )
'gap' 배열의 뒤에       "4,500"을 추가하라
```

선언된 배열에 '.append'를 하고 추가할 데이터를 입력해 주면
되는데 이렇게 하면 배열의 뒷부분에 해당 데이터가 들어가게 됩니
다. 결과적으로 수행이 끝나면 'gap' 배열에는 우리가 열(column)로
추가할 결과값이 계산되어 들어가 있을 겁니다. 4번에서 이 'gap'
배열에 있는 값을 dataframe에 열('column')로 추가해야 하는데, 열
('column')의 추가는 아래와 같은 방법으로 할 수 있습니다.

```
df[            'gap'              ]              =   gap
'df' dataframe에  'gap' 열 (column  index)을 추가하고       'gap' 배열
데이터를 넣어라
```

'df' 이후 대괄호 안에는 추가하고 싶은 열의 이름을 붙이면 됩니
다. 문자열(string)을 넣어야 하므로 반드시 따옴표를 사용하세요.
그리고 배열을 넣으면 완성입니다. 이렇게 되면 'gap'이라는 index
를 가진 열(column)이 추가되고 그 열(column)에는 gap 배열의 값이
들어가 있게 됩니다. 마지막 5번은 이렇게 변형된 'df' dataframe을
엑셀로 저장하는 내용입니다. dataframe의 엑셀 저장도 매우 쉽게
가능합니다. 아랫부분을 참조해 주세요.

```
df.to_excel(            'excel_data_new.xlsx'         )
'df를 엑셀로 저장하라      엑셀 파일의 이름은 'excel_data new xlsx'로   하여
```

'df'에 '.to_excel'을 붙인 뒤 괄호 내에 생성되기를 원하는 엑셀 파일명을 입력하면 됩니다. 작성된 예시를 통해 코드로 어떻게 적용되는지 확인해 보겠습니다.

```python
1   import pandas as pd
2
3   df = pd.read_excel('excel_data.xlsx')
4   gap = []
5   for i in range(len(df)):
6       gap.append(df.loc[i][1] - df.loc[i][2])
7   df['gap'] = gap
8   print(df)
9   df.to_excel('excel_data_new.xlsx')
```

첫 번째 줄은 지금까지 예시에서 자주 봤던 pandas를 사용하기 위해 불러오는 부분입니다. 세 번째 줄에서는 excel로부터 데이터를 불러오고 있습니다. 저는 엑셀 파일의 이름을 'excel_data.xlsx'로 정해서 저장했기 때문에 해당 파일의 이름이 들어간 코드가 작성되었습니다. 엑셀로부터 가져온 데이터를 'df' dataframe 변수에 넣는 것으로 세 번째 줄의 실행이 마무리됩니다. 네 번째 줄에서는 'gap'이라는 이름으로 비어 있는 배열을 생성했습니다. 다섯 번째 줄부터는 'for'문이 시작되고 있습니다. 'df'에 있는 행의 길이만큼 순회하게 됩니다. 여섯 번째에 있는 'for'문 내부 코드를 살펴보

겠습니다. 'gap' 배열에 데이터를 추가하고 있는데 2열에 있는 값과 3열에 있는 값을 뺀 결과값을 추가하고 있습니다. 2열에 있는 값은 종가(close), 3열에 있는 값은 시가(open)입니다. 그래서 결과적으로는 종가와 시가의 차이 값이 전체 행을 순회하면서 순차적으로 'gap' 배열의 데이터로 추가되었습니다. 일곱 번째 줄에서는 'df'에 'gap'이라는 이름의 열(column)을 추가하고 이 열(column)에 들어갈 데이터로 'gap' 변수의 데이터를 할당하고 있습니다. 여덟 번째 줄에서는 'df'에 열(column)이 제대로 추가됐는지 확인하기 위해 출력하고 있습니다. 마지막 아홉 번째 줄에는 'df'에 있는 데이터를 엑셀로 저장하는 코드가 작성되었습니다. 새로 저장하는 엑셀 파일의 이름은 'excel_data_new_xlsx'로 정했습니다. 자, 이제 코드를 실행해 결과를 살펴볼게요.

```
PS C:\jukopark\letter15> python .\create_excel_data.py
        date  close  open  high   low  gap
0  2021.04.05   4250  4215  4305  4205   35
1  2021.04.02   4285  4205  4325  4205   80
2  2021.04.01   4195  4195  4270  4100    0
3  2021.03.31   4195  4450  4470  4170  -255
4  2021.03.30   4420  4180  5340  4165  240
PS C:\jukopark\letter15>
```

　여덟 번째 줄에서 변경된 'df'를 출력하는 코드가 삽입되어 있어 출력이 제대로 이뤄졌습니다. 살펴보니 기존에 있던 5개 열 뒤에 'gap' 열이 제대로 추가되었고 데이터도 계산되어 제대로 들어가 있습니다.

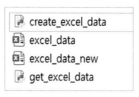

코드의 실행 결과로 코드가 실행된 폴더를 살펴보면 새로 생성되어 있는 엑셀 파일을 확인할 수 있습니다. 아홉 번째 줄의 코드가 실행되면서 'excel_data_new.xlsx' 파일이 새로 생성된 것인데 'excel_data_new.xlsx' 파일을 열어서 내용을 확인해 보겠습니다.

| ◢ | A | B | C | D | E | F | G |
|---|---|---|---|---|---|---|---|
| 1 | | date | close | open | high | low | gap |
| 2 | 0 | 2021.04.0⁵ | 4250 | 4215 | 4305 | 4205 | 35 |
| 3 | 1 | 2021.04.0² | 4285 | 4205 | 4325 | 4205 | 80 |
| 4 | 2 | 2021.04.01 | 4195 | 4195 | 4270 | 4100 | 0 |
| 5 | 3 | 2021.03.31 | 4195 | 4450 | 4470 | 4170 | -255 |
| 6 | 4 | 2021.03.3( | 4420 | 4180 | 5340 | 4165 | 240 |

'df'에 있는 데이터가 excel로 저장되어 있는 모습이 보입니다.

이번에도 파이썬 pandas의 도움을 받아 엑셀을 통해 데이터를 다루고 저장하는 방법에 대해 알아보았습니다. 우리가 지금까지 연습한 방법으로 엑셀 파일에서 특정 위치의 문자를 추가하거나 빼거나, 여러 가지 조건값을 활용할 수도 있습니다.

# 데이터 가져오기

●

## 1) 종목 데이터 가져오기 ❶

### ▌ dataframe의 복습(엑셀 활용법)

우리는 앞에서 엑셀을 통해 불러온 데이터를 가공해서 다시 엑셀로 저장하는 방법에 대해 실습해 보았습니다. Vscode를 실행시키고, 파이썬 파일을 하나 만들어 주세요. 그리고 우리가 가져올 데이터를 위해 엑셀 파일을 다음과 같이 작성해 주세요.

| | A | B | C | D | E |
|---|---|---|---|---|---|
| 1 | date | close | open | high | low |
| 2 | 2021.04.21 | 48,150 | 48,850 | 49,100 | 48,100 |
| 3 | 2021.04.20 | 48,700 | 49,150 | 49,750 | 48,700 |
| 4 | 2021.04.19 | 48,700 | 49,550 | 50,100 | 48,600 |
| 5 | 2021.04.16 | 49,500 | 49,900 | 51,400 | 49,500 |

위는 코스피 상장사인 삼성출판사의 특정 일자 시세 데이터입니다. 이 데이터를 바탕으로 작성한 파일을 저장하고 이제는 데이터를 가져오는 코드, 데이터를 추가하는 코드를 작성해 보겠습니다. 엑셀 데이터를 가져와 dataframe 형식으로 변수에 넣은 뒤 'color' 열(column)을 추가해 보겠습니다. 'color' 열(column)에는 당일 차트 상 양봉이 발생했는지 음봉이 발생했는지에 따라서 'red'나 'blue'를 입력하겠습니다. 이렇게 column을 추가한 결과를 새로운 엑셀 파일에 저장하는 것까지 복습했습니다.

```
1   import pandas as pd
2
3   df = pd.read_excel('excel_data.xlsx')
4   color = []
5   for i in range(len(df)):
6       if df.iloc[i][1] > df.iloc[i][2] :
7           color.append("red")
8       else :
9           color.append("blue")
10  df['color'] = color
11  print(df)
12  df.to_excel('excel_data_new.xlsx')
```

코드를 해석해 보겠습니다. 첫 번째 줄에는 언제나처럼 'pandas'를 불러오고 있습니다. 세 번째 줄은 우리가 작성한 엑셀로부터 데이터를 불러와 'df'라는 변수에 넣습니다. 네 번째 줄에는 추가될 column에 들어갈 데이터를 넣기 위한 'color' 배열 변수를 선언했습니다. 다섯 번째 줄부터는 'for'문이 시작되고 있습니다. 'range'는 괄호 안에 숫자만큼의 배열을 자동으로 생성합니다. 'len'은 괄호 안에 dataframe이나 배열의 길이(행의 수)를 숫자로 반환해 줍니다. 지금 예시는 dataframe에 엑셀에서 불러온 5행짜리 데이터가 들어갈 예정이기 때문에 'len(df)'은 '5'가 됩니다. 'range(5)'는 [0,1,2,3,4] 배열과 같죠. 결과적으로 'for'문은 5번 반복 실행되면서 'i'의 값이 0, 1, 2, 3, 4 순서대로 할당되어 실행됩니다. 'for'문 안을 살펴보겠습니다. 'for'문 안에는 'if'문이 자리 잡고 있습니다. 'if'문의 조건을 보니 'df.iloc'을 통해 dataframe에 있는 값에 접근하고 있는데, [i][1] 즉 i+1행 2열과, [i][2] i+1행 3열의 값을 비교하고 있습니다. 우리가 엑셀에서 가져온 데이터를 살펴보면 2열에는 종가, 3열에는 시가가 들어가 있습니다. 즉, if문은 '종가〉시가' 여부를 각 행마다 체크하고 있는 것입니다. 만약 '종가〉시가'가 참(true)이라면 일곱 번째 줄이 실행되고 거짓(false)이라면 아홉 번째 줄이 실행됩니다. 일곱 번째 줄을 살펴보면 'color' 배열 변수에 '.append'를 사용함으로써 배열 맨 뒤에 해당 값을 넣었습니다. 일곱 번째 줄에서는 배열 맨 뒤에 "red"를 넣고 아홉 번째 줄에서는 배열 맨 뒤에 "blue"를 넣어 결과적으로 종가가 시가보다 높으면 "red"가, 종가가 시가보다 낮으면 "blue"가 들어갑니다. 열 번째 줄에서는 이렇게 새로운 값이 들어간 'color' 배열의 값을 'df'의 'color' 열(column)에 추가하여 넣었습니다. 열한 번째 줄에는 우리가 변경한 'df' 변수를 출력해 확인하고 있습니다. 마지막 열두 번째 줄에서는 이렇게 변경한 'df' 변수에 있는 값을 엑셀 파일로 저장했습니다. 엑셀 파일의 이름은 'excel_data_new.xlsx'로 정했습니다. 그럼 우리가 작성한 프로그램이 제대로 작동하는지 실행시켜 결과를 확인해 보겠습니다.

```
PS C:\jukopark\letter17> python .\create_excel_data.py
        date   close   open   high    low color
0  2021.04.21  48150  48850  49100  48100  blue
1  2021.04.20  48700  49150  49750  48700  blue
2  2021.04.19  48700  49550  50100  48600  blue
3  2021.04.16  49500  49900  51400  49500  blue
4  2021.04.15  49650  50700  51400  49400  blue
PS C:\jukopark\letter17>
```

위와 같이 출력 결과가 나오고 파일이 생성되었습니다. 파일은 잠시 두고 출력된 결과를 먼저 보겠습니다. 'data' 열부터 'low' 열까지는 우리가 엑셀에서 받아온 데이터가 잘 들어갔습니다. 맨 뒤에 'color' 열이 추가된 것이 보입니다. 값들로는 5행 모두 'blue'로 들어가 있습니다. 그렇다면 이것은 삼성출판사가 5일 연속으로 음봉이라는 뜻이 됩니다. 뒷장의 차트를 봐도 새파랗게 연속 5일 음봉을 보여주고 있습니다.

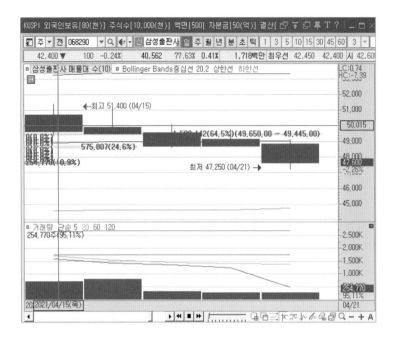

마지막으로 새로 생성한 엑셀에 데이터가 잘 저장되어 있는지 살펴보는 것으로 복습을 마무리하겠습니다.

| | A | B | C | D | E | F | G |
|---|---|---|---|---|---|---|---|
| 1 | | date | close | open | high | low | color |
| 2 | 0 | 2021.04.21 | 48150 | 48850 | 49100 | 48100 | blue |
| 3 | 1 | 2021.04.20 | 48700 | 49150 | 49750 | 48700 | blue |
| 4 | 2 | 2021.04.19 | 48700 | 49550 | 50100 | 48600 | blue |
| 5 | 3 | 2021.04.16 | 49500 | 49900 | 51400 | 49500 | blue |
| 6 | 4 | 2021.04.15 | 49650 | 50700 | 51400 | 49400 | blue |

## ▌종목 가져오기

이제 인터넷에서 데이터를 가져오는 실습을 진행하겠습니다. 우리가 시작할 주식 분석의 근간이 되는 종목 리스트와 종목 코드를 먼저 가져오겠습니다. KRX 한국거래소의 데이터를 활용해서 우리는 이 데이터를 dataframe의 형태로 가져오려고 합니다. 우리가 데이터를 가져올 위치인 KRX의 url은 아래와 같습니다.

'http://kind.krx.co.kr/corpgeneral/corpList.do?method=download&searchType=13&marketType=stockMkt'

인터넷에서 데이터를 가져오려면 url도 필요하지만 pandas의 도움이 필요합니다. 우리가 계속 사용하고 있는 pandas에서는 인터넷에서 표 형태로 되어 있는 데이터를 가져와 dataframe 형태로 저장할 수 있도록 지원하고 있습니다. 사용 방법은 아래와 같습니다.

```
pd.read_html( url )
```

괄호 안에 원하는 url을 넣으면 간단하게 실행됩니다. 그럼 코드로 작성해서 알아보겠습니다.

```
1  import pandas as pd
2
3  code_list = pd.read_html(
4      'http://kind.krx.co.kr/corpgeneral/corpList.do?method=download&
        searchType=13&marketType=stockMkt')[0]
5  print(code_list)
```

'pd.read_html'의 안에 위에서 언급한 url을 넣었습니다. 줄 바

꿈된 것은 신경 쓰지 마세요. 저는 보기 좋게 하려고 줄 바꿈을 했
는데 여러분은 한 줄로 길게 사용해도 좋습니다. 설명한 것과 달
리 네 번째 줄 맨 뒷부분에 '[0]'이 붙어 있는 것을 확인할 수 있습니
다. KRX에서 제공하는 데이터의 형상이 배열 형태라서 특정 부분
을 더 지칭해야 데이터를 가져올 수 있기 때문에 붙은 것입니다. 그
러면 이제 코드를 실행시켜 주식 목록을 제대로 가져오는지 확인해
보겠습니다.

```
PS C:\jukopark\letter17> python .\get_codelist.py
                회사명    종목코드  ...                        홈페이지         지역
0            DRB동일    4840  ...          http://drbworld.com  부산광역시
1             DSR  155660  ...              http://www.dsr.com  부산광역시
2            GS글로벌    1250  ...          http://www.gsgcorp.com  서울특별시
3        HDC현대산업개발  294870  ...          http://www.hdc-dvp.com  서울특별시
4             KEC   92220  ...          http://www.kec.co.kr  서울특별시
..              ...     ...  ...                        ...          ...
812  현대코퍼레이션홀딩스  227840  ...  http://www.hyundaicorpholdings.com  서울특별시
813            화신   10690  ...          http://www.hwashin.co.kr  경상북도
814           휴켐스   69260  ...          http://www.huchems.com  서울특별시
815          흥국화재     540  ...          http://www.insurance.co.kr  서울특별시
816          흥아해운    3280  ...          http://www.heung-a.com  서울특별시

[817 rows x 9 columns]
PS C:\jukopark\letter17>
```

실행해 보니 위와 같은 결과가 나왔습니다. 약간 어지럽게 나와
있는데, 열(column)이 많아서 줄 바꿈이 이루어지다 보니 보기에 복
잡한 것 같습니다. 우리가 익힌 엑셀 저장을 통해서 살펴보면 쉽게
볼 수 있습니다. 코드를 추가해서 받아온 데이터를 엑셀로 변환시
켜 저장해 보겠습니다.

```
1   import pandas as pd
2
3   code_list = pd.read_html(
4       'http://kind.krx.co.kr/corpgeneral/corpList.do?method=download&
        searchType=13&marketType=stockMkt')[0]
5   print(code_list)
6   code_list.to_excel('code_list.xlsx')
```

마지막 여섯 번째 줄에 엑셀로 저장하는 코드를 삽입하고 실행
시켰더니, 폴더 내에 엑셀 파일이 새로 생성되었고, 엑셀 파일의 이
름은 'code_list.xlsx'로 저장되었습니다. 엑셀 파일을 열어서 살펴
보겠습니다.

| | A | B | C | D | E | F | G | H | I | J |
|---|---|---|---|---|---|---|---|---|---|---|
| 1 | | 회사명 | 종목코드 | 업종 | 주요제품 | 상장일 | 결산월 | 대표자명 | 홈페이지 | 지역 |
| 2 | 0 | DRB동일 | 4840 | 고무제품 제조업 | 고무벨트(V벨트,콘 | 1976-05-21 | 12월 | 류영식 | http://drbworld.cor | 부산광역시 |
| 3 | 1 | DSR | 155660 | 1차 비철금속 제조 | 합성섬유로프 | 2013-05-15 | 12월 | 홍석빈 | http://www.dsr.con | 부산광역시 |
| 4 | 2 | GS글로벌 | 1250 | 상품 종합 도매업 | 수출입업(시멘트,철 | 1976-06-26 | 12월 | 김태형 | http://www.gsgcor | 서울특별시 |
| 5 | 3 | HDC현대산업개발 | 294870 | 건물 건설업 | 외주주택, 자체공사 | 2018-06-12 | 12월 | 권순호, 정경구 | http://www.hdc-dv | 서울특별시 |
| 6 | 4 | KEC | 92220 | 반도체 제조업 | 반도체 제조 | 2006-10-16 | 12월 | 박남규 김학남 | http://www.kec.co.l | 서울특별시 |
| 7 | 5 | KG동부제철 | 16380 | 1차 철강 제조업 | 철강재(냉연강판,아 | 1986-02-03 | 12월 | 박성희 | http://www.kgdon | 서울특별시 |
| 8 | 6 | KG케미칼 | 1390 | 기초 화학물질 제조 | 콘크리트혼화제, 비 | 1989-08-25 | 12월 | 곽정현, 김재익 | http://www.kgchen | 울산광역시 |
| 9 | 7 | KTis | 58860 | 기타 정보 서비스업 | 114전화번호안내, | 2010-12-17 | 12월 | 윤경근 | http://www.ktis.co.l | 서울특별시 |
| 10 | 8 | LG이노텍 | 11070 | 전자부품 제조업 | 기타 전자부품 제조 | 2008-07-24 | 12월 | 정철동 | http://www.lginnot | 서울특별시 |
| 11 | 9 | LG전자 | 66570 | 통신 및 방송 장비 | 이동통신단말기,C- | 2002-04-22 | 12월 | 권봉석, 배두용 | http://www.lge.co.k | 서울특별시 |
| 12 | 10 | LG헬로비전 | 37560 | 텔레비전 방송업 | 케이블TV, 인터넷서 | 2012-11-09 | 12월 | 송구영 | http://www.lghello | 서울특별시 |
| 13 | 11 | OCI | 10060 | 기초 화학물질 제조 | 타르제품,카본블랙, | 1985-07-09 | 12월 | 백우석, 이우현, 김 | http://www.oci.co.k | 서울특별시 |
| 14 | 12 | SK이노베이션 | 96770 | 석유 정제품 제조업 | 석유정제, 석유화학 | 2007-07-25 | 12월 | 김준 | http://www.SKinno | 서울특별시 |
| 15 | 13 | STX | 11810 | 상품 종합 도매업 | 에너지 원료(석탄,석 | 1990-09-12 | 12월 | 박상준 | http://www.stx.co.k | 경상남도 |
| 16 | 14 | WISCOM | 24070 | 플라스틱제품 제조 | 플라스틱제품(PVC | 1996-11-22 | 12월 | 구영일 | http://www.wiscom | 경기도 |
| 17 | 15 | 갤럭시아에스엠 | 11420 | 스포츠 서비스업 | 스포츠중계권,스포 | 1989-11-14 | 12월 | 이반석 | http://galaxiasme.c | 서울특별시 |
| 18 | 16 | 경농 | 2100 | 비료, 농약 및 살균 | 완제농약(입조약,입 | 1977-06-30 | 12월 | 이병만,이용진 | http://www.knco.c | 서울특별시 |
| 19 | 17 | 경동인베스트 | 12320 | 기타 금융업 | 지주회사 | 1997-03-07 | 12월 | 정승건 | http://www.kdinve | 경기도 |
| 20 | 18 | 국도화학 | 7690 | 기초 화학물질 제조 | 에폭시수지,폴리아 | 1989-08-05 | 12월 | 이시장, 허연진 | http://www.kukdo. | 서울특별시 |

제대로 저장되어 훨씬 보기가 편해졌습니다. 이렇게 가져온 종
목의 리스트는 회사명을 가져오거나 종목 코드를 가져와 여러 방
식으로 활용할 수 있습니다. 지금 가져온 데이터의 숫자가 804개가
되는데 이 리스트는 코스피 시장에 있는 데이터만을 가져온 것입니
다. 그럼 코스닥 시장에 있는 데이터도 가져오겠습니다. 코스닥 시
장의 데이터는 url만 살짝 변경하면 됩니다. 아래와 같은 url을 사

PART 4 이과생의 주식 투자

용해서 'pd.read_html'을 실행하면 되고, 변경할 url은 아래와 같습니다.

'http://kind.krx.co.kr/corpgeneral/corpList.do?method=download&searchType=13&marketType=**kosdaqMkt**'

맨 뒷부분이 기존에는 'stockMkt' 이었던 것이 'kosdaqMkt'로 변경되었습니다. 기존에 작성된 코드에서 url만 코스닥의 종목을 참조할 수 있도록 바꾸고, 저장되는 엑셀 파일명을 변경했습니다.

```
1  import pandas as pd
2
3  code_list = pd.read_html(
4      'http://kind.krx.co.kr/corpgeneral/corpList.do?method=download&
       searchType=13&marketType=kosdaqMkt')[0]
5  print(code_list)
6  code_list.to_excel('code_list_kosdaq.xlsx')
```

그럼 실행시켜서 저장되는 엑셀 파일을 살펴보겠습니다.

| | A | B | C | D | E | F | G | H | I | J |
|---|---|---|---|---|---|---|---|---|---|---|
| 1 | | 회사명 | 종목코드 | 업종 | 주요제품 | 상장일 | 결산월 | 대표자명 | 홈페이지 | 지역 |
| 2 | 0 | EDGC | 245620 | 자연과학 및 공학 연구 | 유전체 분석 진단 서비스 | 2018-06-26 | 12월 | 각자대표이사 신 | http://www | 인천광역시 |
| 3 | 1 | ES큐브 | 50120 | 생활용품 도매업 | 텐트, 원·부자재 | 2002-04-25 | 12월 | 신희민 | http://www | 서울특별시 |
| 4 | 2 | JW신약 | 67290 | 의약품 제조업 | 메니큐어세트, 손톱깎이 | 2003-02-11 | 12월 | 백승호 | http://www | 서울특별시 |
| 5 | 3 | KB오토시스 | 24120 | 자동차 신품 부품 제조 | 브레이크패드 | 1994-12-07 | 12월 | 김신완 | http://www | 충청남도 |
| 6 | 4 | KH바텍 | 60720 | 전자부품 제조업 | 휴대폰부품(SHIELD, BRACK | 2002-05-21 | 12월 | 남광희 | http://www | 경상북도 |
| 7 | 5 | UCI | 38340 | 일반 교습 학원 | 캐패시터 | 2001-11-22 | 12월 | 김병양 | http://www | 서울특별시 |
| 8 | 6 | YW | 51390 | 상품 종합 도매업 | 이동통신중계시스템, 데이트 | 2001-11-15 | 12월 | 우병일 | http://www | 경기도 |
| 9 | 7 | 강스템바이오텍 | 217730 | 기초 의약물질 및 생물 | 줄기세포치료제 | 2015-12-21 | 12월 | 나중천 | http://www | 서울특별시 |
| 10 | 8 | 경창산업 | 24910 | 자동차 신품 부품 제조 | 각종 케이블, 개폐햇지, 리지 | 1994-12-29 | 12월 | 손일호,이동현 | http://www | 대구광역시 |
| 11 | 9 | 교보9호스팩 | 331520 | 금융 지원 서비스업 | 기업인수합병 | 2019-10-29 | 12월 | 양규웅 | | 서울특별시 |
| 12 | 10 | 국순당 | 43650 | 알코올음료 제조업 | 탁주 및 약주 | 2000-08-24 | 12월 | 배상민 | http://www | 강원도 |
| 13 | 11 | 국일제지 | 78130 | 기타 종이 및 판지 제 | 특산업용 및 가정용 지류(강판 | 2004-10-22 | 12월 | 이용호, 최우식 | http://www | 경기도 |
| 14 | 12 | 그리티 | 204020 | 봉제의복 제조업 | 내의(원더브라, 플레이텍스, | 2018-07-23 | 12월 | 문영우 | http://www | 서울특별시 |
| 15 | 13 | 까스텔바작 | 308100 | 섬유, 의복, 신발 및 가 | 골프의류 및 골프잡화 | 2019-06-10 | 12월 | 최준호 | http://www | 서울특별시 |

데이터가 엑셀로 들어온 것이 확인됩니다. 코스닥의 종목 개수

가 1,495개인 것 또한 알 수 있습니다. 여러분이 코드를 실행해 볼 때에는 신규상장이나 상장폐지 등으로 종목 개수가 달라질 수 있습니다.

우리는 앞으로 이 데이터를 기본으로 해서 각각의 종목에 접근하고 데이터를 가져올 겁니다. 보통 '종목 코드'를 사용해서 여러 가지 데이터를 조회하는 기본 틀로 사용하니 유의해서 봐야 합니다. '회사명'은 바뀔 수 있지만 '종목 코드'는 상장폐지가 되지 않는 이상 바뀌지 않습니다. 대부분의 오류는 데이터가 바뀌어서 발생하기 때문에 이를 막기 위해 '종목 코드'를 사용해서 조회하고 접근하는 것입니다.

## 2) 종목 데이터 가져오기 ❷

### ▌종목 가져오기 복습

우선 앞에서 실습했던 코스피, 코스닥 종목을 불러오는 코드를 작성해 보겠습니다. 그리고 코스피, 코스닥 종목을 dataframe으로 불러와 엑셀로 저장하겠습니다. 이번에는 두 가지 리스트를 연달아 붙여 하나로 만들어서 저장하세요. dataframe에서는 두 가지 dataframe을 붙이는 아주 쉬운 방법을 제공하는데, 사용 방법은 다음과 같습니다.

| code_list_kospi.apppend( | code_list_kosdaq | ) |
|---|---|---|
| 'code_list_kospi' dataframe 뒤에 붙여라 | 'code_list_kosdaq'를 | |

코드 작성을 쉽게 할 수 있도록 코스피 종목 url과 코스닥 종목 url을 아래에 표기했습니다.

'http://kind.krx.co.kr/corpgeneral/corpList.do?method=download&searchType=13&marketType=stockMkt'

'http://kind.krx.co.kr/corpgeneral/corpList.do?method=download&searchType=13&marketType=kosdaqMkt'

자, 이제 스스로 코드를 작성하는 연습을 해 볼 시간입니다. 제대로 작성이 완료되었다면 아래 작성된 예시를 보면서 어떻게 구현하는 것이 더 좋은 방법인지도 생각해 보세요.

```
1   import pandas as pd
2
3   code_list_kospi = pd.read_html(
4       'http://kind.krx.co.kr/corpgeneral/corpList.do?method=download&
        searchType=13&marketType=stockMkt')[0]
5
6   code_list_kosdaq = pd.read_html(
7       'http://kind.krx.co.kr/corpgeneral/corpList.do?method=download&
        searchType=13&marketType=kosdaqMkt')[0]
8
9   code_list = code_list_kospi.append(code_list_kosdaq)
10
11  code_list.to_excel('code_list.xlsx')
```

코드를 해석해 보겠습니다. 세 번째 줄부터 살펴볼게요. 여기에서는 'pd(pandas)'의 'read_html' 기능을 사용해서 데이터를 가져오고 있습니다. url을 살펴보면 위에서 알려드린 url 중 코스피의 종목 리스트를 가져오는 url인 것을 알 수 있습니다. 이렇게 가져온데이터를 dataframe의 형태로 'code_list_kospi'라는 변수에 넣고 있습니다. 여섯 번째 줄은 세 번째 줄과 같은 코드입니다. 그러나 url이 다른 것을 알 수 있습니다. 살펴보니 코스닥의 종목 리스트를 가져오는 url입니다. 이렇게 가져온 종목 리스트를 'code_list_kosdaq' 변수에 넣고 있습니다. 아홉 번째 줄은 바로 dataframe에 또 다른 dataframe을 붙이는 방법으로, 'code_list_kospi' 변수에 '.append'를 사용하고 그 괄호 안에 'code_list_kosdaq'을 넣었습니다. 마지막으로 이렇게 두 개가 붙은 dataframe을 'code_list'라는 변수에 넣습니다. 결과를 특정 변수에 넣지 않고 단순히 붙이는 것만 실행하게 되면 무의미한 코드가 됩니다. 그 결과를 다른 데 저장하지 못했기 때문에 이후에 가져와 활용할 방법이 없습니다. 그러므로 아홉 번째 줄과 같이 결과를 항상 다른 변수에 저장해야만 정상 동작합니다. 마지막 열한 번째 줄에서는 최종적으로 두 가지 리스트가 붙어 있는 'code_list' 변수를 엑셀로 저장하고 있습니다. 이제 코드를 실행시켜 생성된 엑셀 파일이 제대로 결과를 담고 있는지 확인하겠습니다.

| | A | B | C | D | E | F | G | H | I | J |
|---|---|---|---|---|---|---|---|---|---|---|
| 2298 | 1486 | 프럼파스트 | 35200 플라스틱제품 제조업 | 주택건설용 플라스틱 | 2002-01-15 | 12월 | 원재희 | http://www.plumbfast.co.kr | 대전광역시 |
| 2299 | 1487 | 프레스티지바이오 | 334970 의약품 제조업 | 바이오시밀러 제조 | 2021-03-11 | 12월 | 양재열 | http://www.prestigenbiologics.com | 충청북도 |
| 2300 | 1488 | 플리토 | 300080 자료처리, 호스팅, 포털 및 언어 데이터 구축 및 핀 | 2019-07-17 | 12월 | 이정수 | http://www.flitto.com | 서울특별시 |
| 2301 | 1489 | 하림 | 136480 도축, 육류 가공 및 저장 처육계, 육계가공식품 | 2011-05-02 | 12월 | 김홍국, 박길연, 윤석춘(각자대표) | | 전라북도 |
| 2302 | 1490 | 하이트코리아 | 13030 1차 철강 제조업 | 관이음쇠 | 1989-12-15 | 12월 | 문휴건, 문청환 | http://www.hy-lok.com | 부산광역시 |
| 2303 | 1491 | 하이비전시스템 | 126700 사진장비 및 광학기기 제조카메라모듈 제조검사용 | 2010-09-10 | 12월 | 최 두 원 | http://www.hyvision.co.kr | 경기도 |
| 2304 | 1492 | 하츠 | 66130 가정용 기기 제조업 | 레인지후드, 빌트인 기 | 2003-02-11 | 12월 | 김성식 | http://www.haatz.com | 경기도 |
| 2305 | 1493 | 한국기업평가 | 34950 기타 사업지원 서비스업 | 신용평가, 컨설팅, 위험 | 2002-02-07 | 12월 | 김기범 | http://www.korearatings.com | 서울특별시 |
| 2306 | 1494 | 한국알콜 | 17890 기타 화학제품 제조업 | 주정 | 1992-08-04 | 12월 | 지융석, 김정수, 지 | http://www.ka.co.kr | 경기도 |
| 2307 | 1495 | 한국전자금융 | 63570 기타 사업지원 서비스업 | ATM관리사업,CD-VAN | 2006-07-14 | 12월 | 구자성 | http://www.nicetcm.co.kr | 서울특별시 |
| 2308 | 1496 | 한국정보공학 | 39740 기타 전문 도매업 | 그룹웨어, 자료관리시 | 2000-07-06 | 12월 | 유용석 | http://www.kies.co.kr | 경기도 |
| 2309 | 1497 | 한네트 | 52600 전기 통신업 | 현금서비스, 예금인출 | 2001-07-10 | 12월 | 김선종 | http://www.hannet.net | 서울특별시 |
| 2310 | 1498 | 한라IMS | 92460 선박 및 보트 건조업 | 선용품레자동측정시스 | 2007-05-22 | 12월 | 지석준, 김영구 | http://www.hanlalevel.co.kr | 부산광역시 |
| 2311 | 1499 | 해성옵틱스 | 76610 사진장비 및 광학기기 제조휴대폰용 렌즈모듈 | 2013-11-06 | 12월 | 이을성, 이재선(각 | http://www.hso.co.kr | 경기도 |
| 2312 | 1500 | 현대사료 | 16790 동물용 사료 및 조제식품 7양계, 양돈 배합사료 | 2018-06-01 | 12월 | 김 종 융 | http://www.hdfeed.co.kr | 충청남도 |
| 2313 | 1501 | 홈센타홀딩스 | 2200 건축자재, 레미콘 | 2002-07-11 | 12월 | 박 병 윤 | http://www.home-center.co.kr | 대구광역시 |
| 2314 | 1502 | 힘스 | 238490 특수 목적용 기계 제조업 | OLED Mask 인장기, 이 | 2017-07-20 | 12월 | 김주환 | http://www.hims.co.kr | 인천광역시 |

밑으로 내려보니 첫 번째 행의 제목 부분을 제외한 약 2,300행의 데이터가 제대로 출력되었습니다.

## ▌ 종목 가져오기(index 바꾸기)

복습 코드를 작성해서 원하는 결과의 엑셀을 얻었나요? 결과는 잘 나왔는데 엑셀을 살펴보다 보니 어색한 부분이 보입니다. 바로 맨 왼쪽 열에 있는 숫자 index인데, 0부터 시작해서 index가 매겨져 있다가 803번 이후에 다시 0번부터 시작되어 1,495번으로 끝나는 것을 볼 수 있습니다.

| | A | B | C | D | E | F | G | H | I | J |
|---|---|---|---|---|---|---|---|---|---|---|
| 804 | 802 | 현대로템 | 64350 철도장비 제조업 | 철도차량, 특수중기, 산업기계 | 2013-10-30 | 12월 | 이용배 | http://www.hyundai | 경상남도 |
| 805 | 803 | 현대미포조선 | 10620 선박 및 보트 건조업 | 선박수리,선박제조,선박신조 | 1983-12-20 | 12월 | 신현대 | http://www.hmd.co | 울산광역시 |
| 806 | 804 | 현대위아 | 11210 자동차 신품 부품 제조자동차부품, 공작기계 등 | 2011-02-21 | 12월 | 정재욱 | http://www.hyundai | 경상남도 |
| 807 | 805 | 현대코퍼레이션 | 11760 상품 종합 도매업 | 자동차,철강,전박,플랜트,컴퓨터, | 1977-12-01 | 12월 | 정몽혁, 김원길 | http://www.hyundai | 서울특별시 |
| 808 | 806 | 현대코퍼레이션홀딩 | 227840 음·식료품 및 담배 도매 브랜드사업, 육류유통 | 2015-10-23 | 12월 | 정몽혁, 김원길 | http://www.hyundai | 서울특별시 |
| 809 | 807 | 화신 | 10690 자동차 신품 부품 제조자동차엔진부품(ARM류,C/MBR류),자 | 1994-01-14 | 12월 | 정서진, 장의식 | http://www.hwashir | 경상남도 |
| 810 | 808 | 휴젬스 | 69260 기타 화학물품 제조업 | 화합물,화학제품 제조 | 2002-10-07 | 12월 | 신진윤 | http://www.huchem | 서울특별시 |
| 811 | 809 | 흥국화재 | 540 보험업 | 손해보험 | 1974-12-05 | 12월 | 권중원 | http://www.insuran | 서울특별시 |
| 812 | 0 | EDGC | 245620 자연과학 및 공학 연구?유전체 분석 진단 서비스 | 2018-06-26 | 12월 | 각자대표이 | http://www.edgc.co | 인천광역시 |
| 813 | 1 | ES큐브 | 50120 생활용품 도매업 | 텐트, 원·부자재 | 2002-04-25 | 12월 | 신희민 | http://www.escube. | 서울특별시 |
| 814 | 2 | JW신약 | 67290 의약품 제조업 | 메니큐어세트, 손톱깎이 | 2003-02-11 | 12월 | 백승호 | http://www.cwsv.co | 서울특별시 |
| 815 | 3 | KB오토시스 | 24120 자동차 신품 부품 제조브레이크패드 | 1994-12-07 | 12월 | 김신완 | http://www.kbautoc | 충청남도 |
| 816 | 4 | KH바텍 | 60720 전자부품 제조업 | 휴대폰부품(SHIELD, BRACKET) | 2002-05-21 | 12월 | 남광희 | http://www.khvatec | 경상북도 |
| 817 | 5 | UCI | 38340 일반 교습 학원 | 캐패시터 | 2001-11-22 | 12월 | 김병양 | http://www.ucigrou | 서울특별시 |
| 818 | 6 | YW | 51390 상품 종합 도매업 | 이동통신중계시스템, 데이터네트웍장 | 2001-11-15 | 12월 | 우병일 | http://www.ywtc.co | 경기도 |
| 819 | 7 | 강스템바이오텍 | 217730 기초 의약물질 및 생물학(줄기세포치료제 | 2015-12-21 | 12월 | 나종천 | http://www.kangste | 서울특별시 |

코스피 리스트를 가지고 있던 dataframe과 코스닥 리스트를 가지고 있던 dataframe을 붙이는 과정에서 기존에 있던 index가 계속 유지되면서 발생한 문제입니다. 번호가 0번부터 순서대로 매겨지는 것으로 바꾸는 게 맞습니다. 이번에 다룰 내용은 바로 이것입니다. 꼬여 있는 index를 쉽게 초기화하는 방법으로 아래와 같습니다.

```
code_list.reset_index(drop=True)
```
'code_list' dataframe 변수의 index를 reset한 결과를 출력한다.

이렇게 하면 설명한 것과 같이 'code_list'에 있는 index를 0부터 끝까지 초기화한 결과가 나옵니다. 하지만 위의 사용 방법만으로는 실행이 제대로 되지 않습니다. 그럼 위의 복습 예시 코드에서 한 줄을 추가해 index를 초기화해 보겠습니다. 이번에도 예시 코드를 보기 전 스스로 작성한 후 비교해 보세요.

```
 1   import pandas as pd
 2
 3   code_list_kospi = pd.read_html(
 4       'http://kind.krx.co.kr/corpgeneral/corpList.do?method=download&
         searchType=13&marketType=stockMkt')[0]
 5
 6   code_list_kosdaq = pd.read_html(
 7       'http://kind.krx.co.kr/corpgeneral/corpList.do?method=download&
         searchType=13&marketType=kosdaqMkt')[0]
 8
 9   code_list = code_list_kospi.append(code_list_kosdaq)
10
11   code_list = code_list.reset_index(drop=True)
12
13   code_list.to_excel('code_list.xlsx')
```

열한 번째 줄만 추가되었습니다. 살펴보면 index를 reset한 결과를 다시 code_list에 넣고 있습니다. code_list에 꼬여 있던 index가 정리된 상태로 다시 code_list 변수에 들어가게 되는 것입니다. 코드를 실행시켜 생성된 엑셀 파일을 열어서 index가 제대로 정돈됐는지 살펴볼게요.

| | A | B | C | D | E | F | G | H | I | J |
|---|---|---|---|---|---|---|---|---|---|---|
| 2301 | 2299 | 하림 | 136480 도축, 육류 가공 및 저 | 육계, 육계가공식품 | | 2011-05-02 | 12월 | 김홍국, 박길연, 윤석춘(각자대표) | | 전라북도 |
| 2302 | 2300 | 하이쿼코리아 | 13030 1차 철강 제조업 | 관이음쇠 | | 1989-12-15 | 12월 | 문휴건, 문창환 | http://www.hy-lok.com | 부산광역시 |
| 2303 | 2301 | 하이비젼시스템 | 126700 사진장비 및 광학기기 | 카메라오토 제조검사용 장비 | | 2010-09-10 | 12월 | 최 두 원 | http://www.hyvision.co.kr | 경기도 |
| 2304 | 2302 | 하츠 | 66130 가정용 기기 제조업 | 레인지후드, 빌트인 기기 등 | | 2003-02-11 | 12월 | 김성식 | http://www.haatz.com | 경기도 |
| 2305 | 2303 | 한국기업평가 | 34950 기타 사업지원 서비스 | 신용평가, 컨설팅, 위험관리출 | | 2002-02-07 | 12월 | 김기범 | http://www.korearatings.c | 서울특별시 |
| 2306 | 2304 | 한국알콜 | 17890 기타 화학제품 제조업 | 주정 | | 1992-08-04 | 12월 | 지용석, 김정수 | http://www.ka.co.kr | 경기도 |
| 2307 | 2305 | 한국전자금융 | 63570 기타 사업지원 서비스 | ATM관리사업,CD-VAN사업 | | 2006-07-14 | 12월 | 구자성 | http://www.nicetcm.co.kr | 서울특별시 |
| 2308 | 2306 | 한국정보공학 | 39740 기타 전문 도매업 | 그룹웨어, 자료관리시스템 | | 2000-07-06 | 12월 | 유용석 | http://www.kies.co.kr | 경기도 |
| 2309 | 2307 | 한네트 | 52600 전기 통신업 | 현금서비스, 예금인출 | | 2001-07-10 | 12월 | 김선중 | http://www.hannet.net | 서울특별시 |
| 2310 | 2308 | 한라IMS | 92460 선박 및 보트 건조업 | 선용원격자동측정시스템,선용 | | 2007-05-22 | 12월 | 지석준, 김영구 | http://www.hanlalevel.co.l | 부산광역시 |
| 2311 | 2309 | 해성옵틱스 | 76610 사진장비 및 광학기기 | 휴대폰용 렌즈모듈 및 카메라 | | 2013-11-06 | 12월 | 이몰성, 이채선 | http://www.hso.co.kr | 경기도 |
| 2312 | 2310 | 현대사료 | 16790 동물용 사료 및 조제식 | 양계, 양돈 배합사료 | | 2018-06-01 | 12월 | 김 종 웅 | http://www.hdfeed.co.kr | 충청남도 |
| 2313 | 2311 | 홈센터홀딩스 | 60560 기타 전문 도매업 | 건축자재,레미콘 | | 2002-07-11 | 12월 | 박 병 윤 | http://www.home-center.c | 대구광역시 |
| 2314 | 2312 | 힘스 | 238490 특수 목적용 기계 제조 | OLED Mask 인장기, OLED Ma | | 2017-07-20 | 12월 | 김주환 | http://www.hims.co.kr | 인천광역시 |

이번에는 인터넷을 통해 가져온 데이터를 붙여서 하나의 리스트로 만들고, 리스트의 index를 초기화해서 다시 붙여서 저장하는 방법에 대해 알아보았습니다. 지난번에 알려드린 대로 우리는 이 종

목 코드 리스트를 가지고 여러 가지 데이터를 조회하는 기본 틀로 사용할 겁니다. 그래서 지금까지 한 것과 같이 깨끗하게 정리된 상태로 사용하는 것이 필요합니다.

## 3) 가격 데이터 가져오기 ❶

### ▌종목 가져오기 복습(index 초기화)

지금부터는 개별 종목의 시세 데이터를 가져오는 방법에 대해 알아보겠습니다. 시세 데이터는 우리가 종목을 분석하는 데 가장 중요하고 핵심적인 데이터라 할 수 있습니다.

우선 코스피 데이터와 코스닥 데이터 두 개를 가져와 하나의 리스트로 붙이고 index를 초기화하는 지난번 내용을 복습하겠습니다

지금 데이터는 지난번에 확인한 열(column) 데이터가 자주 사용하는 '회사명', '종목 코드'뿐만 아니라 '업종', '주요 제품', '상장일', '결산일' 등의 데이터가 같이 있습니다. 가지고 있으면 좋은 데이터이지만 사용하지 않는 데이터들을 정리해서 간결하게 만들면 더욱 사용하기 편하므로 '회사명', '종목 코드'만을 남긴 dataframe을 생성해 이것을 엑셀로 저장해 보겠습니다. 엑셀로 저장하기 전에 회사명, 종목 코드 열(column)의 이름도 name, code로 바꿔 보세요. 영어로 바꾸는 이유는 컴퓨터에서 종종 한글로 되어 있는 데이터를 제대로 읽지 못해서 오류를 가져오는 경우가 있기 때문입니다. 이

를 방지하기 위해 영어로 변경하는 것입니다. 열(column) 일부를 선택해 저장하는 방법은 아래와 같습니다.

```
code_list[[          '회사명', '종목 코드'          ]]
```
'code_list' dataframe 변수에서 '회사명', '종목 코드' 열을 선택해 가져온다

이중 대괄호에 안에 필요한 열(column)의 index를 쓰면 됩니다. 다음은 열(column) index의 이름을 영어로 바꾸는 방법에 대해 알아보겠습니다.

```
code_list.rename(                    columns={ '회사명' :
'name', '종목 코드' : 'code'          })
```
'code_list' dataframe 변수의 이름을 변경하라 열(column)의 이름을 '회사명'은 'name'으로, '종목 코드'는 'code'로

이제 위 내용을 참조해서 스스로 코드를 작성해 보세요. 옆의 제가 작성한 코드와 비교해 보겠습니다.

```
1   import pandas as pd
2
3 ∨ code_list_kospi = pd.read_html(
4       'http://kind.krx.co.kr/corpgeneral/corpList.do?method=download&
        searchType=13&marketType=stockMkt')[0]
5
6 ∨ code_list_kosdaq = pd.read_html(
7       'http://kind.krx.co.kr/corpgeneral/corpList.do?method=download&
        searchType=13&marketType=kosdaqMkt')[0]
8
9   code_list = code_list_kospi.append(code_list_kosdaq)
10
11  code_list = code_list.reset_index(drop=True)
12
13  code_list = code_list[['회사명', '종목코드']]
14
15  code_list = code_list.rename(columns={'회사명' : 'name', '종목코드' :
    'code'})
16
17  code_list.to_excel('code_list.xlsx')
```

 지난번에 작성한 코드와 다른 부분은 같고 열세 번째 줄과 열다
섯 번째 줄이 추가됐습니다. 열세 번째 줄이 특정 열을 선택한 data
frame으로 만들어 주는 코드라면 열다섯 번째 줄은 dataframe에
서 열(column) index의 이름을 바꾸는 코드입니다. 왼쪽에 항상
'code_list = '이 붙어 있습니다. 코드 수행의 결과로 나온 변형된
dataframe을 'code_list' 변수에 다시 넣어 줌으로써 변형된 형태가
다음 코드에도 계속 반영될 수 있습니다. 맨 앞에 'code_list = '이
없다면 코드 수행만 되고 결과가 반영되지 않아 결과를 출력했을 때
코드 수행이 제대로 안 된 것처럼 될 수 있습니다.
 프로그램을 실행한 후 결과로 나온 엑셀을 살펴보고 우리가 원
하는 내용으로 변경됐는지 살펴볼게요.

| | A | B | C |
|---|---|---|---|
| 1 | | name | code |
| 2 | 0 | DRB동일 | 4840 |
| 3 | 1 | DSR | 155660 |
| 4 | 2 | GS글로벌 | 1250 |
| 5 | 3 | HDC현대산업개발 | 294870 |
| 6 | 4 | KEC | 92220 |
| 7 | 5 | KG동부제철 | 16380 |
| 8 | 6 | KG케미칼 | 1390 |
| 9 | 7 | KTis | 58860 |
| 10 | 8 | LG이노텍 | 11070 |

회사명과 종목 코드 열만 남겨진 형태가 되었습니다. 열의 이름
도 'name'과 'code'로 변경된 것을 확인할 수 있습니다.


## ┃ 가격 가져오기

이제 드디어 인터넷에서 각 종목의 가격 데이터를 가져오는 방법
에 대해 실습해 보겠습니다. 우리가 가져올 가격 데이터는 일자별
종가, 시가, 고가, 저가, 거래량의 대표 기본 데이터 5개로 구성되어
있습니다. 우리가 좋은 종목을 골라낼 때 여러 가지 측면을 고려하
는데 그중에서도 가장 중요하게 생각하는 것 중 하나가 차트를 확
인하는 것입니다. 차트의 구성 요소를 생각해 보면 우리가 흔히 보
는 일봉 차트는 종가, 시가, 고가, 저가를 우리가 보기 편한 형태로
나타낸 것입니다. 즉, 우리가 가격 데이터를 가져와 데이터의 패턴
을 분석한다는 것은 컴퓨터에게 차트를 돌려보라고 시킨다는 의미
와 같습니다. 또한 우리가 중요하게 봐야 할 거래량 차트까지도 같
이 섞어서 분석해 볼 수도 있습니다. 가격 데이터를 가져오는 부분

이 중요한 이유는 바로 차트 분석을 위한 기본이 되기 때문입니다. 그럼 본격적으로 가격 네이터를 가져오는 방법에 대해 알아보겠습니다.

우리는 '네이버'에서 제공하는 가격 데이터를 활용하겠습니다. 우리나라에서 가장 큰 기업인 '삼성전자'를 네이버 검색창에서 검색하고 결과 페이지를 보면 아래와 같은 부분이 나옵니다.

이 부분을 클릭하면 네이버 금융에서 제공하는 페이지가 나옵니다. 코스피, 코스닥 시장에 상장된 모든 회사는 이와 같은 페이지를 네이버에서 모두 제공하고 있습니다. 우리가 주목해야 할 부분은 두 가지인데 뒷장에 있는 그림의 맨 위의 url 주소창을 살펴보겠습니다.

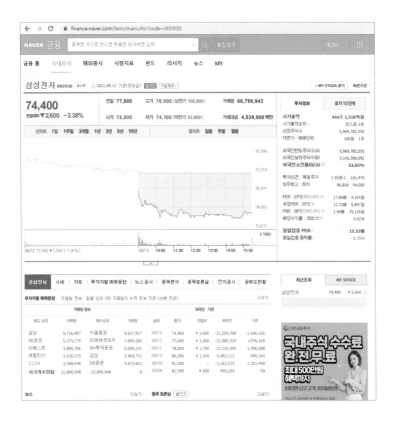

　　주소창을 살펴보면 'https://finance.naver.com/item/main.
nhn' 주소 뒤에 '?'가 있고 그 뒤에 'code=005930'이 있습니다. 우리
는 '?' 뒤를 중요하게 봐야 합니다. url 주소에서 이 '?' 기호는 뒷부
분은 '변수를 정의하겠다'라는 의미이기 때문입니다. 뒤에 정의된
부분이 'code=005930'으로 'code'라는 변수에 '005930'이라는 값
을 할당한다는 뜻입니다. '005930'은 삼성전자의 종목 코드 값으로,
이것을 보고 url을 약간 변형하면 다른 종목의 페이지를 불러올 수

있다는 것을 유추할 수가 있습니다. 바로 맨 뒤에 있는 'code=' 뒤에 종목 코드 값을 변경하는 것입니다. 'LG전자'의 종목 코드 값인 '066570'을 대신 넣어 다음과 같은 url을 완성한 후 엔터를 누르면 LG전자의 페이지로 변경되는 것을 확인할 수 있습니다.

https://finance.naver.com/item/main.nhn?code=066570

이렇게 url에는 고정된 페이지의 주소뿐만 아니라 변수들이 포함되어 있습니다. 우리는 파이썬을 통해 url에 있는 변수 값을 변경해 가면서 원하는 페이지를 자동으로 접속할 수 있고 원하는 데이터를 가져올 수 있게 되었습니다. 네이버 금융 페이지를 좀더 살펴보겠습니다. 스크롤을 중간쯤 내리다 보면 다음과 같은 섹션이 나오는데, 거기에서 '시세' 탭을 클릭하세요.

| 종합정보 | 시세 | 차트 | 투자자별 매매동향 | 뉴스·공시 | 종목분석 | 종목토론실 | 전자공시 | 공매도현황 |
| --- | --- | --- | --- | --- | --- | --- | --- | --- |

**투자자별 매매동향** 거래원 정보 일별 상위 5위 거래원의 누적 정보 기준 (20분 지연)  더보기›

| 거래원 정보 | | | | | | 외국인 · 기관 | | |
| --- | --- | --- | --- | --- | --- | --- | --- | --- |
| 매도 상위 | 거래량 | 매수상위 | 거래량 | 날짜 | 종가 | 전일비 | 외국인 | 기관 |
| 한화 | 69,541 | 한화 | 85,079 | 08/27 | 140,500 | ▼ 1,000 | -105,989 | +16,815 |
| 미래에셋대우 | 68,741 | 미래에셋대우 | 60,541 | 08/26 | 141,500 | ▼ 500 | -96,906 | -24,049 |
| 신한금융투자 | 56,606 | 키움증권 | 56,447 | 08/25 | 142,000 | − | -202,976 | -19,410 |
| UBS | 53,966 | 삼성 | 43,777 | 08/24 | 142,000 | ▲ 1,500 | -222,036 | +92,468 |
| 삼성 | 47,159 | 신한금융투자 | 42,224 | 08/23 | 140,500 | ▼ 6,000 | -147,917 | -117,784 |
| 외국계추정합 | 53,966 | -52,478 | 1,488 | 08/20 | 146,500 | ▼ 1,500 | -37,068 | -35,189 |

시세 탭을 클릭한 후 맨 밑으로 내려보면 '일별 시세' 부분이 나오는데 바로 이 부분의 데이터를 우리가 가져와 활용할 예정입니다.

| 일별시세 | | | | | | |
|---|---|---|---|---|---|---|
| 날짜 | 종가 | 전일비 | 시가 | 고가 | 저가 | 거래량 |
| 2021.07.16 | 160,500 | ▼ 500 | 159,500 | 161,500 | 159,500 | 403,063 |
| 2021.07.15 | 161,000 | 0 | 161,000 | 162,000 | 159,500 | 648,066 |
| 2021.07.14 | 161,000 | ▼ 2,500 | 162,000 | 162,000 | 159,000 | 689,838 |
| 2021.07.13 | 163,500 | ▲ 5,000 | 158,000 | 163,500 | 157,500 | 1,105,815 |
| 2021.07.12 | 158,500 | ▼ 500 | 160,500 | 161,000 | 158,000 | 781,657 |
| 2021.07.09 | 159,000 | ▼ 1,000 | 158,000 | 161,500 | 157,000 | 1,408,620 |
| 2021.07.08 | 160,000 | ▼ 5,000 | 165,500 | 165,500 | 160,000 | 1,861,927 |
| 2021.07.07 | 165,000 | ▼ 5,000 | 171,000 | 171,000 | 163,500 | 2,371,947 |
| 2021.07.06 | 170,000 | ▲ 3,000 | 168,500 | 172,000 | 166,500 | 1,902,339 |
| 2021.07.05 | 167,000 | ▲ 3,500 | 164,500 | 167,000 | 163,500 | 1,045,443 |

1 | 2 | 3 | 4 | 5 | 6 | 7 | 8 | 9 | 10 다음 ▶ 맨뒤 ▶▶

데이터 구조를 잠시만 살펴보겠습니다. 날짜와 종가, 전일 비, 시가, 고가, 저가, 거래량으로 구성되어 있어 우리가 원하는 데이터들이 모두 들어 있습니다. 아랫부분에 페이지 숫자가 들어가 있고 이 것을 클릭하면 그 이전 일자의 가격 데이터도 가져올 수 있는 형태로 되어 있습니다. 본격적으로 가격 데이터를 가져오는 방법에 대해서는 다음 장에서 살펴보도록 하겠습니다.

우리가 데이터를 가져올 페이지의 구조를 파악하는 것은 매우 중요합니다. 왜냐하면 페이지의 구조를 파악하고 패턴을 발견해 패턴에 들어가는 데이터를 일부 변형함으로써 여러 가지 데이터를 가져오는 것을 자동화할 수 있기 때문입니다.

## 4) 가격 데이터 가져오기 ❷

### ▍가격 데이터 가져오기

우리가 데이터를 가져오려고 하는 위치인 네이버 페이지를 다시 들어가 보겠습니다. 브라우저를 열고 아래 url을 주소창에 입력하세요.

> https://finance.naver.com/item/sise.nhn?code=005930

우리나라 대표 주식인 삼성전자 페이지를 가져왔습니다. 접속한 후 F12를 눌러보세요. 만일 맥을 쓴다면 'Alt + Command + I'를 누르면 됩니다. 누르면 아래와 같은 것이 보입니다.

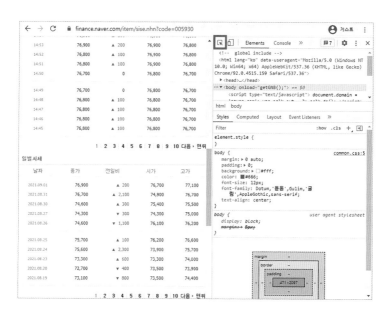

여기에서 우측 위에 있는 버튼 중 붉은색 박스로 표시된 버튼을
찾아 클릭하세요.

이 버튼을 누르고 왼쪽 페이지 쪽으로 커서를 옮기면 커서를 올
린 영역이 박스로 표시됩니다. 자, 그러면 우리가 보려고 하는 일별
시세 영역으로 커서를 가져간 후 클릭하겠습니다.

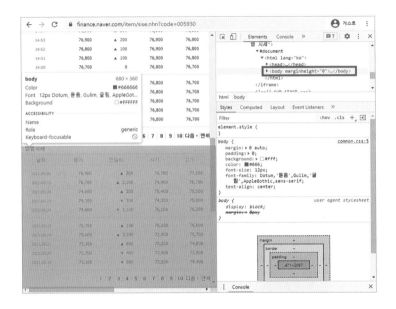

이렇게 웹페이지에서 보이는 영역의 코드를 왼쪽에서 알려주는
기능을 제공합니다. 오른쪽에 보이는 body로 시작하는 영역이 바
로 왼쪽의 페이지 영역에서 파란색 박스로 되어 있는 부분을 표현
하는 코드입니다. 코드 부분을 조금 더 상세히 살펴보겠습니다.

회색으로 표시된 body 영역 부분의 상위 부분에는 html로 시작

하는 것이 보이고 그 위에는 #document, 그 위에는 iframe이 존재합니다. body 바로 위에는 head가 존재하지만 들여쓰기가 같은 레벨로 되어 있기 때문에 상위 개념으로는 볼 수 없습니다. 여기에서 중요하게 봐야 하는 것이 붉은색으로 표시된 iframe 영역입니다. 하나의 도메인은 하나의 웹페이지를 열 수 있는데, 두 개 이상의 웹페이지를 여는 것을 iframe이 할 수 있게 도와줍니다. iframe은 웹페이지 안에 창문같이 특정 영역을 잡아서 그 안에 또 다른 웹페이지를 열게 하는 기능을 합니다. 안에 들어갈 페이지의 url를 'src'라는 속성의 값을 할당함으로써 지정할 수 있습니다. 옆의 예시에서 보면 src 뒤에 있는 "/item/sise_day.nhn?code=005930"이 해당 영역에 들어갈 url입니다. 그런데 이 url을 살펴보면 우리가 보던 것과는 다른 것을 알 수 있습니다. 보통 도메인은 "http://"로 시작하는데 모두 생략되어 있습니다. iframe으로 url을 설정할 경우에는 같은 상위 도메인일 경우 생략합니다. 결국 iframe에 들어갈 전체 경로는 "https://finance.naver.com/item/sise_day.nhn?code=005930"이 됩니다. 지금 본 경로를 브라우저의 주소창에 넣어 확인하세요.

일별 시세 영역만 따로 있는 페이지가 보입니다. 이러한 식으로 여러 가지 페이지를 iframe으로 조합해서 구성하기도 합니다. 우리는 이 데이터영역만 있는 페이지에서 직접 데이터를 가져오겠습니다. 데이터가 표 형태로 정리되어 있는 것을 확인할 수 있습니다. 이런 경우에는 지난번에 주식 종목 리스트를 가져올 때 사용했던 pandas의 기능을 사용해서 쉽게 데이터를 가져올 수 있습니다. 예시를 살펴볼게요.

```python
import pandas as pd
import requests

url = "https://finance.naver.com/item/sise_day.nhn?code=005930"
price_data = pd.read_html(url)
print(price_data)
```

네 번째 줄에서 'url'이란 이름의 변수에 우리가 위에서 확인한 데이터가 존재하는 url을 문자열로 넣었고, 다섯 번째 줄에서 pandas의 read_html을 통해 데이터를 가져왔습니다. 여섯 번째 줄에서는 결과를 출력하고 있습니다. 그럼 실행해서 결과를 살펴볼게요.

```
PS C:\jukopark\letter19> python .\get_price.py
Traceback (most recent call last):
  File ".\get_price.py", line 5, in <module>
    price_data = pd.read_html(url)
  File "C:\Users\park\Anaconda3\lib\site-packages\pandas\util\_decorators.py", line 296, in wrapper
    return func(*args, **kwargs)
  File "C:\Users\park\Anaconda3\lib\site-packages\pandas\io\html.py", line 1101, in read_html
    displayed_only=displayed_only,
  File "C:\Users\park\Anaconda3\lib\site-packages\pandas\io\html.py", line 917, in _parse
    raise retained
  File "C:\Users\park\Anaconda3\lib\site-packages\pandas\io\html.py", line 898, in _parse
    tables = p.parse_tables()
  File "C:\Users\park\Anaconda3\lib\site-packages\pandas\io\html.py", line 217, in parse_tables
    tables = self._parse_tables(self._build_doc(), self.match, self.attrs)
  File "C:\Users\park\Anaconda3\lib\site-packages\pandas\io\html.py", line 547, in _parse_tables
    raise ValueError("No tables found")
ValueError: No tables found
PS C:\jukopark\letter19>
```

결과가 제대로 나오지 않았습니다. 데이터를 제대로 가져오지 못하는 모양입니다. 여기에서 우리는 네이버 금융 페이지에 대해 크롤링을 성공적으로 실행하기 위해 트릭을 사용합니다. 네이버와 같은 데이터를 많이 보유한 사이트에서는 여러 접속 경로들이 존재하기 때문에 브라우저를 통해 방문한 시도만 허락하는 경우가 있습니다. 우리와 같이 프로그램을 통해서 직접 접속하는 경우는 금지하는 것입니다. 지금부터 알려드리는 것은 조금 어려울 수 있으니 이해가 되지 않는다면 사용 방법만 익혀도 됩니다. 크롬 브라우저로 돌아가서 이미 열어 놓은(F12로) 왼쪽의 개발자도구 부분 중 "Network"를 클릭하세요.

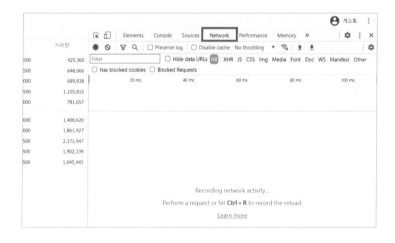

"Network"는 우리가 인터넷에서 어떠한 파일이나 페이지를 가져오는지 모니터링 할 수 있는 도구입니다. 지금은 비어 있지만 F5

키를 누르면 페이지를 새로고침하면서 서버로부터 어떠한 형식으로 데이터나 파일을 받아오는지, 받아오는 파일의 순서나 시간 등을 알 수 있습니다. F5 키를 눌러보겠습니다.

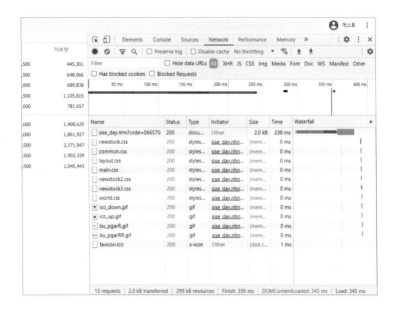

이렇게 확인한 목록 중에 맨 위에 있는 것이 우리가 보는 페이지를 구성하는 메인 파일이고 나머지는 이미지 파일이나 다른 꾸밈 파일들입니다. 맨 위의 파일을 클릭해 보세요.

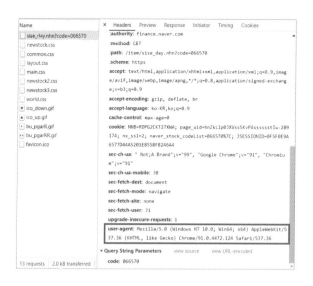

　여기에서 우리가 중요하게 살펴봐야 할 부분은 "Header"라고 불리는 설정값, 그중에서도 "Request Headers" 즉, 우리가 서버로 데이터를 요청할 때 같이 보내는 설정값을 살펴보는 것이 필요합니다. 스크롤을 내려보면 "Request Headers" 영역에서 가장 아래에 있는 값으로 위와 같은 것을 볼 수 있습니다.

　이 내용을 해석하면 우리가 사용하는 OS(윈도우나 맥 등), 브라우저 등에 대한 정보가 들어 있습니다. 이런 정보들을 브라우저에서 자동으로 넣어서 서버로 요청을 보내고 있는 것입니다. 우리는 이것을 교묘하게 이용해서 우리가 마치 브라우저를 통해 서버로 요청을 보내고 있는 것처럼 Header 부분에 위에 데이터를 그대로 넣어 요청을 보낼 수 있습니다. 몇 가지 줄을 추가해서 제대로 실행될 수 있는 코드는 다음 장에서 작성해 보도록 하겠습니다.

## 5) 가격 데이터 가져오기 ❸

### ▍ 웹페이지 가져오기(request의 사용)

앞에서 배운 부분을 복습하면서 시작하겠습니다. 지난번에 크롬에서 제공하는 개발자도구의 network를 통해 살펴본 바에 의하면 header의 'user-agent'라는 값이 브라우저로 접속했다는 정보들이 들어가 있는 것을 볼 수 있었습니다. 다음과 같은 값이 들어갔습니다.

> **user-agent:**
> Mozilla/5.0 (Windows NT 10.0; Win64; x64) AppleWebKit/537.36
> (KHTML, like Gecko) Chrome/90.0.4430.93 Safari/537.36

이제 이 값을 넣어서 요청을 보내면 마치 브라우저에 접속한 것처럼 서버는 착각하고 데이터를 제대로 보내 줍니다.

우리가 header를 조정하기 위해서는 인터넷에 요청을 보내고 이를 쉽게 다룰 수 있는 도구를 사용해 주는 것이 좋습니다. 파이썬에서는 'requests'라는 훌륭한 도구를 제공하고 있습니다. 설치하는 방법은 우리가 이전에 pandas를 설치했던 것과 동일한 방법으로 설치할 수 있습니다. 다음과 같이 설치를 진행하겠습니다.

```
PS C:\jukopark> pip install requests
Collecting requests
  Using cached requests-2.26.0-py2.py3-none-any.whl (62 kB)
Requirement already satisfied: certifi>=2017.4.17 in c:\users\park\anaconda3\lib\site-packages (from
  requests) (2020.12.5)
Requirement already satisfied: urllib3<1.27,>=1.21.1 in c:\users\park\anaconda3\lib\site-packages (f
rom requests) (1.25.11)
Requirement already satisfied: idna<4,>=2.5 in c:\users\park\anaconda3\lib\site-packages (from reque
sts) (2.10)
Requirement already satisfied: charset-normalizer~=2.0.0 in c:\users\park\anaconda3\lib\site-package
s (from requests) (2.0.2)
Installing collected packages: requests
Successfully installed requests-2.26.0
PS C:\jukopark>
```

'pip install requests' 명령어를 터미널에서 실행했더니 몇 가지 호환성 체크를 하고 설치가 완료 되었습니다. 이제 사용 방법을 알아보겠습니다. requests는 아래와 같은 방법으로 사용합니다.

```
requests.get(                    "html://www.naver.com")
페이지를 가져와라 get 방식으로 이 url에서
```

get 방식에 관한 이야기가 나와서 잠시 설명하겠습니다. 인터넷에서 데이터를 요청하는 방식은 http라는 표준 프로토콜, 즉 통신 규약에 기본을 두고 요청하게 되는데 여기에는 'get, post, put, delete'의 4가지 방식이 있습니다. 그중에서도 우리는 get만을 다루도록 하겠습니다. 대부분의 일반적인 요청은 'get'으로 보내고 요청 시 별도의 데이터가 포함될 필요가 있을 때 'post' 방식으로 요청을 보냅니다. 간단한 예시로 'request.get'을 사용하고 연습해 보겠습니다. 아래와 같이 코드를 작성하세요.

```
1    import requests
2
3    response = requests.get("http://www.naver.com")
4
5    print(response)
```

첫 번째 줄에서는 방금 설치한 'requests'를 사용할 것이기 때문에 import를 하게 됩니다. 세 번째 줄에서 'requests.get'을 통해서 네이버 메인 페이지에 접속하고, 접속의 결과로 받아 온 데이터를 'response' 변수에 넣고 있습니다. 마지막 다섯 번째 줄에서는 이 response의 결과를 출력하고 있습니다. 그럼 실행 후 결과를 살펴보겠습니다.

```
PS C:\jukopark\letter20> python .\html_request.py
<Response [200]>
PS C:\jukopark\letter20>
```

기대한 것과는 다르게 매우 짧은 결과가 출력되었습니다. 해석하면 우리가 요청한 결과를 잘 받아 왔다는 뜻으로 200이라는 3자리 코드를 출력하고 있는 것입니다. 이렇게 3자리 번호로 인터넷에 접속이 잘 되고 있는지, 아니면 에러가 있는지를 파악할 수도 있습니다. 방금 본 200은 접속 성공을 나타내고, 혹시 '404에러'라고 본 적이 있을 겁니다. 이것은 우리가 원하는 페이지를 찾을 수 없을 때 나오는 에러로 코드가 바로 404입니다. 다른 흔한 에러로 '500에러'도 있는데, 이것은 서버에 장애가 발생했을 때 나타납니다. 다시 본론으로 돌아가서 우리가 원하는 데이터를 가져오기 위해서는 결과

코드가 아닌 결과값이 필요합니다. 결과값은 다음과 같이 가져올 수 있습니다.

```
1  import requests
2
3  response = requests.get("http://www.naver.com")
4  response_data = response.text
5
6  print(response_data)
```

추가된 네 번째 줄을 주목하세요. 'response' 변수 안에는 우리가 출력해 본 응답코드 이외에도 결과 데이터가 들어가 있는데 이것을 가져오는 방법이 바로 뒤에 '.text'를 붙이는 방법입니다. 이렇게 가져온 데이터를 'response_data'라는 새로운 변수를 생성해 넣고 여섯 번째 줄에서 출력합니다. 실행시킨 후 결과를 살펴보겠습니다.

```
<a href="https://finance.naver.com/sise/sise_index.nhn?code=KOSDAQ" class="card_stock " data-clk="squ.kosdaq">
<strong class="stock_title">코스닥</strong>
<div class="stock_box">
<em class="name">코스닥</em>
<strong class="current">1,051.98</strong>
<span class="rate rate_down">2.33 -0.22%</span>
</div>
</a>
</div>
<a href="https://finance.naver.com/marketindex/exchangeDetail.nhn?marketindexCd=FX_USDKRW" class="card_stock type_exchange" data-clk="squ.usd">
<strong class="stock_title">환율</strong>
<div class="stock_box">
<em class="name">USD</em>
<strong class="current">1,140.20</strong>
<span class="rate rate_down">1.80 -0.16%</span>
</div>
</a>
</div>
</div>
```

엄청난 줄 수의 데이터가 출력되는 것을 볼 수 있습니다. 이게 바로 네이버 메인 페이지입니다. 이 내용은 우리가 브라우저에서 F12 키를 눌러 개발자 모드로 확인했던 내용과 같습니다.

https://finance.naver.com/item/sise.nhn?code=005930

우리가 데이터를 가져오려고 하는 url을 넣어서 실행하겠습니다. 이건 예시를 보지 말고 스스로 해 보세요. 어느 한 부분만 살짝 바꿔 주면 됩니다. 데이터가 있는 url은 아래 힌트를 드리겠습니다. 제대로 가져오셨다면 다음과 같이 출력됩니다.

```
</style>
<div id="wrap">
<div id="header">
<div><a href="http://www.naver.com/"><img src="https://s.pstatic.net/static/w8/err/lg_naver.gif" alt="NAVER" width="145" height="33" /></a></h1>
<p class="menu"><a href="http://www.naver.com/">네이버 홈</a> | <a onclick="window.open('http://help.naver.com/support/alias/contents2/naverhome/not
found.naver', 'help_naver', 'left=40,top=60,width=650,height=800,toolbar=1,resizable=0'); return false;">네이버 고객센터</a></p>
</div>
<div id="container">
<h2>페이지입니다.<br />요청하신 페이지를 찾을 수 없습니다.</h2>
<div class="content">
<p>방문하시려는 페이지의 주소가 잘못 입력되었거나,<br />페이지의 주소 변경 혹은 삭제되어 요청하신 페이지를 찾을 수 없습니다.</p>
<p>입력하신 주소가 정확한지 다시 한번 확인해 주시기 바랍니다.</p>
<p>이전 화면보실 <a onclick="window.open('https://help.naver.com/support/alias/contents2/naverhome/notfound.naver', 'help_naver', 'left=40,top=60,
width=650,height=800,toolbar=1,resizable=0'); return false;">네이버 고객센터</a>에 알려주시면 친절하게 안내해 드리겠습니다.</p>
<p>감사합니다.</p>
</div>
<form class="search" style="margin-top:50px;" name="search" action="http://search.naver.com/search.naver" method="get" onsubmit="emulAcceptCharset(t
his);" accept-charset="ks_c_5601-1987">
<input type="hidden" name="sm" value="nmf_hty">
<fieldset class="window02">
```

중간에 보면 주소가 잘못되었다는 내용으로 에러가 발생한 페이지를 보여주고 있는 것을 알 수 있습니다. 우리가 브라우저를 통하지 않고 코드를 작성해서 직접 접속했기 때문인데, header를 조작해 브라우저에서 접속한 것처럼 네이버 서버를 속이는 방법을 사용해 보겠습니다. 'requsets'에서 header를 조작하는 방법은 아래 예시와 같이 할 수 있습니다.

```
1  import requests
2
3  HEADER = {"user-agent": "Mozilla/5.0 (Windows NT 10.0; Win64; x64)
   AppleWebKit/537.36 (KHTML, like Gecko) Chrome/90.0.4430.93 Safari/
   537.36"}
4  url = "https://finance.naver.com/item/sise_day.nhn?code=005930"
5  response = requests.get(url, headers=HEADER)
6  print(response.text)
```

변경된 부분만 살펴보겠습니다. 우선 세 번째 줄이 추가되었습니다. 'HEADER'라는 딕셔너리 변수를 선언하고 그 안에 값으로 key, value 값을 할당하고 있습니다. 들어간 값을 자세히 보니 지난번에 개발자도구의 network를 통해 확인했던 값을 넣고 있습니다. 할당된 값은 텍스트 데이터이기 때문에 따옴표가 반드시 들어가야 합니다. 다섯 번째 줄도 일부 변경되었습니다. 원래 'requests.get'의 괄호 안에 url만 들어가 있었는데 'hedaers'라는 설정값에 우리가 딕셔너리로 선언했던 'HEADER' 변수에 들어간 값을 넣고 있습니다. 이렇게 되면 'requests'가 요청할 때 header의 값으로 우리가 설정한 변수에 할당한 값을 넣어서 보내게 됩니다. 마치 우리가 브라우저에서 접속한 것과 같이 네이버 서버는 인식하게 되는 것입니다. 그럼 실행하겠습니다.

```
            <td class="pgR">
                <a href="/item/sise_day.nhn?code=005930&amp;page=11"  >
                다음<img src="https://ssl.pstatic.net/static/n/cmn/bu_pgarR.gif" width="3" height="5" alt="" border="0">
                </a>
                </td>

        <td class="pgRR">
                <a href="/item/sise_day.nhn?code=005930&amp;page=630"  >맨뒤
                <img src="https://ssl.pstatic.net/static/n/cmn/bu_pgarRR.gif" width="8" height="5" alt="" border="0">
                </a>
                </td>

                </tr>
                </table>
                <!--- 페이지 네비게이션 끝 -->

</body>
PS C:\jukopark\letter21> []
```

성공적으로 네이버 서버를 속였습니다. 아까와는 달리 에러 메시지가 아닌 어떤 결과물이 제대로 출력된 것을 확인할 수 있습니다.

다음 장에서는 지난번에 학습한 내용과 이번에 학습한 내용을 엮어 최종적으로 가격 데이터를 가져오는 방법에 대해 알아보겠습니다.

## 6) 가격 데이터 가져오기 ❹

### ▌ 웹페이지 가져오기 복습(requests의 사용)

앞에서 실습했던 requests에 대해 복습부터 진행하고 시작하겠습니다. 이번에는 시가총액 2위 기업인 SK하이닉스의 가격 페이지를 가져와 보겠습니다.

```
1   import requests
2
3   HEADER = {"user-agent":
4   "Mozilla/5.0 (Windows NT 10.0; Win64; x64) AppleWebKit/537.36
    (KHTML, like Gecko) Chrome/90.0.4430.93 Safari/537.36"}
5
6   url = "https://finance.naver.com/item/sise_day.nhn?code=000660"
7   response = requests.get(url, headers=HEADER)
8   print(response.text)
```

다른 부분은 지난번 코드와 거의 같지만 달라진 부분만 조금 살펴보겠습니다. 여섯 번째 줄에서 'url'이라는 변수에 우리가 가져올 데이터가 있는 url을 문자열로 넣고 있습니다. 예시를 보니 제가 알려 드린 url에서 맨 마지막 6자리 숫자로 되어 있는 부분을 SK하이닉스의 종목 코드값으로 바꾸어 넣었습니다. 이렇게 되면 일곱 번째 줄에서 SK하이닉스의 가격 페이지를 방문해 데이터를 가져올 수 있게 되는 것입니다. 이렇게 우리는 url을 적절하게 바꾸어 가면서 다른 종목의 데이터도 가져올 수 있는 것입니다. 실행의 결과는 아래와 같습니다.

```
                    <td class="pgR">
                        <a href="/item/sise_day.nhn?code=000660&amp;page=11"  >
                        다음<img src="https://ssl.pstatic.net/static/n/cmn/bu_pgarR.gif" width="3" height="5" alt="" border="0">
                        </a>
                        </td>

                    <td class="pgRR">
                        <a href="/item/sise_day.nhn?code=000660&amp;page=615"  >맨뒤
                        <img src="https://ssl.pstatic.net/static/n/cmn/bu_pgarRR.gif" width="8" height="5" alt="" border="0">
                        </a>
                        </td>

                    </tr>
                    </table>
                    <!-- 페이지 네비게이션 끝 -->

</body>
PS C:\jukopark\letter21>
```

데이터를 제대로 가져왔습니다. 하지만 이런 형태로는 우리가
원하는 값에 접근해 가져오거나 쓰지 못합니다. 이제 배운 내용을
종합해 가격 데이터를 가져오겠습니다.

## ▌ 가격 데이터 가져오기

우리가 맨 처음 가격 데이터를 가져올 때 했던 방법을 떠올려 봅시
다. 바로 pandas에서 제공하는 read_html을 사용해 간단하게 가
져왔습니다. 그러나 네이버 금융에서는 접근을 브라우저를 통한 방
식으로 제한했기 때문에 실패했습니다. 그러나 우리는 이제 네이버
금융 서버를 속이는 방법에 대해 알고 있습니다.

이번에도 똑같이 read_html을 사용합니다. read_html은 원래
안에 url이 직접 들어가게 되는데, 이 안에 우리가 requests를 통해
header 값을 바꿔 성공적으로 가져온 데이터를 넣어서 실행해 보
겠습니다. read_html은 똑똑하게도 안에 있는 값으로 url이 들어가
면 그 url에 직접 접속해 데이터를 가져오고 페이지를 접속한 결과
로 나온 데이터 즉 html을 넣어도 그 안에 있는 표 형태의 데이터를

추출해 dataframe 형태로 변환시켜 가져옵니다. 그럼 실습을 진행하면서 어떻게 실행되는지 살펴보겠습니다.

```python
import pandas as pd
import requests

HEADER = {"user-agent": "Mozilla/5.0 (Windows NT 10.0; Win64;
x64) AppleWebKit/537.36 (KHTML, like Gecko) Chrome/90.0.4430.93
Safari/537.36"}

url = "https://finance.naver.com/item/sise_day.nhn?code=000660"
response = requests.get(url, headers=HEADER)
price_data = pd.read_html(response.text)[0]
print(price_data)
```

여덟 번째 줄을 보면 read_html을 사용하면서 괄호 안에 'response.text' 즉 우리가 requests로 가져온 데이터 값을 넣고 있습니다. 맨 뒤에 붙는 [0]은 우리가 불러온 테이블 데이터가 2개 있어서 첫 번째 테이블 데이터를 불러오겠다는 의미입니다. 네이버 금융 페이지의 특성상 가져와서 활용할 때에는 이것을 붙여야 합니다. 결과적으로 정리된 데이터가 dataframe 형식으로 'price_data' 변수로 들어가게 됩니다. 마지막 줄에는 이렇게 생성된 변수를 출력하고 있습니다. 그럼 코드를 실행시켜 결과를 살펴보도록 하겠습니다.

```
PS C:\jukopark\letter21> python .\get_price_data.py
        날짜      종가      전일비      시가      고가      저가      거래량
0       NaN      NaN      NaN      NaN      NaN      NaN      NaN
1  2021.07.16  121500.0   2000.0  122000.0  122500.0  120500.0  2898638.0
2  2021.07.15  123500.0      0.0  123500.0  124000.0  122500.0  1500981.0
3  2021.07.14  123500.0    500.0  122500.0  124000.0  121500.0  2443087.0
4  2021.07.13  123000.0   3000.0  121000.0  123500.0  121000.0  2879072.0
5  2021.07.12  120000.0    500.0  121000.0  122000.0  119500.0  2477201.0
6       NaN      NaN      NaN      NaN      NaN      NaN      NaN
7       NaN      NaN      NaN      NaN      NaN      NaN      NaN
8       NaN      NaN      NaN      NaN      NaN      NaN      NaN
9  2021.07.09  119500.0   2000.0  120500.0  120500.0  118000.0  4823577.0
10 2021.07.08  121500.0   2000.0  123500.0  123500.0  121000.0  3165552.0
11 2021.07.07  123500.0   1500.0  125000.0  125500.0  122500.0  2229140.0
12 2021.07.06  125000.0   2000.0  124000.0  126000.0  123500.0  2067135.0
13 2021.07.05  123000.0    500.0  123500.0  124500.0  122500.0  1632551.0
14      NaN      NaN      NaN      NaN      NaN      NaN      NaN
PS C:\jukopark\letter21>
```

지난번 에러를 나타냈던 코드와는 달리 표 형태로 잘 정리된 모습을 볼 수 있습니다.

그런데 여기서도 거슬리는 부분이 있습니다. 'NaN'이라고 표기되어 있는 부분이 자리를 차지하고 있어서 데이터를 가져오거나 접근할 때 불편할 수 있습니다. 웹페이지에 표시할 때 미관을 위해서, 특정 목적을 위해 칸을 띄워 놓은 것이 그대로 표현된 것인데, 이대로는 쓰기가 어렵습니다. 그럼 'NaN'을 없애는 방법을 알아보겠습니다. 아래와 같은 방법으로 pandas의 힘을 빌리면 아주 쉽게 제거할 수 있습니다.

```
price_data.dropna()
```

'price_data'라는 변수는 현재 dataframe으로 되어 있습니다. dataframe은 'dropna()'라는 기능을 사용할 수 있습니다. 이것이 pandas가 제공하는 방법입니다. 코드를 실행시키면 해당 data frame의 데이터에서 'NaN'으로 들어가 있던 부분이 사라지고 깔끔하게 되는 것입니다. 우리가 작성한 예시 중에서 적정한 위치에 해당 코드만 삽입해 주면 완료됩니다. 그럼 완성된 예시를 살펴볼게요.

```python
1  import pandas as pd
2  import requests
3
4  HEADER = {"user-agent": "Mozilla/5.0 (Windows NT 10.0; Win64;
   x64) AppleWebKit/537.36 (KHTML, like Gecko) Chrome/90.0.4430.93
   Safari/537.36"}
5
6  url = "https://finance.naver.com/item/sise_day.nhn?code=000660"
7  response = requests.get(url, headers=HEADER)
8  price_data = pd.read_html(response.text)[0]
9  price_data = price_data.dropna()
10 print(price_data)
```

나머지는 모두 같습니다. 아홉 번째 줄에 'dropna()'가 추가된 것을 볼 수 있습니다. 지금은 원래 변수였던 price_data에 넣어 값을 바꿔 반영했습니다. 이제 코드를 실행시켜 우리가 원하는 대로 제대로 동작하는지 보겠습니다.

```
PS C:\jukopark\letter21> python .\get_price_data.py
           날짜     종가      전일비      시가      고가      저가       거래량
1   2021.07.16  121500.0   2000.0  122000.0  122500.0  120500.0  2898638.0
2   2021.07.15  123500.0      0.0  123000.0  124000.0  122500.0  1500981.0
3   2021.07.14  123500.0    500.0  122500.0  124000.0  121500.0  2443087.0
4   2021.07.13  123000.0   3000.0  121000.0  123500.0  121000.0  2879072.0
5   2021.07.12  120000.0    500.0  121000.0  122000.0  119500.0  2477201.0
9   2021.07.09  119500.0   2000.0  120500.0  120500.0  118000.0  4823577.0
10  2021.07.08  121500.0   2000.0  123500.0  123500.0  121000.0  3165552.0
11  2021.07.07  123500.0   1500.0  125000.0  125500.0  122500.0  2229140.0
12  2021.07.06  125000.0   2000.0  124000.0  126000.0  123500.0  2067135.0
13  2021.07.05  123000.0    500.0  123500.0  124500.0  122500.0  1632551.0
PS C:\jukopark\letter21>
```

이러한 방법으로 우리는 가격 데이터를 가져오고 활용할 수 있습니다. 한 단계만 더 나아가 보겠습니다. 지금은 10일 치의 가격 데이터를 전체적으로 다 출력해 주고 있는데, '2021.07.16'의 '종가'를 가져오는 것을 실행해 보겠습니다. 여러분이 코드를 실행한 시점에 따라 가져온 데이터가 다르기 때문에 맨 위 행에 위치한 날짜의 데이터를 살펴본다고 생각하면 됩니다. 다음 예시를 보면서 비교해 보겠습니다.

```
1   import pandas as pd
2   import requests
3
4   HEADER = {"user-agent": "Mozilla/5.0 (Windows NT 10.0; Win64;
    x64) AppleWebKit/537.36 (KHTML, like Gecko) Chrome/90.0.4430.93
    Safari/537.36"}
5
6   url = "https://finance.naver.com/item/sise_day.nhn?code=000660"
7   response = requests.get(url, headers=HEADER)
8   price_data = pd.read_html(response.text)[0]
9   price_data = price_data.dropna()
10  print(price_data['종가'][1])
```

기존 것과 같은데 열 번째 줄만 바뀌었습니다. dataframe의 row index는 1, 2, 3, 4……로 되어 있고 column index는 '날짜, 종가, 전일 비 ……'로 되어 있습니다. 우리가 원하는 값은 ['종가']에 [1] 즉, 맨 첫 번째 값이기 때문에 예시와 같이 접근해 데이터를 가져와 출력했습니다. 그럼 우리가 의도한 대로 동작하는지 실행해 보겠습니다.

```
PS C:\jukopark\letter21> python .\get_price_data.py
121500.0
PS C:\jukopark\letter21> []
```

'2021. 07. 16'의 종가와 같은 값인지 확인해 볼게요.

틀림없는 121,500 값을 보이고 있습니다. 우리는 이렇게 종목의 가격 데이터를 편한 방법으로 가져올 수 있게 되었습니다.

## 7) 가격 데이터 가져오기 ❺

### ▌가격 가져오기 복습

우선 우리가 자주 사용하는 카카오톡의 주인인 '카카오'의 주가를 가져오세요. '카카오'의 주가 데이터 중 가장 최근의 '시가, 종가, 고가, 저가, 거래량'을 순서대로 출력해 보세요. 예시를 살펴보겠습니다.

```
 1  import pandas as pd
 2  import requests
 3
 4  HEADER = {"user-agent":"Mozilla/5.0 (Windows NT 10.0; Win64; x64)
    AppleWebKit/537.36 (KHTML, like Gecko) Chrome/90.0.4430.93 Safari/
    537.36"}
 5
 6  url = "https://finance.naver.com/item/sise_day.nhn?code=035720"
 7  response = requests.get(url, headers=HEADER)
 8  price_data = pd.read_html(response.text)[0]
 9  price_data = price_data.dropna()
10  print(price_data['시가'][1])
11  print(price_data['종가'][1])
12  print(price_data['고가'][1])
13  print(price_data['저가'][1])
```

한 줄씩 작성된 예시를 분석해 보겠습니다. 첫 번째, 두 번째 줄은 우리가 사용할 'pandas'와 requests를 불러왔습니다. 네 번째 줄은 'HEADER'라는 딕셔너리 변수에 우리의 요청이 브라우저에서 출발한 요청인 것과 같이 작동하도록 만드는 header값을 할당하고 있습니다. 여섯 번째 줄에서는 'url' 변수에 우리가 데이터를 가져올 url 값을 입력했습니다. 우리가 가져올 데이터는 카카오의 주가 데이터이므로 종목 코드값을 적절하게 변경해야 합니다. 일곱 번째 줄은 'requests'를 이용해 데이터를 불러오고 있습니다. 이 코드가 바로 인터넷을 통해 데이터를 가져오는 부분입니다. 우리가 딕셔너리 변수로 선언해 놓았던 header값도 잘 넣어 사용합니다. 여덟 번째 줄에서는 인터넷에서 가져온 데이터를 다루기 쉽게 dataframe 변수에 넣고 있습니다. 테이블 형태의 데이터를 가져오는 작업을 예시와 같이 pandas의 'read_html'을 사용함으로써 쉽게 할 수 있습니다. 다음 아홉 번째 줄에서는 우리가 데이터를 저장한 dataframe인 'price_data' 변수의 기능을 사용해서 'NaN' 데이터를 제거합니다. 지난번에 학습한 것처럼 우리가 가져온 데이터에는 중간에 'NaN' 데이터가 삽입되어 있어 데이터를 다루는 데 불편함이 생길 수 있어서 이것을 제거하고 사용하는 것이 필요합니다. 열 번째 줄부터는 우리가 원하는 시가, 종가, 고가, 저가 데이터를 가져와 출력하고 있습니다. 자, 이제 우리가 작성한 코드가 제대로 출력되는지 실행시켜 볼 차례입니다.

```
PS C:\jukopark\letter22> python .\get_price.py
158500.0
157000.0
159500.0
157000.0
PS C:\jukopark\letter22>
```

제대로 출력되었습니다. 여러분이 실행시켰을 때는 값이 다르게 나올 수 있습니다. 왜냐하면 실행한 그 시점의 가격들을 실시간으로 가져오기 때문입니다.

## ▎가격 데이터 가져오기(10일 치 이전)

우리가 지금까지 가격 데이터 가져온 것을 보면 10일 치의 가격 데이터를 가져왔습니다.

| 날짜 | 종가 | 전일비 | 시가 | 고가 | 저가 | 거래량 |
|---|---|---|---|---|---|---|
| 2021.07.16 | 121,500 | ▼ 2,000 | 122,000 | 122,500 | 120,500 | 2,898,638 |
| 2021.07.15 | 123,500 | 0 | 123,500 | 124,000 | 122,500 | 1,500,981 |
| 2021.07.14 | 123,500 | ▲ 500 | 122,500 | 124,000 | 121,500 | 2,443,087 |
| 2021.07.13 | 123,000 | ▲ 3,000 | 121,000 | 123,500 | 121,000 | 2,879,072 |
| 2021.07.12 | 120,000 | ▲ 500 | 121,000 | 122,000 | 119,500 | 2,477,201 |
| 2021.07.09 | 119,500 | ▼ 2,000 | 120,500 | 120,500 | 118,000 | 4,823,577 |
| 2021.07.08 | 121,500 | ▼ 2,000 | 123,500 | 123,500 | 121,000 | 3,165,552 |
| 2021.07.07 | 123,500 | ▼ 1,500 | 125,000 | 125,500 | 122,500 | 2,229,140 |
| 2021.07.06 | 125,000 | ▲ 2,000 | 124,000 | 126,000 | 123,500 | 2,067,135 |
| 2021.07.05 | 123,000 | ▲ 500 | 123,500 | 124,500 | 122,500 | 1,632,551 |

1 | 2 | 3 | 4 | 5 | 6 | 7 | 8 | 9 | 10 다음 ▸ 맨뒤 ››

10일 치 이전의 데이터를 보기 위해서는 어떻게 해야 할까요? 하단의 페이지 숫자를 눌러보면 그 해답을 얻을 수 있습니다. '2'를 누르면 다음 10일 치의 데이터가 보이는데 여기에서 중요하게 봐야 할 부분은 바로 url입니다. 주소창의 url에는 다음과 같은 내용이 표기되고 있습니다.

https://finance.naver.com/item/sise_day.nhn?code=035720&page=2

맨 뒤에 '&page=2'가 새로 생긴 것을 확인할 수 있습니다. 만약 맨 뒤에 '&page=3'을 붙이면 어떻게 될까요? 세 번째 페이지를 방문할 수 있습니다. 그리고 세 번째 페이지에서는 20일~30일 치의 데이터를 가져올 수 있습니다. 이러한 방법으로 우리는 최초 상장 때부터의 가격 데이터를 모두 불러올 수 있습니다. 그럼 실습을 해보겠습니다. 앞에서 진행했던 카카오의 30일 치 가격 데이터를 받아 와 한 개의 dataframe으로 만들어 출력하세요.

```python
1   import pandas as pd
2   import requests
3
4   HEADER = {'user-agent': 'Mozilla/5.0 (Windows NT 10.0; Win64;
    x64) AppleWebKit/537.36 (KHTML, like Gecko) Chrome/90.0.4430.93
    Safari/537.36'}
5
6   url = 'https://finance.naver.com/item/sise_day.nhn?code=035720'
7   url_20 = url + '&page=2'
8   url_30 = url + '&page=3'
9
10  response = requests.get(url, headers=HEADER)
11  price_data_10 = pd.read_html(response.text)[0]
12  price_data_10 = price_data_10.dropna()
13  response = requests.get(url_20, headers=HEADER)
14  price_data_20 = pd.read_html(response.text)[0]
15  price_data_20 = price_data_20.dropna()
16  response = requests.get(url_30, headers=HEADER)
17  price_data_30 = pd.read_html(response.text)[0]
18  price_data_30 = price_data_30.dropna()
19
20  price_data=price_data_10.append(price_data_20)
21  price_data=price_data.append(price_data_30)
22
23  print(price_data['종가']['2021.07.15'])
```

여섯 번째 줄까지는 지금까지 봐 왔던 코드이니 설명을 생략하고 일곱 번째 줄은 'url_20'이라는 변수에 'url' 변수에 있는 값 맨 뒤에 "&page=2"를 붙인 값을 할당해 주고 있습니다. 문자열에서는 '+' 기호가 문자열 두 개를 붙여 주는 기능을 수행합니다. 결과적으로 'url_20'에는 다음과 같은 문자열이 들어가게 됩니다. "https://finance.naver.com/item/sise_day.nhn?code=035720&page=2" 비슷한 형태인 여덟 번째 줄의 'url_30' 변수에는 어떤 값이 들어갈지는 쉽게 예상할 수 있습니다. 열 번째 줄에서는 데이터를 인터넷을 통해 받아오는 문장입니다. 'url' 변수에서 데이터를 가져오니 1~10일 치의 데이터를 가져왔습니다. 이렇게 가져온 데이터를 열한 번째 줄에서 'read_html'을 통해 dataframe으로 추출하고 있습니다. 열두 번째 줄에서는 이렇게 만든 dataframe에 있는 'NaN' 데이터들을 삭제하고 정리했습니다. 열셋~열다섯 번째 줄은 잘 보면 열~열두 번째 줄의 반복과 같습니다. 하지만 데이터를 가져올 url이 page2이기 때문에 11~20일 치의 데이터를 가져올 겁니다. 이렇게 가져온 데이터를 'price_data_20' 변수에 저장하고 있습니다. 열여섯~열여덟 번째 줄도 똑같은 패턴이기 때문에 쉽게 이해할 수 있습니다. 스물~스물한 번째 줄에서는 지금까지 저장했던 데이터들을 하나씩 덧붙여 하나의 dataframe으로 만들어 'price_data' 변수에 저장했습니다. 마지막에는 이것을 출력하는 것으로 코드가 끝납니다. 결과를 예측해 보면 1~30일 치의 가격 데이터가 입력된다는 것을 쉽게 알 수 있습니다. 실행시켜 결과를 살펴보겠습니다.

```
PS C:\jukopark\letter22> python .\get_price_30.py
        날짜       종가    전일비     시가       고가      저가        거래량
1   2021.07.16  157000.0  2500.0  158500.0  159500.0  157000.0   3385574.0
2   2021.07.15  159500.0  2500.0  162000.0  162000.0  158500.0   3821843.0
3   2021.07.14  162000.0  1000.0  161500.0  164500.0  161000.0   3352019.0
4   2021.07.13  161000.0  1000.0  162500.0  163500.0  160500.0   3859736.0
5   2021.07.12  162000.0  1500.0  161000.0  162500.0  158000.0   3248064.0
9   2021.07.09  160500.0  2500.0  161500.0  162000.0  158500.0   3795528.0
10  2021.07.08  163000.0  2000.0  161500.0  164500.0  161000.0   4121257.0
11  2021.07.07  161000.0  3500.0  158500.0  163500.0  158500.0   4413394.0
12  2021.07.06  157500.0   500.0  157500.0  159000.0  157000.0   2045164.0
13  2021.07.05  157000.0  2500.0  160500.0  162000.0  156500.0   4506967.0
1   2021.07.02  159500.0   500.0  158500.0  161500.0  156000.0   4407703.0
2   2021.07.01  160000.0  3000.0  164000.0  165500.0  159500.0   4630280.0
3   2021.06.30  163000.0  5000.0  159000.0  165000.0  157500.0   7305590.0
4   2021.06.29  158000.0  3000.0  156000.0  158000.0  154500.0   3938542.0
5   2021.06.28  155000.0   500.0  154500.0  157500.0  154000.0   5141409.0
9   2021.06.25  154500.0  2500.0  155000.0  159500.0  150500.0  12271446.0
10  2021.06.24  157000.0 12500.0  172000.0  173000.0  155500.0  18408195.0
11  2021.06.23  169500.0 10500.0  162500.0  170000.0  161000.0   9078797.0
```

```
12  2021.06.22  159000.0   4000.0  158000.0  159000.0  155500.0  4662042.0
13  2021.06.21  155000.0      0.0  155500.0  159500.0  152000.0  8324948.0
1   2021.06.18  155000.0   7000.0  150000.0  157500.0  149500.0  7706345.0
2   2021.06.17  148000.0   5000.0  142000.0  149500.0  140500.0  5408889.0
3   2021.06.16  143000.0   1500.0  144000.0  146000.0  142500.0  4996277.0
4   2021.06.15  144500.0   2000.0  143500.0  144500.0  140500.0  4950329.0
5   2021.06.14  142500.0   7000.0  136000.0  143000.0  136000.0  6240394.0
9   2021.06.11  135500.0   2000.0  134500.0  136500.0  132000.0  3674400.0
10  2021.06.10  133500.0   4500.0  130000.0  135000.0  129500.0  5564011.0
11  2021.06.09  129000.0    500.0  128500.0  130000.0  128500.0  1936747.0
12  2021.06.08  128500.0   2500.0  127000.0  128500.0  126500.0  2248373.0
13  2021.06.07  126000.0   2000.0  125000.0  127000.0  125000.0  1905198.0
PS C:\jukopark\letter22> []
```

이제 page의 숫자만 늘려서 데이터를 가져올 url만 적절하게 변경해 준다면 우리는 회사가 상장했을 때부터 지금까지의 데이터를 모두 가져올 수 있습니다.

여기서 한 단계만 더 나아가 보겠습니다. 출력된 데이터를 보면 왼쪽의 열 index가 조금 이상한 것을 볼 수 있습니다. 1부터 5까지, 9부터 13까지의 반복으로 되어 있습니다. 우리가 index를 사용해서 데이터에 접근하게 될 텐데 이렇게 정리가 되어 있지 않다면 접근이 어렵습니다. 그래서 이 index를 정리하는 것에 대해서 실습해 보겠습니다. 열 index를 가장 쉽게 정리하는 방법은 지난번 장에서 다루었던 'reset_index'를 사용하는 방법입니다. 'reset_index'를 사용하면 index 값을 0, 1, 2, 3…… 이렇게 순서대로 초기화시킵니다. 하지만 우리는 조금 다른 것을 해 보겠습니다. 지난번 우리가 받아 온 데이터에서 특정 가격 값을 가져오고 싶을 때 다음과 같은 방법으로 접근했습니다.

```
price_data['종가'][1]
```

[열index][행index]를 통해 접근한 것입니다. 열 index는 우리가 원하는 값의 이름으로 되어 있어 이해가 쉽지만, 행 index는 1이라는 것으로 되어 있어 어느 날짜의 데이터를 가져오고 있는 것인 것 불분명합니다. 행 index가 날짜로 세팅되어 있다면 좀더 이해하기 쉽게 값을 가져올 수 있습니다. 행 index를 날짜로 세팅하는 방법은 다음과 같습니다.

```
price_data.set_index(price_data['날짜'].values)
```

set_index를 사용하게 되면 괄호 안의 값으로 열 index를 바꿀 수 있습니다. 우리가 가져온 데이터 중 '날짜' 열에 해당하는 값을 참조해 괄호 안에 값으로 넣는 것으로 열 index가 세팅됩니다. 이를 거치고 나면 다음과 같은 방법으로 값을 참조할 수 있습니다.

```
price_data['종가']['2021.07.15']
```

지금까지 배운 부분을 실습 코드를 작성하면서 다시 살펴보겠습니다.

```
1   import pandas as pd
2   import requests
3
4   HEADER = {'user-agent': 'Mozilla/5.0 (Windows NT 10.0; Win64;
    x64) AppleWebKit/537.36 (KHTML, like Gecko) Chrome/90.0.4430.93
    Safari/537.36'}
5
6   url = 'https://finance.naver.com/item/sise_day.nhn?code=035720'
7
8   url_20 = url + '&page=2'
9   url_30 = url + '&page=3'
10
11  response = requests.get(url, headers=HEADER)
12  price_data_10 = pd.read_html(response.text)[0]
13  price_data_10 = price_data_10.dropna()
14  response = requests.get(url_20, headers=HEADER)
15  price_data_20 = pd.read_html(response.text)[0]
16  price_data_20 = price_data_20.dropna()
17  response = requests.get(url_30, headers=HEADER)
18  price_data_30 = pd.read_html(response.text)[0]
19  price_data_30 = price_data_30.dropna()
20
21  price_data=price_data_10.append(price_data_20)
22  price_data=price_data.append(price_data_30)
23
24  price_data = price_data.set_index(price_data['날짜'].values)
25
26  print(price_data['종가']['2021.07.15'])
```

이전에 작성한 코드에서 스물네 번째 줄이 날짜로 열 index를
바꾸도록 추가되었고 스물여섯 번째 줄은 특정값에 접근하고 있습
니다. 그럼 실행시켜 결과를 살펴보겠습니다.

```
PS C:\jukopark\letter22> python .\get_price_30.py
159500.0
PS C:\jukopark\letter22>
```

저는 7월15일의 데이터를 참조해 가져왔지만, 여러분이 실행할
때에는 최근의 데이터를 가져오기 때문에 참조할 날짜를 적절하게

PART 4 이과생의 주식 투자

최근 시점으로 바꿔 주어야 실행이 가능하다는 점 기억해 주세요. 다음 예시들도 날짜를 통해 데이터를 접근해야 하는 경우 날짜를 바꿔 주어야 잘 동작하게 됩니다. 이제 우리는 쉽게 가격 데이터를 가져오고 접근할 수 있게 되었습니다. 다음에는 종목별로 가격 데이터를 순차적으로 가져오는 방법에 대해 알아보도록 하겠습니다.

## 8) 종목별 가격 데이터 가져오기

### 가격 가져오기 복습

본격적으로 순회 로직을 짜기 전에 가격을 가져오는 방법부터 복습하도록 하겠습니다. '두산중공업'의 가격 데이터를 가져오는 것으로 시작해 보겠습니다. 10일 치 데이터만 가져오는 것으로 하고, 열 index를 날짜로 바꾸어 접근하기 쉽게 만드는 것까지 해 보겠습니다.

```
1  import pandas as pd
2  import requests
3
4  HEADER = {"user-agent": "Mozilla/5.0 (Windows NT 10.0; Win64;
   x64) AppleWebKit/537.36 (KHTML, like Gecko) Chrome/90.0.4430.93
   Safari/537.36"}
5
6  url = "https://finance.naver.com/item/sise_day.nhn?code=034020"
7  response = requests.get(url, headers=HEADER)
8  price_data = pd.read_html(response.text)[0]
9  price_data = price_data.dropna()
10 price_data = price_data.set_index(price_data['날짜'].values)
11 print(price_data)
12 print(price_data['종가']['2021.07.14'])
```

바뀌는 부분만 간단하게 살펴보겠습니다. 우리가 가져올 데이터의 위치만 살짝 바꿔 주면 됩니다. 바로 여섯 번째 줄인 url입니다. 맨 뒷부분의 6자리 숫자를 '두산중공업' 종목 코드로 바꿔 줍니다. 일곱 번째 줄에서는 header를 추가해 오류를 방지하는 부분, 열 번째 줄에서는 날짜 데이터로 열 index를 바꾸는 부분입니다. 코드는 열한 번째 줄과 열두 번째 줄에서 우리가 잘 정리한 dataframe 전체와 7월 14일의 종가를 출력하는 것으로 마무리됐습니다. 작성이 완료됐다면 데이터를 제대로 가져왔는지 코드를 실행시켜 테스트해 보세요. 여러분이 코드를 실행할 때에는 가져오는 데이터의 날짜가 다르기 때문에 참조하는 날짜를 최근으로 변경해 주어야 실행이 가능합니다.

```
PS C:\jukopark\letter23> python .\get_price.py
               날짜      종가    전일비      시가      고가      저가         거래량
2021.07.16  2021.07.16  25100.0   950.0  26100.0  26150.0  25000.0   7501736.0
2021.07.15  2021.07.15  26050.0   150.0  26050.0  26650.0  25750.0   8323605.0
2021.07.14  2021.07.14  25900.0   400.0  25650.0  26100.0  25350.0   5035512.0
2021.07.13  2021.07.13  25500.0     0.0  25500.0  26300.0  25450.0   7125834.0
2021.07.12  2021.07.12  25500.0   600.0  26950.0  27100.0  25450.0   9194495.0
2021.07.09  2021.07.09  26100.0   850.0  24850.0  26250.0  24500.0  11473129.0
2021.07.08  2021.07.08  25250.0   100.0  25100.0  25550.0  24800.0   6897281.0
2021.07.07  2021.07.07  25350.0   700.0  26050.0  26400.0  25200.0   8883352.0
2021.07.06  2021.07.06  26050.0  1100.0  25450.0  26650.0  25200.0  20625393.0
2021.07.05  2021.07.05  24950.0   200.0  24800.0  25450.0  24300.0   6993495.0
25900.0
PS C:\jukopark\letter23>
```

## 종목별 가격 데이터 가져오기

드디어 종목별로 가격 데이터를 가져오는 방법에 대해 배워보겠습니다. 기억을 더듬어 코스피, 코스닥의 종목 데이터를 가져왔던 때를 생각해 보세요. 다음과 같은 방법으로 종목 데이터를 가져오는

코드를 작성할 수 있습니다.

```
1    import pandas as pd
2
3    code_list_kospi = pd.read_html(
4        'http://kind.krx.co.kr/corpgeneral/corpList.do?method=download&
         searchType=13&marketType=stockMkt')[0]
5
6    code_list_kosdaq = pd.read_html(
7        'http://kind.krx.co.kr/corpgeneral/corpList.do?method=download&
         searchType=13&marketType=kosdaqMkt')[0]
8
9    code_list = code_list_kospi.append(code_list_kosdaq)
10
11   code_list = code_list.reset_index(drop=True)
```

이렇게 하면 'code_list' dataframe 변수에 코스피, 코스닥에 데이터가 모두 저장됩니다. 출력해서 보면 다음과 같은 형태입니다.

우리는 이 데이터를 'for'를 사용해서 순회하며 하나씩 가져오겠습니다. 그중에서도 종목 코드에 접근해서 가져와 출력하는 코드를 작성해 보겠습니다.

```
1  import pandas as pd
2
3  code_list_kospi = pd.read_html(
4      'http://kind.krx.co.kr/corpgeneral/corpList.do?method=download&
       searchType=13&marketType=stockMkt')[0]
5
6  code_list_kosdaq = pd.read_html(
7      'http://kind.krx.co.kr/corpgeneral/corpList.do?method=download&
       searchType=13&marketType=kosdaqMkt')[0]
8
9  code_list = code_list_kospi.append(code_list_kosdaq)
10 code_list = code_list.reset_index(drop=True)
11
12 for i in range(len(code_list)):
13     print(code_list['종목코드'][i])
```

다른 코드들은 방금 작성한 코드와 같습니다. 열두 번, 열세 번째 줄이 추가되었습니다. 'for'문을 통해 'i' 변수를 code_list의 열 (column) 길이만큼 증가시키며 반복 실행하고 있습니다. 이 'i'를 열 (column) index로 사용해 데이터에 접근하고 있습니다. 그럼 실행시켜서 잘 수행되는지 결과를 보겠습니다.

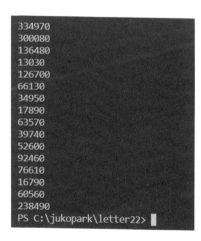

그런데 문제가 발생했습니다. 원래 종목 코드는 6자리로 이루어져 있는데 어떤 코드는 6자리로 제대로 출력이 되고 또 다른 코드는 6자리가 아닌 것으로 출력되었습니다. 종목 코드를 일종의 숫자로 인식해 앞자리에 '0'이 들어간 부분이 생략되어서 이런 현상이 발생하게 된 것입니다. 예를 들어 '052600'이라는 종목 코드를 인식할 때 오만이천육백이라는 숫자로 인식을 해 버리면 맨 앞자리에 '0'은 의미가 없어지기 때문에 52600이 됩니다. 이 현상을 방지하기 위해 다음과 같은 코드를 실행시킴으로써 0을 채워 문자열(string)을 6자리로 바꿔 줍니다.

```
code_list.종목 코드 = code_list.종목 코드.map('{:06d}'.
format)
```

아래 설명이 조금 복잡할 수 있습니다. 그러나 혹시 이해가 어렵다면 건너뛰고 코드만 복사해서 쓰면 됩니다. 우선 'code_list.종목 코드' 부분을 보면 'dataframe. 열 index'로 이루어져 있습니다. 이렇게 하면 특정 열을 가져올 수 있습니다. 이렇게 가져온 열에 map이라는 기능을 사용해서 데이터를 바꿔 줄 수 있습니다. 그리고 map 안에 format 형태로 데이터를 변경해 줍니다. '{:06d}'는 여러 가지 의미들이 있는데, 원래 형태는 ':' 이후에 숫자가 들어가고 그 뒤에 'd'가 들어가게 되는데 이것은 숫자만큼의 자릿수를 띄우라는 의미입니다. 예를 들어 '{:7d}'는 7자리만큼을 띄워서 숫자를 정렬하라는 의미가 됩니다. 우리가 작성한 코드에는 사이에 '0'이 들어가 있습니다. 이것은 자릿수를 띄울 때 빈 부분을 0으로 채우라는 의미입니다. 이제 저 코드를 삽입해서 자릿수를 맞춰 보겠습니다. 기

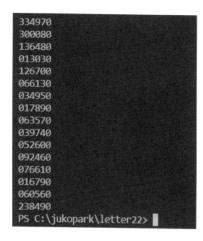

```
334970
300080
136480
013030
126700
066130
034950
017890
063570
039740
052600
092460
076610
016790
060560
238490
PS C:\jukopark\letter22>
```

존에 작성했던 코드에서 열한 번째 줄에 해당 코드를 삽입하세요. 그 후 출력해서 결과가 제대로 나오는지 확인하면 됩니다.

이제 이렇게 가져온 종목 코드를 통해 가격 데이터를 가져올 차례입니다.

우선 우리가 가격 데이터를 가져왔던 url을 다시 한 번 살펴보겠습니다.

주가 URL(삼성전자): https://finance.naver.com/item/sise_day.nhm?code=005930

url의 맨 뒤에는 종목 코드가 들어가게 되고 이 종목 코드 부분을 바꾸면 다른 종목의 데이터를 가져올 수 있습니다. 이것을 응용하면 'for'문을 반복할 때 종목 코드를 순차적으로 넣어 바뀐 url로 여러 종목의 가격 데이터를 가져올 수 있습니다. 이제 여러분이 직접 코드를 작성하고 아래 예시를 살펴보세요.

```
1   import pandas as pd
2   import requests
3
4   code_list_kospi = pd.read_html(
5       'http://kind.krx.co.kr/corpgeneral/corpList.do?
        method=download&searchType=13&marketType=stockMkt')[0]
6
7   code_list_kosdaq = pd.read_html(
8       'http://kind.krx.co.kr/corpgeneral/corpList.do?
        method=download&searchType=13&marketType=kosdaqMkt')[0]
9
10  code_list = code_list_kospi.append(code_list_kosdaq)
11  code_list = code_list.reset_index(drop=True)
12
13  code_list.종목코드 = code_list.종목코드.map('{:06d}'.format)
14
15  for i in range(len(code_list)):
16      HEADER = {"user-agent": "Mozilla/5.0 (Windows NT 10.0; Win64;
        x64) AppleWebKit/537.36 (KHTML, like Gecko) Chrome/90.0.4430.
        93 Safari/537.36"}
17      url = "https://finance.naver.com/item/sise_day.nhn?code=" +
        code_list['종목코드'][i]
18      response = requests.get(url, headers=HEADER)
19      price_data = pd.read_html(response.text)[0]
20      price_data = price_data.dropna()
21      price_data = price_data.set_index(price_data['날짜'].values)
22      print(code_list['회사명'][i])
23      print(price_data['종가']['2021.07.15'])
```

'for'문 안에 우리가 보던 익숙한 코드가 삽입되어 있습니다. 방금 알려드린 것처럼 'url' 변수에 들어갈 값으로 'code='까지 url 부분과 'for'문이 실행될 때마다 바뀌는 종목 코드값을 더해서 하나의 문자열을 만들어 넣었습니다. 이렇게 되면 바뀌는 종목 코드마다의 가격 데이터를 바꿔 가면서 가져올 수 있게 됩니다. 스물두 번째 줄에서는 우리가 가져오는 종목 코드의 회사명을 가져와 출력하고 있습니다. 'code_list' 변수를 출력해 보았을 때 형태를 떠올려 보세요. 여기에 있는 열 index값을 참조함으로써 이렇게 원하는 데이터를 가져올 수 있습니다. 마지막 줄인 스물세 번째 줄에서는 7월 15일의 종가를 출력하는 것으로 마무리되었습니다. 그럼 실행시켜 우리가 원하는 대로 동작하는지 확인해 보겠습니다.

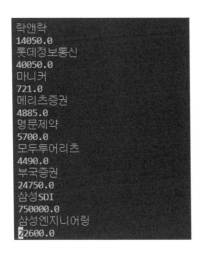

코스피, 코스닥에 상장된 전 종목의 7월 15일 종가 데이터가 순차적으로 출력되고 있는 것을 확인할 수 있습니다. 너무 많은 값을 출력해야 하므로 모두 실행되는 데는 시간이 걸리기 때문에 중간에 중단시켜 보겠습니다. 지금 실행되고 있는 터미널 화면을 클릭한 후 'ctrl + c'를 누르면 코드 실행이 강제로 종료됩니다. 맥을 사용하는 분들은 'command + c'를 눌러주면 됩니다.

# 로직 적용하기

## 1) 로직 적용하기 ❶

### ▌종목별 가격 가져오기 복습(거래량 상승 종목)

이번 복습은 지난번에 작성한 코드를 바탕으로 진행하겠습니다. 지난번에 작성한 코드를 우선 복사, 붙여넣기 하세요. 우리가 종목을 발굴할 때 주의 깊게 보는 것 중 하나가 거래량입니다. 거래량은 말 그대로 거래가 얼마나 이루어졌는지를 수치로 알 수 있는 데이터입니다. 거래량이 갑자기 상승했다면 이슈가 발생했다는 것이고, 그때 우리는 그 종목을 주목해서 볼 기회를 가질 수 있습니다. 호재가 발생하거나 악재가 발생할 때도 거래가 활발해지면서 거래량이 상승하게 됩니다. 그래서 거래량이 상승한 종목을 살펴보는 것은 투자에서 매우 중요한 행위입니다.

지금 실습해 볼 것은 거래량으로부터 출발하겠습니다. 거래량이 전일 대비 20배 이상 상승한 종목에 대한 리스트를 뽑아 볼 텐데, 호재가 발생하면 보통 양봉을 띄우는 경우가 많을 것으로 유추할 수 있습니다. 하지만 호재가 발생해도 매도 물량이 쏟아져 음봉이 발생하는 경우가 있습니다. 다만 위 꼬리를 높게 단 형태의 음봉일 가능성이 높습니다. 음봉 본체의 길이는 길지 않습니다. 음봉이 크다면 그건 호재가 아닙니다. 그렇다면 음봉이 크지 않다는 것을 2% 차이 이내로 가정해 보겠습니다. 이를 수치화하면 다음과 같이 표현할 수 있습니다.

```
종가 - 시가 < 시가 * - 0.02
```

위의 경우까지 포함시켜 모든 조건을 만족시키는 종목 리스트를 뽑아내는 코드를 작성해 보겠습니다. 직접 작성해 보시고 아래 예시를 통해 확인해 보세요.

```
1    import pandas as pd
2    import requests
3
4    code_list_kospi = pd.read_html(
5        'http://kind.krx.co.kr/corpgeneral/corpList.do?
         method=download&searchType=13&marketType=stockMkt')[0]
6
7    code_list_kosdaq = pd.read_html(
8        'http://kind.krx.co.kr/corpgeneral/corpList.do?
         method=download&searchType=13&marketType=kosdaqMkt')[0]
```

```
9
10    code_list = code_list_kospi.append(code_list_kosdaq)
11    code_list = code_list.reset_index(drop=True)
12
13    code_list.종목코드 = code_list.종목코드.map('{:06d}'.format)
14
15    picked_list = []
16
17    for i in range(len(code_list)):
18        HEADER = {"user-agent": "Mozilla/5.0 (Windows NT 10.0;
          Win64; x64) AppleWebKit/537.36 (KHTML, like Gecko)
          Chrome/90.0.4430.93 Safari/537.36"}
19        url = "https://finance.naver.com/item/sise_day.nhn?
          code=" + code_list['종목코드'][i]
20        response = requests.get(url, headers=HEADER)
21        price_data = pd.read_html(response.text)[0]
22        price_data = price_data.dropna()
23        price_data = price_data.set_index(price_data['날짜'].
          values)
24
25        if price_data['거래량']['2021.07.14'] * 20 < price_data
          ['거래량']['2021.07.15']:
26            if price_data['종가']['2021.07.15'] - price_data
              ['시가']['2021.07.15'] > price_data['시가']['2021.
              07.15'] * -0.02:
27                picked_list.append(code_list['회사명'][i])
28                print(code_list['회사명'][i])
29
30    print(picked_list)
```

 다른 코드들은 재활용한 부분이라 생략하고, 추가된 부분 중심
으로 설명하겠습니다. 우선 조건을 만족시키는 종목 이름을 담을
수 있는 배열 변수를 하나 만들어 주는데 바로 열다섯 번째 줄입니
다. 'picked_list'라는 이름의 빈 배열을 만들고 있습니다. 'for'문 안
의 스물다섯 번째부터 로직이 시작됩니다. 스물다섯 번째 줄에는
'if'문을 통해 7월 14일의 거래량보다 7월 15일의 거래량이 20배 이

상 오른 것을 확인해 주고 있습니다. 해당 조건에 맞게 되면 스물여섯 번째 줄이 실행됩니다. 스물여섯 번째 줄은 음봉이 크게 나오지 않았는지 확인해 주는 조건입니다. 시가 대비 종가가 -2%보다 더 떨어지지 않아야 하는 조건까지 만족시킨다면 결과를 저장할 배열에 해당 종목명을 저장하게 됩니다. 여러분이 코드를 실행시킨 시점에 불러올 수 있는 10일 이내의 일자 데이터로 이루어져 있기 때문에 '2021.07.15'나 '2021.07.14' 등의 값은 적절하게 날짜를 변경해 반영해 주는 것이 필요합니다. 전 종목을 모두 순회하면서 데이터를 가져오고 로직을 확인하기 때문에 코드가 실행되어 끝날 때까지 시간이 꽤 걸립니다. 그래서 중간에 실행이 잘 되고 있는지, 종목을 잘 걸러내 주고 있는지를 확인해 보기 위해 스물여덟 번째 줄에서 로직에 걸린 회사명을 출력하고 있습니다. 맨 마지막에는 우리가 잘 정리한 리스트를 출력하면서 코드가 마무리되고 있습니다. 그럼 제대로 동작하는지 실행시켜 보겠습니다.

```
PS C:\jukopark\letter24> python .\get_price.py
Traceback (most recent call last):
  File "C:\Users\park\Anaconda3\lib\site-packages\pandas\core\indexes\base.py", line 2898, in get_loc
    return self._engine.get_loc(casted_key)
  File "pandas\_libs\index.pyx", line 70, in pandas._libs.index.IndexEngine.get_loc
  File "pandas\_libs\index.pyx", line 101, in pandas._libs.index.IndexEngine.get_loc
  File "pandas\_libs\hashtable_class_helper.pxi", line 1675, in pandas._libs.hashtable.PyObjectHashTable.get_item
  File "pandas\_libs\hashtable_class_helper.pxi", line 1683, in pandas._libs.hashtable.PyObjectHashTable.get_item
KeyError: '2021.07.14'

The above exception was the direct cause of the following exception:

Traceback (most recent call last):
  File ".\get_price.py", line 25, in <module>
    if price_data['거래량']['2021.07.14'] * 20 < price_data['거래량']['2021.07.15']:
  File "C:\Users\park\Anaconda3\lib\site-packages\pandas\core\series.py", line 882, in __getitem__
    return self._get_value(key)
  File "C:\Users\park\Anaconda3\lib\site-packages\pandas\core\series.py", line 990, in _get_value
    loc = self.index.get_loc(label)
  File "C:\Users\park\Anaconda3\lib\site-packages\pandas\core\indexes\base.py", line 2900, in get_loc
    raise KeyError(key) from err
KeyError: '2021.07.14'
PS C:\jukopark\letter24>
```

실행이 잘 되는 것 같더니 에러가 발생했습니다. 문제의 원인은 주식 관련한 데이터는 항상 변경되고 살아 있다는 것에 있습니다. 코스피, 코스닥에 상장된 종목들은 상장으로 신규 편입되기도 하고 상장폐지 되기도 합니다. 현재 호출 시점에 상장된 종목이 있으면 우리가 원하는 날짜의 가격 데이터는 존재하지 않고 그 때문에 에러가 발생한 것입니다. 에러의 예외 처리를 해 주어야 제대로 동작합니다. 이제 예외 처리를 하는 방법에 대해 배워보겠습니다.

## ▎에러 예외 처리

코드를 작성하다 보면 에러가 항상 발생하기 마련입니다. 우리가 지금 겪고 있는 데이터의 부재 상황일 수도 있고 코드를 실제로 잘못 짠 경우도 있습니다. 이런 예외적인 상황에서도 코드가 죽지 않고 계속 돌아갈 수 있게 처리해 주는 방법을 파이썬에서는 제공하고 있습니다. 바로 'try', 'except'인데, 이 둘은 항상 짝으로 사용합니다. 사용 방법은 다음과 같습니다.

```
try:
    "이 영역에서 코드를 실행하다 에러가 발생하면"
except:
    "이 영역을 실행한다"
```

try로 에러가 발생할 것으로 생각되는 영역을 감싸고, except 안에 에러가 발생했을 때 실행할 코드를 작성합니다. 종목을 건너뛰고 'for'문을 계속 실행시키도록 만들면 됩니다. 그럼 코드에 반영해 보겠습니다.

```
1   import pandas as pd
2   import requests
3
4   code_list_kospi = pd.read_html(
5       'http://kind.krx.co.kr/corpgeneral/corpList.do?
        method=download&searchType=13&marketType=stockMkt')[0]
6
7   code_list_kosdaq = pd.read_html(
8       'http://kind.krx.co.kr/corpgeneral/corpList.do?
        method=download&searchType=13&marketType=kosdaqMkt')[0]
9
10  code_list = code_list_kospi.append(code_list_kosdaq)
11  code_list = code_list.reset_index(drop=True)
12
13  code_list.종목코드 = code_list.종목코드.map('{:06d}'.format)
14
15  picked_list = []
16
17  for i in range(len(code_list)):
18      HEADER = {"user-agent": "Mozilla/5.0 (Windows NT 10.0;
        Win64; x64) AppleWebKit/537.36 (KHTML, like Gecko)
        Chrome/90.0.4430.93 Safari/537.36"}
19      url = "https://finance.naver.com/item/sise_day.nhn?
        code=" + code_list['종목코드'][i]
20      response = requests.get(url, headers=HEADER)
21      price_data = pd.read_html(response.text)[0]
22      price_data = price_data.dropna()
23      price_data = price_data.set_index(price_data['날짜'].
        values)
24
25      try:
26          if price_data['거래량']['2021.07.14'] * 20 <
            price_data['거래량']['2021.07.15']:
27              if price_data['종가']['2021.07.15'] - price_data
                ['시가']['2021.07.15'] > price_data['시가']
                ['2021.07.15'] * -0.02:
28                  picked_list.append(code_list['회사명'][i])
29                  print(code_list['회사명'][i])
```

```
30          except:
31              continue
32      print(picked_list)
```

'for'문 안에 로직을 확인하는 부분에서 에러가 나고 있어 스물다섯 번째 줄에서 이 부분을 'try'로 감싸주고 서른 번째 줄에서 에러가 발생했을 때 'for'문을 계속 실행할 수 있도록 'continue'를 넣습니다. 'continue'는 'for'문 내에서 활용되는데 다음 반복문을 계속 수행할 수 있게 해 주는 역할을 합니다. 그럼 제대로 실행되는지 해 보겠습니다.

```
PS C:\jukopark\letter25> python .\get_price.py
조흥
코리아써키트
선도전기
체시스
에스앤에스텍
엔피케이
넵튠
디엠티
셰명전기
우림기계
제주맥주
아우딘퓨처스
알톤스포츠
핵션스퀘어
아이티엠반도체
['조흥', '코리아써키트', '선도전기', '체시스', '에스앤에스텍', '엔피케이', '넵튠', '디엠티', '셰명전기', '우림기계', '제주맥주', '아우딘퓨처스', '알톤스포츠', '핵션스퀘어', '아이티엠반도체']
PS C:\jukopark\letter25> []
```

이런 식으로 결과가 도출된 종목들을 가지고 2차 차트 분석에 활용하거나, 상승된 이유를 찾아보고 기억해 두었다가 소재의 크기가 크다면 매수를 노려볼 수 있습니다. 살펴보니 코드를 실행한 시점에 시장에서 관심 받고 있는 종목들이 잘 걸러져 나온 것 같습니다. 쌍방울, 하림, 비비안 들은 이스타항공 인수로 인해 상승했고, 나라엠앤디는 LG에너지솔루션 상장, 대원전선은 당시 뜨거웠던 전선 관련주입니다. 글로벌 텍스 프리와 티웨이홀딩스는 단체 관광 허용에 따른 호재가 발생한 것입니다. 이런 식으로 최근 트렌드를 파악할 수도 있고, 단기 호재 또는 장기 호재에 따라 투자의 방향을 결정할 수도 있습니다.

## 2) 로직 적용하기 ❷

### ▌종목 발굴하기 복습

지난번에 로직으로 작성해 보았던 거래량 상승 종목 리스트를 가져오는 방법을 먼저 복습하겠습니다. 로직은 그대로 똑같이 거래량이 전일 대비 20배 이상이면서, 종가가 시가의 -2%보다 높게 형성되어 있는 종목을 걸러내 보겠습니다. 지난번 작성했던 것을 살펴보면 특정일(7월 15일)의 로직을 체크하고 있습니다. 매일매일 우리가 작성한 프로그램을 통해 로직의 결과로 걸러진 종목을 확인해 보기 위해 매번 코드안에 날짜를 바꾸는 일은 번거로운 일입니다. 그래서 일자를 일일이 바꾸지 않고 프로그램을 실행한 날짜를 기준으로 로직을 적용해 결과를 볼 수 있게 바꿔보겠습니다. 프로그램을 스스로 작성해 본 후 아래 예시를 살펴보세요.

```
1    import pandas as pd
2    import requests
3
4  ∨ code_list_kospi = pd.read_html(
5        'http://kind.krx.co.kr/corpgeneral/corpList.do?
         method=download&searchType=13&marketType=stockMkt')[0]
6
7  ∨ code_list_kosdaq = pd.read_html(
8        'http://kind.krx.co.kr/corpgeneral/corpList.do?
         method=download&searchType=13&marketType=kosdaqMkt')[0]
9
10   code_list = code_list_kospi.append(code_list_kosdaq)
11   code_list = code_list.reset_index(drop=True)
12
13   code_list.종목코드 = code_list.종목코드.map('{:06d}'.format)
14
15   picked_list = []
16
17 ∨ for i in range(len(code_list)):
18       HEADER = {"user-agent": "Mozilla/5.0 (Windows NT 10.0;
         Win64; x64) AppleWebKit/537.36 (KHTML, like Gecko)
         Chrome/90.0.4430.93 Safari/537.36"}
19       url = "https://finance.naver.com/item/sise_day.nhn?
         code=" + code_list['종목코드'][i]
20       response = requests.get(url, headers=HEADER)
21       price_data = pd.read_html(response.text)[0]
22       price_data = price_data.dropna()
23       price_data = price_data.set_index(price_data['날짜'].
         values)
24
25 ∨     try:
26 ∨         if price_data.iloc[1]['거래량'] * 20 < price_data.
             iloc[0]['거래량']:
27 ∨             if price_data.iloc[0]['종가'] - price_data.iloc
                 [0]['시가'] > price_data.iloc[0]['시가'] * -0.02:
28                   picked_list.append(code_list['회사명'][i])
29                   print(code_list['회사명'][i])
30 ∨     except:
31           continue
32   print(picked_list)
```

실행 당일에 로직을 확인할 수 있게 바꾼 부분만 살펴보겠습니다. 스물여섯 번째 줄에 쓰인 내용을 기존에 쓰였던 dataframe의 접근방법과 비교해 보겠습니다.

기존 : `price_data['거래량']['2021.07.15']`
변경 : `price_data.iloc[0]['거래량']`

기존에는 index만을 사용해 행(row), 열(column)로 접근했는데, 변경된 부분을 보면 'iloc'을 사용해서 접근하고 있습니다. 변경된 부분을 해석해 보면 'price_data'라는 dataframe 변수의 데이터 중 '0' 즉, 첫 번째 행(row)과 '거래량' 열에 있는 데이터에 접근한 것입니다. 첫 번째 행에는 가장 최근 일의 가격이 항상 들어 있습니다. 7월 15일에 프로그램을 실행했다면 7월 15일 데이터를 기준으로 실행될 것이고, 7월 18일에 프로그램을 실행했다면 7월 18일 데이터를 기준으로 실행됩니다. 별도의 코드 수정 없이 실행될 당시의 가장 최근 데이터로 로직을 확인해 볼 수 있는 것입니다.

저는 '7월 18일'에 이 프로그램을 실행시켰습니다. 여러 가지 종목들이 보입니다. 이렇게 거래량이 증가했던 종목들은 따로 증가 사유(모멘텀)를 정리해 보고 추이를 살펴보는 것이 투자 실력 향상에 많은 도움을 줍니다.

## ▌이동평균선 매매 로직

이동평균선은 말 그대로 특정 구간의 종가 평균을 선으로 이은 것입니다. 5일선은 5일 치의 평균을, 10일선은 10일 치의 평균을 의미합니다. 우리는 20일선 이동평균선을 활용한 매매 로직을 적용해서 종목을 고르도록 하겠습니다. 20일 이동평균선 매매 로직은 이렇습니다. 20일선 하단에 위치한 종목이 다음날 갭으로 20일선을 돌파하려고 할 때 추세 전환의 신호로 보고 매매를 시작하는 것입니다. 20일선 아래에 그래프가 위치한다는 것은 하향 추세가 지속되고 있다는 것인데, 갭 상승을 통해 상승 추세로 전환되는 부분을 노리는 것입니다. 20일선을 뚫는 갭 상승이 나와야 하므로 20일선의 1% 이상의 시세를 보이는 종목들을 조건으로 추려보겠습니다. 우선 전날을 기준으로 20일 치 종가의 평균값과 당일을 기준으로 20일 치 평균값을 계산하겠습니다. 이를 위해서는 21일 치의 가격 데이터가 필요합니다. 이렇게 가져온 가격 데이터를 바탕으로 로직을 적용해서 종목을 걸러 보겠습니다.

```
1   import pandas as pd
2   import requests
3
4   code_list_kospi = pd.read_html(
5       'http://kind.krx.co.kr/corpgeneral/corpList.do?
        method=download&searchType=13&marketType=stockMkt')[0]
6
7   code_list_kosdaq = pd.read_html(
8       'http://kind.krx.co.kr/corpgeneral/corpList.do?
        method=download&searchType=13&marketType=kosdaqMkt')[0]
9
10  code_list = code_list_kospi.append(code_list_kosdaq)
11  code_list = code_list.reset_index(drop=True)
12
13  code_list.종목코드 = code_list.종목코드.map('{:06d}'.format)
14
15  picked_list = []
16
17  day = 0
18
19  for i in range(len(code_list)):
20      HEADER = {"user-agent": "Mozilla/5.0 (Windows NT 10.0; Win64;
        x64) AppleWebKit/537.36 (KHTML, like Gecko) Chrome/90.0.4430.
        93 Safari/537.36"}
21      url = "https://finance.naver.com/item/sise_day.nhn?code=" +
        code_list['종목코드'][i]
22      response = requests.get(url, headers=HEADER)
23      price_data = pd.read_html(response.text)[0]
24      price_data = price_data.dropna()
25      price_data = price_data.set_index(price_data['날짜'].values)
26      last_day = price_data.iloc[0]['날짜']
27
28      for page in range(2,4):
29          page_url = url + '&page=' + str(page)
30          response = requests.get(page_url, headers=HEADER)
31          price_data_new = pd.read_html(response.text)[0]
32          price_data_new = price_data_new.dropna()
33          price_data_new = price_data_new.set_index(price_data_new
            ['날짜'].values)
34          if last_day == price_data_new.iloc[0]['날짜']:
35              break
36          price_data = price_data.append(price_data_new)
37
```

```
38        try:
39            average = 0
40            sum = 0
41            for j in range(20):
42                sum = sum + price_data.iloc[day+j+1]['종가']
43            average = sum / 20
44
45            if average > price_data.iloc[day+1]['종가'] and average >
                  price_data.iloc[day+1]['시가']:
46                average = 0
47                sum = 0
48                for j in range(20):
49                    sum = sum + price_data.iloc[day+j]['종가']
50                average = sum / 20
51                if average * 1.01 < price_data.iloc[day]['종가'] and
                      average * 1.01 < price_data.iloc[day]['시가']:
52                    if price_data.iloc[day]['종가'] > price_data.iloc
                          [day]['시가'] or price_data.iloc[day]['종가'] ==
                          price_data.iloc[day]['시가']:
53                        picked_list.append(code_list['회사명'][i])
54                        print(code_list['회사명'][i])
55
56        except:
57            continue
58  print(picked_list)
```

조금 길게 작성되어 복잡해 보이지만 하나씩 살펴보겠습니다.
우선 스물다섯 번째 줄까지는 지금까지 우리가 다뤘던 코드와 다르
지 않으니 다음 줄부터 살펴보겠습니다. 'last_day' 변수에는 가져
온 데이터에서 가장 최근 일자를 참조해 넣었습니다. 이렇게 한 이
유는 우리가 두 번째, 세 번째 페이지에서 데이터들을 가져올 때 생
기는 문제를 방지하기 위해서입니다. 가져오는 데이터들은 지난번
에 알려준 것과 같이 살아 있는 데이터입니다. 상장한 지 얼마 안
된 종목은 20일 치 이상의 데이터를 가지고 있지 않을 수 있는데,
이런 종목들은 2page, 3page가 존재하지 않을 수 있습니다. 이러

한 경우 아래의 예시와 같이 url에 '&page=2'나 'page=3'을 붙여도 똑같이 첫 번째 페이지를 불러오게 됩니다.

그래서 이런 종목들 같은 경우, 데이터를 가져와 붙이지 않도록 처리해야 합니다. page를 변경했는데 맨 위의 날짜가 같다면 더 이상의 데이터가 없다는 것을 알고 데이터를 더 붙이는 작업을 중지하면 됩니다. 이런 처리가 되지 않으면 첫 번째 page에 있는 데이터만 반복으로 붙게 됩니다. 데이터가 제대로 들어오지 못하면 정확한 결과를 내기 어렵습니다.

스물여덟 번째 줄부터 지금까지 설명한 내용인 다음 페이지의 데이터를 불러오는 작업을 'for'문을 통해서 수행하고 있습니다. 'page'라는 변수에 range(2, 4)를 통해 순서대로 값을 입력하면서 수행하는 방식입니다. 'range(2, 4)'는 '[2,3]'이기 때문에 2page, 3page를 순차적으로 가져올 url을 만들어 낼 때 사용합니다. 이 range 부분을 수정하면 더 많은 데이터를 가져올 수도 있습니다. 예를 들어 'range(2, 5)'를 넣으면 40일 치 데이터를, 'range(2, 11)'을 넣으면 100일 치 데이터를 가져올 수 있습니다. 스물아홉 번째 줄에서는 'page_url'이라는 변수에 다음 페이지를 참조할 수 있는 url을 만들어 넣었습니다. 원래 있던 url에 '&page=2'나 '&page=3'을 붙이는 것입니다. 그 다음 줄부터는 해당 page_url로부터 데이터를 받아와 처리하는 코드가 시작됩니다. 익숙한 코드가 들어 있어 이해하기 쉽습니다. 서른네 번째 줄이 조금 생소할 수 있습니다. 바로 이 부분이 데이터가 덜 있는 종목들을 처리하는 부분입니다. 우리가 첫 번째 page를 참조할 때 저장했던 'last_day'의 날짜와 현재 'for'문을 수행 중인 page(현재 코드에서는 두 번째나 세 번째 페이지입니다)에서 가져온 첫 번째 줄의 날짜가 같은지를 확인합니다. 만약 이것이 같다면 위에서 알려 준 케이스에 해당하기 때문에 데이터가 있지 않다는 것을 체크하고 'for'문을 실행하지 않도록 'break'를 실행해 줍니다. 'break'는 반복문을 중단시키는 기능을 하며, 지금의 코드에서는 데이터를 다음 페이지에서 더 이상 가져오지 않게 하는 역할을 수행합니다. 'for'문의 맨 마지막에는 이렇게 가져온 데이터를

'price_data'에 이어 붙여 주고 있습니다.

서른여덟 번째 줄부터는 로직을 적용하는 코드가 들어 있습니다. 실행일을 d-day라 봤을 때 d-day - 1 ~ d-day - 21까지의 종가 평균을 계산하기 위한 코드가 서른아홉 번째 줄부터 마흔세 번째 줄까지 작성되었습니다. 평균은 20일 동안의 종가 합산에서 20을 나누는 방식으로 계산했습니다. 'for'문 안에는 j라는 변수가 0~19까지 반복되면서 수행됩니다. 마흔두번 째 줄의 price_data.iloc[day+j+1]['종가']를 예상해 보겠습니다. 여기에 제가 열일곱 번째 줄에서 선언한 'day' 변수가 등장합니다. 기준일을 바꿔 가면서 실행하기 위해 'day' 변수를 설정하고 이를 가지고 로직을 작성했습니다. 쉽게 설명하면 'day'에 할당된 값이 0이면 코드를 실행한 당일을 기준으로 실행되고, 1이면 전일을 기준으로 실행되는 것입니다. 이러한 방식으로 실행 일자를 바꿔 가면서 종목 리스트를 뽑아보고 그 이후에 어떻게 시세가 흘러갔는지를 확인해 보면 유효한 로직인지를 간단하게 검증해 볼 수 있습니다. 하지만 우리가 불러온 데이터는 30일 치 이기 때문에 9일전까지의 로직만 확인할 수 있습니다. 만약 더 많은 9일 이상의 로직을 검증하고자 한다면, 그이상의 page에서 추가로 과거 데이터를 불러와야 합니다. 다시 코드 설명으로 돌아가 price_data.iloc[day+j+1]['종가']를 예상해 보면 첫 번째 'for'문에서는 price_data[1]['종가']가 되기 때문에 d-day - 1일의 종가 데이터를 가져오게 됩니다. 다음 반복 실행되는 'for'

문에는 price_data[2]['종가']가 될 것이라는 걸 쉽게 예측할 수 있습니다. 이렇게 반복 실행이 완료되면 'sum'에는 종가들의 합계가 계산됩니다.

마흔다섯 번째 줄에서는 이렇게 계산된 20일 평균치보다 d-day - 1일의 종가와 시가가 모두 낮게 형성되어 있는지를 확인하고 있습니다. 그래프상 이평선 아래에 위치했다는 뜻이 됩니다. 그 이후에는 같은 방법으로 d-day ~ d-day - 20의 평균값을 구하는 코드가 작성되어 있습니다.

쉰한 번째 줄에서는 d-day의 종가와 시가가 모두 이평선 위에 존재하고 있는가를 확인하고 있습니다. 이평선 보다 1% 이상의 갭으로 위에 위치하고 있는지 체크하는 로직으로 'if'문을 구성했습니다. 마지막은 모든 경우 수를 만족시키는 종목들의 회사명을 'picked_list' 배열에 추가해 주는 것으로 마무리됩니다.

이제 코드를 실행해 결과를 살펴볼게요.

```
PS C:\jukopark\letter27> python .\average_20.py
모다이노칩
['모다이노칩']
PS C:\jukopark\letter27> []
```

한 개의 종목이 출력됐습니다. 현재 나온 종목들이 추세를 전환할 것으로 예상되기 때문에 우상향을 기대하면서 분할매수하는 전략으로 수익을 기대해 볼 수 있습니다.

이렇게 다양한 방식으로 가격 데이터를 가져오고 로직을 적용해 결과를 알아보는 방법에 대해 배웠습니다. 이제 앞에 작성된 코드에서 필요한 부분들을 조금씩 수정해 가면서 나만의 로직을 만들 수 있습니다. 이전 일을 기준으로 테스트해 가면서 종목을 추려보고 차트를 직접 보면서 적합 여부를 판단할 수도 있습니다. 우리가 배운 엑셀 불러오기, 엑셀 저장하기를 응용하는 것도 좋은 방법입니다. 제가 알려 드린 것은 나침반이나 망원경 같은 항해에 도움을 주는 기본적인 도구 사용법에 대한 것과 같습니다. 이제 그것들을 사용해서 자유자재로 바다를 누비는 것은 여러분의 몫입니다.

자, 이제 실전입니다. 준비를 마쳤으니 수익의 바다로 먼 항해를 떠날 시간입니다. 여러분의 건승을 빕니다. 수고하셨습니다!

# 문과생의 주식 투자
## vs.
# 이과생의 주식 투자

**초판 1쇄 찍은날** | 2021년 9월 30일
**초판 1쇄 펴낸날** | 2021년 10월 14일

**글** | 효라클, 박코드

**펴낸이** | 박성신
**펴낸곳** | 도서출판 쉼
**책임편집** | 이미선
**외주디자인** | 이세래나
**등록번호** | 제406-2015-000091호
**주소** | 경기도 파주시 문발로115, 세종벤처타운 304호
**대표전화** | 031-955-8201  **팩스** | 031-955-8203

text ⓒ 효라클, 박코드 2021
ISBN  979-11-87580-57-7 (03320)